U0902312

营销按钮

扣动一触即发的力量

老苗◎著

MARKETING BUTTON

The Power to Pull a Trigger

中华工商联合出版社

图书在版编目（CIP）数据

营销按钮：扣动一触即发的力量/老苗著．—北京：中华工商联合出版社，2019.1
ISBN 978-7-5158-2207-5

Ⅰ.①营…　Ⅱ.①老…　Ⅲ.①市场营销学　Ⅳ.①F713.50

中国版本图书馆 CIP 数据核字（2018）第 299702 号

营销按钮：扣动一触即发的力量

作　　者：老　苗
责任编辑：于建廷　臧赞杰
责任审读：郭敬梅
封面设计：久品轩
责任印制：迈致红
出版发行：中华工商联合出版社有限责任公司
印　　刷：北京旭丰源印刷技术有限公司
版　　次：2019 年 4 月第 1 版
印　　次：2019 年 4 月第 1 次印刷
开　　本：880mm×1230 mm　1/32
字　　数：241 千字
印　　张：10.875
书　　号：ISBN 978－7－5158－2207－5
定　　价：118.00 元

服务热线：010－58301130
团购热线：010－58302813
地址邮编：北京市西城区西环广场 A 座 19－20 层，100044
http：//www.chgslcbs.cn
E-mail：cicap1202@sina.com（营销中心）
E-mail：gslzbs@sina.com（总编室）

导读

我们这些 20 世纪 90 年代成长起来的营销人，基本都是野蛮生长的。当时营销科班出身的人很少，闷着头干，跑店扫街、跑批发市场、做活动、做客情、发小报、刷墙、打击窜货，翻来覆去就这些事。

想要成长的人就到处翻书。那个年代，国内市场经济还不发达，真正懂营销的人很少，自然也没太多有关的书籍。我们这些人都很感谢《销售与市场》杂志，它集中了当时国内最优秀的会“讲营销”的人，还提供了很多营销案例供我们学习。我们后来就看《营销管理》，看得很吃力。2000 年后有大量的国外优秀著作翻译出版，如《水平营销》《定位》《竞争战略》《整合营销传播》《消费者行为学》《蓝海战略》《影响力》《长尾理论》等，其他管理学、经济学、组织行为学相关的著作也相继出版，我们如饥似渴地阅读这些书籍。

我在专业上的成长，最感谢的人是叶茂中先生。首先，他面对繁杂的市场，总能梳理出主要矛盾，发现最突出的机会，并用

“短平快”甚至是近乎诡异的手段抓住它，这让我很震撼。在叶茂中策划公司工作那几年，我跟他学习了很多方法（叶茂中现在把它称为“冲突”）。更重要的是在叶茂中公司的平台上，得以接触大量的企业和企业家，他让我明白了：“哦，原来做业务做的那些事是因为这个，原来书里讲的那些在企业中是这么用的，原来在这个行业的某个营销手段换到另一个行业就变成了那样子了”。

自己成立营销咨询公司后，每年来找我们咨询、探讨的企业有上百家，随着与企业的交流增多，我越来越意识到有几个严重问题：

（1）市场是人群的集合，而人是非常复杂的，由此诞生的问题也是千头万绪。很多企业在面临营销问题时总找不到重点，分不清轻重缓急，看问题只从企业自身角度出发，或者“自说自话”。

（2）“营销是个系统工程”，这话没错。但系统工程不代表老板什么都要努力去做，更不是某些人自己分内事做不好的借口。任何企业任何状况下，关键的营销行为只可能有一两个，你不可能同时做好太多事情，这点很多企业和营销人是有误解的。

（3）营销是致力于影响和改变用户行为的活动，很多企业跑偏了，尤其是现在互联网环境下，在寻找市场增量、部署战略规划时候被一些热门概念、表面现象误导了。

洞察到企业的关键矛盾不容易，解决这个矛盾更不容易。本书就试图解决这个“不容易”的问题，我把它称为“营销按钮”。

前言和序是讲“营销按钮”底层逻辑的，我总结了七大定律，来讲述该方法论的基本规律。

人性是营销的基本立足点，前两章是从人性角度出发讲述“按钮”的。“按钮”之所以存在，是因为人的大部分行为是自动自发的，存在模式化行为，营销人必须了解。

第三章是讲“情绪和本能”在营销中的作用的，一直以来，我们都在强调“认知”，但营销中的非理性成分才是更重要的。

第四章是探讨当前互联网环境下，企业如何在传播中设计和启动“按钮”，里面重要的知识点是“互联网内容传播六要素”。

第五章是如何在产品开发中设计“营销按钮”，“按钮”是在消费者心里的，企业要想启动它，最直接的武器就是产品。

第六章是深得经销商喜爱的内容，其中一部分内容曾在自媒体发表过，全网的阅读量达到几百万。中间环节是提高渠道效率的内容，中间商作为群体不可能被消灭，但职能必须要转变。本章讲述渠道链中的“营销按钮”。

互联网环境给营销带来了最根源的变化，很多企业老板和营销人都很恐慌。第七章讲述营销人的学习、转型和自我修炼。

这些总结和研究原本只想在公众号上发布的，结果读者增多后，要求出书的呼声越来越高，现在每篇文章后都有不少催书的留言。于是我又逼了自己一次，把它深加工后整理出来，感谢各位“老苗撕营销”看官的督促和认可。

扣动你一触即发的力量

举世闻名的纽约地铁犯罪治理案，是个特别意味深长的案例。

纽约的20世纪80年代，是个犯罪盛行的黑暗时期，每年的严重犯罪活动超过60万起，光谋杀案就超过2000起。而地铁则是其中的重灾区，里面“一片混乱”。纽约市民深受其害，已到人神共愤的地步，然而大量的警力投下，情况却并没有改观。

1984年12月22日，一名叫戈茨的中年人在地铁里射伤四名黑人青年，原因是遭到疑似抢劫。法庭判戈茨伤害罪名不成立，无罪释放。事后，纽约民众自发组织了当街庆祝集会，戈茨得到了英雄般的待遇，被称为“复仇天使”。

不可思议的是，从90年代初随后几年中纽约犯罪率急剧下降，到1996年，犯罪率已经下降到了高峰时的一半左右，而谋杀案则下降了三分之二。这样的奇迹是如何发生的呢？

我们先来设想一下，面对这样的问题，通常的解决思路是这样的：

- **加力度**：即加强解决问题的力量，比如增强警力，加强业务能力，做更加合理的区域部署。
- **挖根源**：针对问题的深层次根源想解决方案，比如普法活动，加强文明建设，树立正确的价值观等。
- **抓典型**：除恶打黑，搞专项整治行动，对有前科的进行重点防范等。
- **建体系**：快速反应系统，警民协作系统，十分钟必须到现场等。

对于老苗和各位看官来说，这些一定都非常熟悉：**“加力度、挖根源、抓典型、建体系”，简直就是解决一切问题的法宝**。

然而，1990 年上任的天才纽约交通警察局长威廉·布拉顿却笃信“**破窗理论**”，他认为，地铁环境“脏乱差”是引发犯罪活动的关键行动诱因。于是他采用了看上去非常另类的做法：**从“逃票”抓起，从制止和清理地铁里的乱写乱画抓起**。这在很多人看来是理想化的、不切实际的。

然而，奇迹发生了，随着地铁环境变得整洁，秩序变好，纽约地铁的犯罪率快速下降。随后的 1994 年，布拉顿被任命为纽约市警察局长，他将该方法用在整个纽约的治安管理中，就像在地铁中经历的那样，全市的犯罪率也在急剧下降。纽约已成为全美最安全的大城市之一。

一个关键行为根本性地扭转了局势！

再看一个更惊心动魄的案例，1988 年泰国国王六十岁生日，突然大赦天下：把三万多罪犯给赦免了。泰国因此差点遭受灭顶之灾。

许多被赦免的囚犯大肆庆祝，他们庆祝的方式是聚会，群嗨，注射毒品。几个月后，泰国一半的吸毒者感染了艾滋病毒。随后，艾滋病毒全国性蔓延，一年左右，三分之一的性工作者感染了艾滋病毒，之后就是买春的男子，家里毫无戒心的妻子，再到新生儿。当时世界各国专家预计到 1993 年，泰国感染人数将超过 100 万，全国四分之一的成年人将中招。

泰国艾滋病的快速蔓延震惊了整个世界，甚至到了人人自危的地步，引发了世界级恐慌。年纪大一点的看官可能会记得，在那个时期，有专家预测，泰国可能会因此灭亡，甚至人类可能会被艾滋病毒灭绝。

世界卫生组织专家及泰国本地医务工作者也在“第一时间”开展了抗击运动，其中就有世卫组织“防艾”专家魏瓦特博士。看官们可以想象一下“加力度、挖根源、抓典型、建体系”的思路下，他们都做了哪些工作：知识宣传普及、人群控制、医务人员甚至警务人员力量的加强，统统都去做了。然而，这些工作全部宣告失败。

遭受了挫折的魏瓦特博士，抛开了众多专家编制的宣传册，暂时放弃了对大众的普及教育，开始了新的研究，最终做了一个大胆的行动：集中力量进入性交易场所，让性工作者要求顾客 100% 使用安全套。

就是这样一个看上去“治标不治本”的行动，让泰国艾滋病毒的蔓延迅速得到了遏制，泰国得救了。随后，魏瓦特博士开始在全球发起他的倡议——“不明性行为 100% 使用安全套”，使得全球艾滋病的蔓延势头得到了有效控制。在抗击艾滋病的伟大事业中，魏瓦特博士取得了迄今为止全球最高的成就。

当然，感激他的还有杜蕾斯。

2003 年的雅客，经过十年的积累已经有了些沉淀。但对于一个发展初期的企业来说，营销上需要做的事情有很多，管理体系、网络细化、产品梳理、终端建设，哪一个说起来都是无比重要。但陈天奖老板没有胡子眉毛一把抓，没有“散弹打鸟”，而是在我们的协助下，集中几乎所有力量寻求“**明星产品突破**”。这才有了雅客 V9 的横空出世，企业也由此飞跃了一个巨大的台阶。

劲酒早期是靠保健品操作模式发展起来的，然而进入新世纪，“保健品信任危机”愈演愈烈，保健品企业哀鸿遍野。然而劲酒用了一个关键动作就根本性扭转了这个问题：**用小酒转入小餐饮渠道。**

这背后隐藏的是一个策略改变，即**弱化保健品属性，增强酒属性**。任何的策略都依靠一两个关键行为来落地，而用“小酒做小餐饮”则是实现这个策略的关键行为。这给劲酒带来了质的飞跃，不但没有受到保健品信任危机影响，反倒因此销售节节攀升，年销售额已近百亿，牢牢占据保健酒霸主地位。

2008 年金融危机后，由于巨大的投资刺激，房地产企业迎来了发展的超白金时期。所有的地产企业都在疯狂拿地，但钱是有限的，银行能贷也都贷了，决定企业发展最关键的因素是你的资金使用效率。

在万达，“快”成了压倒一切的首要任务。王健林提出了项目从拿地到开业 18 个月的“万达速度”，而保障“万达速度”的关键行为则是“标准化”：“拿地标准化”“施工标准化”“组织标准化”“财务标准化”，当然还有我们参与制定的“营销标准化”。

正是这一个个标准化措施，使得万达资金使用效率遥遥领先同行，从而抓住了地产业发展的最佳时期，从一个中等规模的地产企业成了国内商业地产的龙头企业。

任何企业的任何阶段，其关键的营销行为都只有一两个，如果我们能够把资源集中于关键行为，哪怕进行小小的触动，都可能发生翻天覆地的改变。老苗把这种通过深刻营销洞察找出的关键行为称为“营销按钮”。

世纪初，蒙牛“一头牛跑出火箭速度”的时候，牛根生表示，广告是与销售相关的唯一要素（大意）。那么，“广告”就是那时蒙牛的营销按钮。

无独有偶，史玉柱做脑白金的时候，别的事情可以不管，广告的事情一定要亲自过问；而到做游戏的时候，广告他就不再过问了，而是关注游戏产品本身。环境、企业状况、行业等发生变化，关键行为也就变了，之前是广告，之后是产品。

军事思想强调集中力量打歼灭战，毛主席说，“伤其十指不如断其一指”。找到这个合适的“一指”，掰断它，是战争中的关键行为。

解放战争第二阶段，国民党集中了24个整编师四十几万大军进攻山东解放区。

国民党此战吸取了以往被分割消灭的教训，采用了密集靠拢、齐头并进的战法，我军形势极为严峻。

华野在陈毅粟裕领导下，一方面耐心周旋，一方面寻找战机。终于抓住了张灵甫稍有冒进，而国民党内部互相救援不力的机会，在孟良崮消灭了国民党王牌中的王牌——整编七十四师。陈毅元帅称赞粟裕将军此役乃“百万军中取上将人头”。

“消灭七十四师”而不是“全面对抗四十几万国民党大军”，是粉碎国民党重点进攻山东的关键行为。

然而，令人遗憾的是，很多企业并没有把资源集中在关键行为上，而更喜欢投入到所谓“模式”“体系”的无休止扯皮论证中。

人都有这样的本能：**一旦出现难以解决的问题，我们倾向于把它归因到一个强大的我们自己难以控制的因素上，这样我们的压力就会变小。而在营销管理中，这个现象非常普遍。我们的解决方法总是习惯性地面向一个庞大的不够具体的事物，而不是一两个关键行为。**

“这个问题归根结底是体系问题”，而体系的建设非一朝一夕所能改变，既然这样，我们就一步步来，大家压力又小了点，可以继续轻松玩耍了。

“这个问题的根源是人员素质问题”，人的素质哪能说提高就提高了，那我们加强人的培训招聘工作，更厉害的人能提炼出“在实践中锻炼，在锻炼中提高”这样的金句来。这样的总结，又有“高度”，又给自己留空间，也给自己团队中的人留了空间。对上对下对己，都好交代，自然赢得欢呼一片。

诸如此类的还有，“商业或营销模式问题”“品牌老化问题”“产品生命周期问题”“渠道问题”“团队执行力问题”等等，不胜枚举。

对于老板而言，企业在比较小的时候，能做的事本来就很少，反倒能够把精力都放在关键行为上；一旦企业变大，资源变多，貌似能做的很多了，重要的事情也变多了，就想面面俱到了：产品管理体系、销售管理体系、终端建设流程……能干的都给它干了。

但是，你不可能同时做好二十件事，你需要关注的是少数关键行为而非多数行为。

对于一些职业经理人而言，提具体的行为总是有很大风险的，非常容易受到质疑，而且显得“不够有高度”。

如果你说“我们往东走”，那就会有人质疑为什么不是往西，如果你说我们往“有阳光的地方走”，不但遭受质疑的可能性降低，还显得很有“高度”。**将方案模糊化放到一个宏大的体系中提出，证伪的难度就很大，安全性是极高的。这是很多大公司高级职业经理人的生存之道**，也是大公司容易扯皮的重要原因。

企业做营销追求的是营销结果，切记能够带来结果的只有行为，而不是体系、理念、方法、工具，这些都是为让关键营销行为更加有效的手段。同时关键行为只能有一两个，因为你没办法同时做好更多的事情，这就是老苗提倡的**营销按钮**。

只要你能找到这个按钮，无论看似多么复杂的问题，都会像纸牌一样轻松倒塌。再次强调：**行为！只有行为才能给你带来结果！**

按钮无处不在，大量存在于我们生活之中，再跟大家分享一个关于**夫妻关系的“按钮”：什么样的因素决定两口子能白头到老**？家庭出身？教育？相貌？性格？兴趣？还是星座血型属相？

著名关系学家霍华德·马克曼的研究表明，以上的这些因素可能有一定影响，但都是模糊的“高大上”，并没什么实际用处，真正决定夫妻长期关系的只有一个关键行为。他仅仅通过对这一个行为的观察，用十五分钟就可以判断一对夫妻关系的走向。

马克曼给出的夫妻关系“按钮”是这样的：**夫妻双方对意见相左的话题进行讨论，如果讨论中存在大量指责、情绪激动，或者一方退出讨论，那他们的未来将一片黯淡；如果他们能先声明互相尊重，为共同目的相互沟通，暂时遏制情绪，避免激动，他们的将来则会截然不同。**

准确率高达90%以上，这就是“**按钮**”的力量！

这是老苗首次全方位对外披露“扣动一触即发力量”的营销按钮，内容在我的公众号“老苗撕营销”中，已经多有涉及，本书进行了系统化整理。书中有各种奇形怪状的营销武器，相信能带给你不一样的思维震撼。由于水平有限，纰漏之处、逻辑不甚严谨之处，望看官们不吝指正。如能给您带来些许帮助，更是不胜荣幸。

熊之艺

终于等到你出书了，关注老苗有段时间了，“老苗撕营销”刷新了很多人对营销的认知，从内到外白里透着“黑”。为老苗的书制造冲突：学地道的营销、干地道的营销，就买老苗的书！

群蟲之心

营销按钮，天下我有。一键重启，一键重装，你遇到的摸不着门道的复杂事，在这里可能就是按一下按钮的简单事。因为老苗的按钮不拘泥于门派，不受限于理论。老苗这里西方理论一套一套的，中国实践也是一堆一堆的。营销思想不管古今中外，有效的、能梳理出道理的，老苗就爱把它们打包成“一键装机”那样的实用工具，让读的人先把眼下的问题解决了，然后还能比较成体系地学习营销方法论，鱼跟渔，一键领取！（那还等什么呢?）

Daniel

诸位苗粉一起把印刷出来的书包了，一定不能让书流通出去，否则日子会越来越难过，大咖的世界不好混啊！

张晓伟

你要还不知道怎么“祸害”人家，就来一本老苗的《营销按钮》吧。让你看透营销背后的道理，突破固有思维！

不动峰

看老苗写的文章，总给人一种石破天惊的感觉，将那些扮深奥的理论，用很市侩的语言表达出来！将那些越说越糊涂，越看越乱的营销现象，唰的一下撕开窗户纸，让你一下就能看清楚！

刘平 qjcfr

作为经常给老苗画（起）饼（哄）写书的粉丝，在真饼出来之际表个态：老苗输入的是中外营销、管理、心理、社会的经典，输出的是大道至简可实操的知行合一的方法体系。这种超越学院又信步江湖的快意，吸引人，美！老苗是有劝学情怀的，在公众号里时不时地告诉大家要读《营销管理》《消费者行为学》这类大部头苦涩的“武林秘籍”。现在老苗终于出书了，我相信一样的精彩，迫不及待想练！

沧海之浪

对于老苗的文章，逢更必跟，角度、视野、格局，透过现象看本质，那些看似喧嚣或无趣的营销，经过老苗的抽丝破茧，总能让我有种醍醐灌顶的感觉。作为一名老营销人，其实我的内心是极其高傲的，但在有价值的思想面前，我觉得自己瞬间成为老苗的忠实死粉。

王欢

从来没有一本书，在还没看到任何内容的情况下，让我非常想一睹为快。

未来

如果让我把此书推荐给哪类读者，我想不管你是初出茅庐的牛犊，还是成名已久的大师，老苗此书都值得一读，也许不会让你醍醐灌顶，但肯定能给你一些有价值的启发。如果你想在营销领域有所建树，那么这本书是必读之一，它可以为你的弹药库提供几件像样的装备，因为这是一本难得的营销工具书！如果说科特勒给你了一把屠龙刀，那老苗就教你如何屠龙！有上进心的小伙伴们，与大师同读一本书吧！

闪电侠（站多高就能看多远）

人性是自私的，有几个人愿意把好东西拿出来分享。我的内心很冲突，感恩的心驱使我必须要为苗老师的教诲做点力所能及的事。其他人买不买我控制不了，我是一定要买书的铁杆粉丝。

晓红·庆翰

与老苗公众号一见钟情、相见恨晚，欲金屋藏娇又难掩老苗风骚，10W+爱恨交织，今竟然出书，呜呼哀哉，芙蓉已然出水不再小苗，公司爱将们人手必备，不再独享老苗。

长弓

这些年来，很多营销策划老师、大师教授了我很多“方法”，但本人驽钝，每到实际操作时却发现无法可用！后偶遇老苗，承蒙不弃，传我“心法”，使我醍醐灌顶，如受当头之棒喝，瞬时超脱顿悟！从此，每临营销实操，感觉心灵清静，乾坤光明，大道溜光！再无“无法”之孽障！本想拜其为师，但此人冷傲，坚不许他人称师，今老苗出书，我辈应当拜读！

伦十一

在老苗这个江湖人的世界里，没有高来高去的出世，没有风花雪月的浮华，有的是一拳一脚的扎实，有的是一刀一剑的质朴。也许不起眼，但未必不好用。我不知道老苗到底算几流的高手，但他总是赢，这座江湖也一直有他的传说，说老苗是营销这座江湖中一个与众不同的大侠应该是不为过的。现在老苗把自己多年的经验和诀窍编写为一本秘籍，或许谈不上倾囊相授，但一定是言传身教。朋友，我见你骨骼惊奇是万中无一的营销奇才，你确定不了解一下？

任小东丨全网分销

每每读老苗文，经常有“心流”的时刻——鲜活的企业践行心得，传统营销和互联网营销理论打通后的功底味道，风骚的文笔，清晰的概念，信手拈来的案例，内涵和外延定义准确的结论，看完就想用啊！我很好奇，他是如何做到的？每每读完，我总是忍不住想转发到朋友圈，作为我的社交货币。现在好了，老苗做了一件功德无量的事情，集结成书，方便看官们反复揣摩。作为资深书虫，我承诺入手 20 本，送礼倍儿有面子，老苗记得签名啊。

被解放的莽哥

老苗的文章，小弟向来是只点赞不转发，每每看到阅读量不过万，我便是高兴的，高兴于老苗的矛攻了老苗的盾，像小弟这种在明道边缘的人，万万是不想分享破阶的秘密。既然要出书了，捂是捂不住了，那只能顺势贴一把老苗。

李子

本书的书名就是个病句：扣动一触即发的力量。力量怎么能扣动呢？可见，理科生写书，你不能计较他的书名，计较书名他就输了，你应该看他的内容，看他的内容你就赢了，因为按照惯例，书名“有病”的书，内容大多都是最健康最结实的，相信老苗此书正是如此，不信你就试试看！

目录

第二章 再挖人性中那些按钮法则

第三章 情绪和欲望是市场的火药库

第一章 

每个人身上都装满了营销按钮

乌龟要过河，一只蝎子想搭个便“龟”，让乌龟把自己驮过去。

乌龟笑道：“你当我傻啊，你这家伙最爱蜇人，我驮着你，你要蜇我怎么办？”

蝎子说：“我看你还真是傻，连基本的道理都不懂。我要是蜇了你，你一潜水我不就淹死了吗？我再爱蜇人也不敢拿自己的性命开玩笑啊。”

乌龟一想有道理，就答应了。结果蝎子还是把乌龟蜇了。

愤怒的乌龟质问蝎子：“你疯了，你的基本道理哪儿去了？”

被淹得奄奄一息的蝎子说：“我也知道一蜇你，我就会死。可是看着你厚厚实实的背不去蜇上一下，臣妾做不到啊！”

◎ 身为人类，我们跟蝎子也没什么两样

对蝎子来说，“不蜇乌龟”是经过思考过的知性行为，而看到“厚厚实实的背就忍不住蜇一下”是蝎子经过万年进化形成的模式化行为。人类也往往处在这两种行为交替之中，二者相互协

调也不停地交锋冲突，形成了人类复杂的行为体系。

斯坦福大学的米契尔博士用研究结果告诉我们：人的行为由两套系统来控制，一个叫“行动”系统，一个叫“知性”系统。

当“行动”系统开始控制我们的时候，人的血液会充分流向四肢，我们会脸红耳热、心跳加速，指挥我们思考的是大脑中的“杏仁核”，大家常说的“海马体”顶端部分，杏仁核也叫“爬行脑”，是“爬行动物”的“爬行”，特点是不会思考，讲究速度，它对信息进行快速地情绪化处理，一旦激活，就会产生战斗、奔跑等快速应激行为。

“知性”系统由大脑的额叶部分负责，它对更高级的认知型信息进行处理。比如你在下棋，和朋友悠闲地聊天，进行科研工作等，主要是额叶在工作，这是人跟一般动物不一样的地方，额叶发达，而且还在不断快速进化。

“行动”系统和“知性”系统的分工看起来是十分美好的。有老虎出现、恐怖分子放了炸弹、发生了火灾，这时候你要镇定自如，估计很快就“挂”掉了，所以第一反应就是积极行动起来，逃跑或是采取措施救人或者救火，这是行动系统在急速启动。而一些复杂的深思熟虑的行为则交给额叶来处理。

然而人类行为的最大“bug（漏洞）”，就来自这个看似美好的分工。

你精心准备了一篇报告，需要当众讲解，结果滚瓜烂熟的内容却想不起来，你脸发烫、手脚冒汗，语无伦次，这就是该启动额叶的时候，杏仁核却被大大激活了。你面对的只是你的领导、客户或者下属，但你却启动了面对野兽和恐怖分子的模式。

日本核泄漏了，好多人都去买盐，你也囤积了 50 千克，你根本没考虑过盐是否防辐射，只是看人家买也跟着买。

你去超市购物，列了清单，打算买八样东西，估计价值 300

块，结果回来的时候，后备厢都装不下了，花了一千多。

不管是买房还是买车或者买衣服，你总是会超出自己原来的预算。

拍卖会上，你不停地举牌，根本停不下来。

我们还会因为免费而买了自己并不需要的东西，因为满××包邮而让自己开支大增。

面对消费时，我们即使是千手观音手也不够剁。

我们的大脑总是在该启动额叶时让杏仁核代替，该去考虑问题的时候不假思索，我们的头脑形成了很多行动模式，西奥迪尼教授（著名行为学家，通俗心理学经典《影响力》的作者）把它称为“自动磁带”，一旦外部条件触发，我们的行为就会自动发生。

这个“bug”之所以存在，首先是因为它有好处，它在很多时候是非常有效的，而且是必要的。

我们生活在一个极端复杂的环境中，每天都接收大量的信息，如果所有的信息都通过额叶来处理，大脑是不堪重负的，因为额叶处理信息需要消耗很多的能量，消耗很多的时间。我们没有足够的精力、时间和能力，因此我们会形成非常多的反应模式，然后把它交给杏仁核来处理，一旦触发反应模式的特征，我们就会不假思索地做出反应。

行为学上经常出现的各种效应，比如契尼可效应、羊群效应、首因效应、光环效应等，都是针对这些特征的模式反应。人的日常行为，多数都是这种模式化反应，只有少数行为才是经过额叶思考过后的理性活动。多数行为让“杏仁核”用“自动磁带”直接反应，是人类的最优选择。

但比较“坑”的是，在人类几十万年的发展过程中，绝大多数时间我们是生活在野外，人们的谋生方式是狩猎和采集，所以我们的反应模式主要是应对原始人生活的。而人类文明才几千年，工业文明几百年，信息社会才几十年，我们的行为模式还没来得及进化，就需要一下面对现在这个复杂的社会了，这带给了我们非常多的困扰。

比如羊群效应，也就是常说的从众心理，它在原始人状态的时候几乎都是正确的：当我们的祖先外出狩猎碰到了狮群，90%的人往东跑，10%的人往西跑，从概率上，往东跑的人要安全得多。经过几十万年进化，标新立异往西跑的都被淘汰了。于是，作为往东跑的大多数原始人的后代，我们也有了根深蒂固的和多数人保持一致的行为模式。

然而现在到了信息社会，少数人在各自领域内比多数人掌握更多的信息，有更深的理解，少数人针对问题进行理性思考而多数人采用直觉模式。在这种情况下，“真理往往掌握在少数人手中”。

然而，与我们固有的模式相对抗是件非常困难的事情。当人群对一个事情发生分歧，让我们相信“10%的人是正确的，而90%的是傻瓜”是件非常具有勇气和智慧的事情。

看一下著名的阿希从众实验。

实验者以大学生为被试，每组7人，坐在一排，其中6人是实验者的助手，只有一位是真正的被试，被试并不知道其他6人的身份。实验开始之后，实验者向所有人展示了一条标准直线X，同时向所有人出示用于比较长度的其他三条直线A，B，C，其中有一条和标准直线X长度一样。然后让所有人（其中包括6位助手和1位真的被试）说出与X长度一样的直线。实验者故意把真的被试安排在最后一个，前面6位由实验者的助手伪装的被试们，都会按照事先的要求说出统一的错误答案，最后由真的被试判断哪条直线和X长度一样。

实验结果是被试做出所有回答中，有35%的回答是遵从了其他人意见的错误回答，大概有3/4的人至少出现了一次从众，大约有1/4的人保持了独立性自始至终没有一次从众发生。

该实验曾反复进行，结果基本一致。接下来还有续集，近些年心理学家把脑部扫描仪器代入了该实验，结果表明：那些没有发生从众行为的人，在做决策时候，脑电波出现了极为复杂的变化，大脑的情绪中心和思考中心都有剧烈反应。结论是，这些人在用自己的理性思考和固有的行为模式进行了激烈对抗。

更极端的例子当然是“米尔格拉姆服从实验”，由于充分揭示人性中“恶”的一面，因此和斯坦福监狱实验一样的臭名昭著。（这也是奠基米尔格拉姆社会行为学大师地位的一个实验。有兴趣的可以上网搜一下详细资料，根据该实验曾经拍摄过一个纪录片叫作《服从》，完全的清晰再现。）

由于实验比较复杂，这里我们只呈现结论。

一些心理正常的人，仅仅在权威的压迫下，就可对无辜者施以迫害。65%的参与者对“受害者”施行了450V的电击惩罚，没有人在300V前坚持停止（有初中物理学基础的人都知道300V和450V的电击意味着什么）。

人是社会动物，对权威服从、对领袖服从是我们重要的行为模式，是一个不假思索的行为。我们要对抗它非常之难。这个实验在全球范围内进行过多次操作，结果基本是一致的。

值得一提的是关于该实验的书中记录了参与者的情绪变化。

我看到一个成熟稳重的商人（受试者）面带微笑，自信满满地走进了实验室。短短20分钟，他完全成了另一副模样。他颤抖不停，说话结结巴巴，似乎马上就要精神崩溃了。他一个劲地扯着耳垂，拧紧双手。有一回，他用拳头砸自己的脑袋，喃喃自语："哦，天哪，让我们停下来吧！"可研究员（权威代表者）所说的每一句话，他都照做了，而且一路服从到底。

"颤抖""结巴""精神崩溃""砸自己脑袋""拧紧双手""喃喃自语"，我们看出受试者是多么的纠结，他的身体和思绪都在奋力抵抗，表面看他抵抗的是权威，而实质上他抵抗的是自己的行为模式，是额叶和杏仁核在争夺身体的控制权。

然而这并没有什么用。理性思考在与固有行为模式的斗争中总是丢盔弃甲，我们的多数行为都是自然反应，都是"不顾生命危险，也要朝乌龟背上蜇一下"的行为，尽管它可能会被戴上各种合理的帽子。

◎ 了解人类的消费行为模式，是掌握营销按钮最本质的逻辑

利用"自动自发"这个支点，营销人或许可以撬起你意想不到的石头。

要知道，消费者行为在多数情况下，也是不假思索的模式反应。掌握这些消费者反应模式，是营销最根本的问题。

一个企业几乎所有的营销问题，都是因为对消费行为的反应模式不够了解或者是判断出现了偏差。

几年前，一个食品企业的老板不无得意地向我炫耀他新产品的定价策略。

"我主要的竞争对手是 A 品牌，他产品的价格集中在 5 ~ 7 块，我在他上面出一个 8 块的，在他下面出一个 4 块的，中间一个 6 块的与他直接竞争，你看我的价格包围策略效果如何？"

这样的“策略”总是让人很无语，他们的逻辑也很明显，通常是自以为是：市场需要多样化，消费者需要更多价格选择。你不是5~7元吗，如果消费者想买贵的，我有8元的，消费者想买便宜的，我有4元的，我还有6元的分流你的消费群。听起来非常“高明”且“顺理成章”。

如果该老板知道行为学上的**对比原理**，他就不会这么想了。

对比原理涵盖几个方面的内容：

第一，消费者首先感知的事物，会影响对后面接触事物的判断。这在营销产品定价上，我们通常称为“锚定效应”。

第二，消费者通常不太愿意做没有对比的决定（愿意做选择题是人的本性啊）。

第三，在不熟悉的事物面前做选择，多数消费者会回避极端状况，比如最贵的或最便宜的，最大的或最小的。

第四，过多的选项，会让消费者在做对比时不堪重负，从而影响其做最后的选择（人人都有选择恐惧症）。

通过对比原理我们可以看出，该老板“高明”的定价策略会使竞品成为最优选择，实际是“为人作嫁衣”的行为。来看一个著名的价格实验。

这是杜克大学商学院乔尔·休伯教授和他的研究生克里斯托弗·普多做的三组实验。

第一组，他们向受试者提供了两种啤酒做选择，一种高档啤酒，售价2.6美元，一种廉价啤酒，售价1.8美元。结果是选择高档啤酒和廉价啤酒的人数比是2：1。

第二组则可从三种啤酒中做选择，除了前述的两种，还有另一种超低价啤酒，售价1.6美元。结果，没有任何一名受试者想要买这种超便宜的啤酒。然而，有意思的是，选择先前那种廉价啤酒的比例从33%增加到了47%。超低价啤酒的存在让廉价啤酒变得名正言顺了。

第三组也是在三种啤酒中选择，除了最初的廉价啤酒和高档啤酒外，另外增加了一种超高档啤酒，价格3.4美元。结果10%的受试者选了超高档啤酒。更有意思的是，其余的90%全选了高档啤酒，而廉价啤酒的选择率从第一组的33%陡降到零。

我们这样设想，这些受试者相当于一个理想化的小规模市场，本来有两个啤酒在竞争，放了一个更低档的啤酒，可能本意是抢夺低档啤酒的市场份额，结果却是一点都没抢到，貌似受到冲击的低档啤酒市场占有率从33%提高到了47%。

而另外的市场情况是，放了一个更高端的啤酒去抢夺高端市场，结果原来的高档啤酒的市场占有率却从67%长到了90%，而貌似无辜的低端啤酒，却从33%降到了0%，这往哪儿说理去啊！诡异吗？这只是在对比原理下，消费行为的群体呈现而已，真实的市场比这还要复杂。

营销江湖上经常有行业老大和老二激烈竞争，刀光剑影，你来我往，打来打去发现两者都做大了，旁边的小三小四和市场跟随者，却东倒西歪甚至吐血而亡。

加多宝和王老吉凉茶大战，和其正很受伤；康师傅和统一方便面大战，华龙和华丰很受伤，这两个“战争贩子”又进行茶饮料大战，直接把旭日升打死了；十五年前，青岛啤酒和燕京啤酒大战，搞得很多区域品牌消亡，而头些年，雪花又跳出来找青啤开练，结果把旁边的燕京快给练没了。

是误伤吗？非也。俗话说：外行看热闹，内行看门道。这其中的门道就在行为模式中，在对比原理中。

如果光顾着看热闹，看别人打得不亦乐乎，自己坐山观虎斗，一边拍手叫好，一边暗自庆幸，自己说不定就成为下一个出局者。

史玉柱是研究消费者行为的高手，做《征途》游戏时，他首创了“游戏免费道具收费”营销模式。当时的电游界觉得老史是个疯子，以为这是买椟还珠的行为。其实是因为史玉柱懂得竞争者们不太了解的行为模式——“契尼克效应”。

契尼克效应是指人们对于尚未完成的、中断了的、未达目标的事情记忆深刻，总想着去完成，比如“初恋总是难忘”“得不到就是最好的”。

据说史玉柱在开发游戏的时候，经常自己彻夜试打，知道在什么时刻游戏者会欲罢不能，而又无法通过，就在此时卖给他道具；游戏者一旦通过，大量的荷尔蒙爆发，多巴胺水平提高，玩家获得巨大快感，此时下一个任务接踵而来，游戏者进入了契尼克效应的循环。

再说一个：大部分营销者的思维是要给消费者提供便利性，只要消费者肯掏钱，要什么给什么，实行三包、送货上门、终生保修等。如果老苗向你推荐这样一个家具品牌：不但样子简陋，而且价格贵，还只提供半成品，当你把它买回家，你将面对一堆板材和不怎么详尽的说明书，你需要费尽九牛二虎之力，花费半天一天甚至几天才能把这个家伙弄好。你是不是觉得老苗脑子进水了？

事实上真有这样的品牌，它就是全球最大的零售家具品牌——宜家。这个旨在给全球消费者“添麻烦”的品牌，年销售额几百亿欧元，净利润超过 25 亿欧元。

宜家模式成功在于利用了人们这样的行为模式：**我们总是对于自己付出劳动或感情的事物有更深厚的感情，同样对于商品，消费者会对自己付出心血的商品更有感情和更高的价格估值**。行为学家艾瑞里教授把这种行为模式叫作“宜家效应”。

宜家效应在营销中的应用近些年越来越广泛，在“取悦”消费者越来越难、成本越来越高的情况下，不妨反其道而行之，刺激他们付出劳动、感情、时间、心血，能够在大幅降低营销成本的同时，还大大提升品牌忠诚度。

其他还有首因效应、一致性效应、破窗原理、喜好原理等，都时时刻刻在根本上影响着我们的行为。本书将陆续介绍各种行为模式在营销中的应用，为找到您的营销按钮提供启示。

消费行为，表面是理性的钱物交易，实际上影响更大的是人类几百万年来形成的行为模式。找对按钮，你轻轻一按，他们就“自动自发”。

一、影响消费行为的葵花宝典

20 世纪 60 年代，社会心理学家霍华德·莱文瑟在耶鲁大学主持进行过著名的“恐惧实验”。

耶鲁大学为高年级学生分组发破伤风危害手册，手册里主要是说破伤风的危害，以及注射疫苗的重要性，最后提醒大家，校医院免费注射破伤风疫苗 。

准备的手册有两个版本，不同组别拿到的版本不同。一组拿到的是“高恐惧”版本，其中使用了夸张的语言还配有高刺激的图片，还有个重症患儿，还有带着导尿管、鼻管、气管切开伤口的患者；另一组拿到的是“低恐惧版本”，其中的介绍语言相对平实，也没配图片。

果然，随后的问卷调查发现，得到“高恐惧”手册的学生比另一组更加相信破伤风的危害性，更加能够意识到注射破伤风疫苗的重要性。

出乎意料的事情发生在一个月之后。当人们再次调查到底有多少学生真的去注射了疫苗，发现“高恐惧”组和“低恐惧”组比例居然一样，都在3%左右。原来那些通过恐惧诉求得到的差异消失了。我们先记住这个数字——“3%”，之后发生的一个小改动，让事态产生了巨大的转变。

他们在手册上增加了两个貌似“画蛇添足”的内容：一个是一张校医院的地理位置图，我们知道实验的对象是高年级学生，应该不会有人不认识去校医院的路，这个地图加得好像“多此一举”；另一个是增加了疫苗接种的具体时间，而之前是没有时间限制的，看上去也没有什么意义。然而，就是这两个“画蛇添足”的内容，却让去注射疫苗的人大大增加了，人数比例陡增至28%，是原来的九倍还要多。

加倍的恐惧诉求并没有真正影响到人的行为（去注射疫苗），两个看似无关紧要的细节却让行为提高了9倍之多。

改变人的行为有什么样的诀窍和秘籍吗？

1. 让消费者掏钱买单，要从行为改变的起点开始

撬动改变的支点，来自于人类长久形成的心理本能。不幸的是，大多数产品都在走自说自话的老路，而这对于消费者而言只是隔靴搔痒——请永远记住：**当商家重复一万次关于产品的“真理”，每个消费者在乎的只有“这跟我有什么关系？”**。

先从减肥这件事说起吧。

有初中生物知识的人都知道，瘦下来就是让摄入的热量比消耗的少，那么减肥的不二法门也显而易见：少摄入，多消耗。也

就是常说的：管住嘴，迈开腿，不吃油炸食品不喝高糖饮料，每天快走一万步，跳绳两小时。

这绝对是赤裸裸的真理，是除医疗干预手段外唯一行之有效的减肥方式。如果你把这个真理告诉你正在减肥的朋友尤其是女友，恭喜你，你将受到严重鄙视。

一个资深减肥人士收藏的秘籍通常是这样的。

“每天六分钟，练出小蛮腰”

“快速燃烧脂肪的神秘物质——左旋肉碱”

“二十天减十斤，扎这几个穴位就够了”

“不挨饿轻松减肥的七种方法”

“越吃越瘦的十八种食物”

……

看出这些“秘籍”和“真理”的区别吗？知道为什么人们都青睐“秘籍”而远离“真理”吗？

社会行为学家认为：人是习惯动物，当他在习惯和固有模式行为中，心理处于舒适区，是拒绝改变的。从“人多力量大”到“只生一个好”很难，从“独生子女”到“鼓励生两个”同样不容易。

改变人的行为必须通过两个思维地图起作用：第一是动机，第二是能力，即“我有必要这样做吗”和“我有能力这样做吗”。因此，要影响人的行为必须让他觉得“值得做”和“容易做”。二者缺一不可。

只有觉得改变价值高且很容易改变，人们才会去做，如果改变的价值高而实现起来很难，人们会倾向于把现状合理化而拒绝改变。

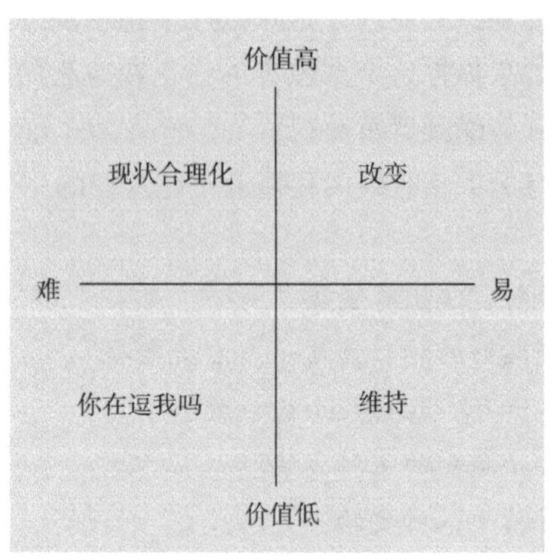

图 1－1　反应模式图

根据这个反应模式图（如图 1－1 所示），我们就很好理解为什么减肥“真理”总是败给减肥“秘籍”，为什么恐惧实验中“画蛇添足”的地图和时间却让效果大增？因为他们（秘籍和地图）都让行为变得更加容易。

营销的本质目标是改变消费行为，是“劝人离婚的艺术”，本来跟别人过得好好的，现在要让她跟你过，本来买别人的，现在要让他买你的。所有的营销努力都是在让你倡导的消费行为“值得做”和“容易做”，一切有效的营销行为都是围绕这两个维度展开。

2. 让你买单很容易——改变消费行为的两个基本原理

事实上，**我们只要在“值得做”和“容易做”这两个维度上**

探索，往往就能找出改变消费行为的关键环节，通常它就是我们的“营销按钮”。集中更多的营销资源触动它，你理想中的消费行为将会以你意想不到的速度呈现，一切的营销问题都会迎刃而解。

然而令人遗憾的是，我们很多企业的营销没有把资源放在对消费行为的改变上，而是各种的急功近利：找个大客户，进个大终端，想个大点子，制造个大话题，上个大媒体，开个大会议。

头些年，康师傅的“通路精耕”和娃哈哈的“分销联合体”火爆一时，很多企业搞运动上体系，激情学习，大干快上，现在其销售管理基本是一地鸡毛。有的企业通过客情“关系”，以极其昂贵的代价快速进入大润发、家乐福等各大零售系统，希望一炮而红，结果往往进退失据，市场惨不忍睹。

这种“找关系卖货、想点子造轰动”的投机式营销，很能迷惑一些人，也死得很快。每年死掉的产品数以万计，每年有无数企业倒闭，不在乎多一两家，市场会让他们回头的。

另外一些企业的营销则是让人着急的：他们深知改变消费行为是营销的本质，从 USP 到品牌到定位理论工具，也都熟练应用，他们有丰富的操作经验和成功履历。突然有一天他们发现，原来运用的一切不那么管用了，尤其是资源相对匮乏的小公司，更是如此。

通常，营销者试图影响消费行为的基本逻辑是这样的：

“我有一个巨牛的独一无二的产品（USP 和定位理论的综合运用），非常适合你（目标人群界定），你用了之后非常爽（体验感描述），大家都在用（羊群效应），某大牛也在用（权威效应），产品好还是次要关键看气质（品牌形象打造）。”

这些信息传递的途径是：产品包装、广告、推广活动、终端展示、销售员讲解、公关关系等。

看上去顺理成章，大家也似乎都在这么做，以往的品牌多数也是这样成功的，其中不乏国际大品牌和知名民族品牌。

不过，通过看上面的人类面对影响的反应模式图，我们可以看到里面隐藏着一个巨大的漏洞，企业在让消费者觉得“值得做”方面可谓下足苦功，从各个角度用不同方法向消费者传递“你值得拥有”“你必须拥有”，但在“容易做”这个维度下的功夫却明显不够。

直接跟消费者打交道的售货员感触应该最深，明明已经要成交的顾客，如果因为钱不够或其他原因离开了，很可能就不会来买了。因为顾客来交易的难度提高了。

做销售的业务员也会碰到很多这种情况，眼看板上钉钉的订单，稍一迟疑，就因为“资金紧张”“等更恰当时机”“老婆大人不同意”等“原因”又黄掉了。因此做销售的有句名言，“今天的订单就在眼前，明天的订单远在天边”。

人是“**一系列习惯积累的总和**”，人们喜欢按照既有轨道去行动。一旦你让他做出的改变稍有难度，他们就会把现状进行“合理化”，从而维持现状。

如果要让你的营销行为有效，必须要让你希望发生的消费行为变得容易。本章将继续介绍一些让你倡导的行为“值得做”和“容易做”的工具和方法，重点介绍如何让你倡导的消费行为“容易做”。

3. 葵花宝典——一个涵盖所有改变消费行为手段的关系图表

请注意，“容易做”永远是打开消费者一系列连锁消费行为的敲门砖。

世界上的绝大多数人在潜意识中都是抵触变化的。这种偏向于维持现状的心理也常常在左右着你的行为：在专卖店看中了一款手机，如果当时带的钱不够没买，你回来后就会发现正使用的手机有很多优点，比如“待机时间长”“能砸核桃”等，甚至由此还能给自己找出很多优点，比如“念旧”“重感情”。其实这都是“合理化”的产物，根本的原因则是你对再去一趟专卖店嫌麻烦，或者是对适应新手机的功能和操作心生畏惧。

想要扭转消费者长久以来积累的习惯，并促使消费行为发生，需要平衡的是产品、消费者和消费者所处环境（生活环境和社会环境）的关系。那么**产品、消费者、环境三要素和“值得做”“容易做”两个维度，就形成了六组关系（如表1－1所示）。**

表1－1　“值得做”“容易做”两个维度的六组关系

	产品对消费者的意义	**消费者对产品的态度**	**外界影响**
值得做	凸显产品价值	内在满足感	利用社会压力
容易做	分解消费行为	正确的激励	环境和集体的力量

老苗在这六组关系中，打造出了七个营销按钮：让消费行为“值得做”的三个按钮和“容易做”的四个按钮。

4. 消费行为“值得做”的三个按钮

让消费行为“值得做”的第一个按钮：建立替代经验。

说起希望工程，人们首先想到的就是那个“手握铅笔、头发蓬乱的大眼睛女孩”，其形象深入人心，为希望工程的成功推广立下首功。

大眼睛女孩带给你的这种感觉叫作“**替代经验**”，它是通过

体验感，调动人的情绪中心，从而影响人的行为，其威力要比理性说服大得多。（后面将有专门篇章介绍情绪营销）

无论你想让消费者感受产品的益处，还是需求未得到满足的尴尬，建立感同身受的替代经验都非常重要。

这个替代经验可以是离消费者距离最近的案例，可以是生动的故事，也可以是直指人心的感人画面

苏联的格言说："一个人的死亡是个悲剧，100 万人的死亡则是个统计数字。"因为个体的遭遇可以让别人产生感同身受的替代经验，而 100 万人的际遇则远远超出个人感受能力。

美国癌症协会（ACS）是个成功的公益组织，他们总是讲述鲜活的个案，用充满感情的词汇进行描述，他们把癌症患者生动地称为"存活者"，因此打动了无数社会慈善人士。他们获得的捐助是如此之多，以至于遭到了其他公益组织的抵制。

最近中国的企业流行"讲故事"：产品上市讲故事、企业上市讲故事、品牌讲故事、公关也讲故事。

但好的故事一定是围绕建立替代经验来展开，没有好的替代经验，全公司都是段子手也没用。

让消费行为"值得做"的第二个按钮：提供虚拟所有权。

所谓虚拟所有权，即让顾客在尚未购买的时候，产生"已经拥有"的感觉，是一种"将得到还尚未得到"的感觉。

根据行为学家的实验结论，此时人体内的相应激素水平会达到最高，甚至超过得到之后。如果消费者未能购买，就会有损失感。**"损失厌恶感"是让人非常不爽的事情，为了避免这种感觉，**

人们会想办法守住这份“虚拟所有”的感觉，做出购买行为或者继续关注。但一旦被带入虚拟所有的感觉，消费者所投入的时间、关注甚至劳动越多，其对产品的依恋就会越高。

如果你参加过竞拍就能体会到，当一个标的你反复举牌最后没得到，虽然你并没有损失金钱，但那个感觉却无比糟糕，就像“女朋友被抢走了”。举牌次数越多，最后没成功的失落感就越大。这是因为，在你举牌的一瞬间，一个叫“虚拟所有权”的家伙就开始在你头脑中生根，你不停举牌它就不停生根发芽，最后你非常难以舍弃，往往会开出远高过标的价值的价格。你之所以失败，是因为有个比你还纠结的倒霉家伙也在那儿举牌。

“先使用后付款”是运用“虚拟所有权”的典型营销手段。

安利在营销史上最初的成功，不是它的销售模式，而是一个代号叫“臭虫”的推广活动。

操作秘诀是，不管用什么方法软磨硬泡还是死皮赖脸，千方百计把一个组合产品留到消费者家里让人试用，一天两天三天，时间再长也行。等试用期结束，销售员上门取样品，带来了雪花般的订单。

根据之后的访谈了解到，一方面，有些消费者免费用了人家的产品，“不好意思”了，反正不贵也就买了一些。另外一些即使觉得没什么，但一旦销售员上门要拿回样品了，就会产生一点失落感，最后干脆掏钱买了。

“臭虫”营销取得了巨大成功，快速让安利从一家从地下室办公的企业，成长为年销售额达到15亿美元的大型企业。“虚拟所有权”这个工具可是帮了很大的忙。

这个工具用得最多的地方还是在广告业，**行为学家艾瑞里**

说："虚拟所有权是广告业的主要动因。"霍普金斯也主张广告要强调消费者拥有产品之后的感受。

汽车渲染的是你拥有后的荣耀和驾驶的享受，化妆品描述的是你使用后的各种光鲜靓丽"你值得拥有"，饮料会极力刻画你畅饮的舒爽，保健品告诉你吃了后"腰不酸了，腿不疼了"；时尚杂志广告上不管什么产品，都是一个面容姣好、身材修长的模特，华丽丽地在某个雅致的背景前，一副慵懒享受闲散安逸无聊的样子，让无数女人觉得：

"哎，这才是我想要的生活！"

让消费行为"值得做"的第三个按钮：价值转换。

脑白金是保健品，本来要带给消费者的价值是它的"改善睡眠"和"调理肠胃"。但在头些年保健品信任危机的环境中，这样玩很容易掉入夸大宣传的陷阱。聪明的史玉柱脑筋一转，把脑白金直接弄成礼品了。

每一类产品都有对应的价值属性。但可以通过营销手段使之发生价值转换，使产品彰显不一样的价值，更加让消费者"值得买"和"非买不可"。

"六个核桃"的成功，也在于它没傻乎乎跟着"大寨"卖"核桃露"，而是瞄准了北方农村的伴手礼市场，从产品对人的功能价值，华丽丽完成了价值转换，变得具有较高社交价值。

蜜饯本是个小得可怜的品类，"零食中的零食"。可一个兄弟把"溜溜梅"策划成"没事就吃"后，从原来的小零食价值，猛然一转，成了打发时间的消遣品，价值做了转换，才会有上十亿的市场规模。

同样，如红酒、茶、咖啡，这些往嘴里喝的东西，原本对应的价值属性是好喝、健康、营养等，但赋予了文化因素后，做了价值转换，成功升级为显示自己高品质生活的利器。哈根达斯则被生拉硬拽进了爱情元素，也都取得了成功。

所以，喝咖啡的要比吃大蒜的有品位，失恋了吃哈根达斯比啃俩韭菜包子更能体现伤感。

5. 让消费行为“容易做”的四个按钮

说完“值得做”，再来讲讲如何让消费行为容易发生，即“容易做”。

让消费行为“容易做”的第一个按钮：行为分解。

很多营销者希望“毕其功于一役”，希望一则广告、一个推广活动，能够解决消费者所有问题，一下子让消费者掏腰包。

俗话说，酒要一口一口喝，路要一步一步走，步子太大容易扯着。这在多数情况下是吃力不讨好的，尤其是针对高价值、高介入度、高关注度产品。**我们知道消费行为是复杂的，从消费反应上有四个反应层次模型：注意—兴趣—欲望—行动（又称AI-DA法则），从购买决策过程上有5个阶段模式：问题认识—信息收集—方案评估—购买决策—购后行为。**

所以在大多数情况下，把你的消费者推向更高的购买阶段是最有效率的方法。

十几年前，叶茂中对我说：“老苗你软文写得好，这很牛！”当时年少轻狂的我心想：“老叶你能看出我软文写得好，这更牛！”确实，乍一看内容，我当时写的软文跟普通软文没什么区别，但效果却截然不同。如果一篇普通软文能来 50 个顾客咨询电话，而我写同样篇幅的软文至少能来 200 个咨询电话。

其实诀窍很简单：普通保健品软文，都是写病理、承诺、典型病理、专家背书等，总之是各种好。目标是希望唤起顾客的购买欲望，让顾客看了软文就掏钱。而我没这么贪婪，我的目标就是让顾客打电话或者到药店去看看，这就容易得多，只需要多描述一些其他顾客的电话场景或到药房的场景，通过这些行为最后解决了最终问题。电话自然被打爆。

这就是消费行为分解。很多情况下，你不需要让顾客一下就掏钱，只需要把他推向更高的购买决策阶段就行了。

还是回头敬佩一下叶大师，因为他在分解消费行为方面做了件更牛的事儿——海澜之家的广告策划。

当时的男装广告基本都是在“要个性”“劈情操”，如“不走寻常路”“简约不简单”“男人对自己狠一点”，希望通过品牌个性的塑造来获取消费者认同，即上面提到的从消费者对产品的态度角度获得价值，从而让顾客觉得“值得买”。

然而，海澜之家的广告创意可真是“没走寻常路”，广告语你懂的：“男人的衣柜”“男人一年逛两次海澜之家”，当年如果有十大土得掉渣广告评选，这个广告语会当仁不让。

可让那些“有创意”的广告人想不通的是，创意四射的“不走寻常路”“男人对自己狠一点”“简约不简单”基本都洗洗睡了，可土得掉渣的“男人一年逛两次海澜之家”还在不厌其烦地播着，看样子还会继续播下去，而海澜之家也成长至年销售额近两百亿规模的企业。

如果营销者熟悉消费行为分解，就能看出海澜之家这个

“土”广告，包含着很高明的策略。这个广告没有向消费者展示产品如何、品牌如何，它试图影响的消费行为是：你每年到我店里来两趟，买不买随你，逛逛就行。这比鼓动消费者掏钱容易多了。

可一旦进了门，终端展示、店务管理、营业导购，那可都不是吃闲饭的，“要打此处过，留下买路财”，你是买啊还是买啊，绝不强求。多数人还是“赤手空拳”进去，大包小包出来。所以有人吐槽：怪不得一年只让去两次，多了去不起啊！

这就是消费行为分解的力量。

让消费行为“容易做”的第二个按钮：正确的激励。

我们看一个广告大师克劳德·霍普金斯的经典案例。

有必要先对霍大师做个介绍：霍普金斯是被奥格威称为“改变了他一生”的人。他把科学尤其是消费行为科学带入了广告，并发明了很多营销方法，包括我们今天广泛运用的派样、测试行销、强化铺货率和优惠券促销等。他的著作《科学的广告》是现代营销学和广告学的奠基作之一，被奥格威评价为“不把这本书读七遍，任何人都不能去做广告”。

我们知道，人要违背自己的天性很难，养成一个违背天性的习惯更难，如果让全世界的人都养成一个违背天性的习惯简直就是不可想象的。事实上，这个不可想象的现象还真的让我们霍大师给制造出来了，那就是刷牙。

因为习以为常，可能我们不会觉得，刷牙实际上是很不让人愉悦的事。一根塑料棍，一端有塑料毛，沾上黏糊糊的胶状物，塞在嘴里捅来捅去，想想就觉得不爽。

所以人虽有清洁牙齿的需求，但刷牙一直没有成为人们的普遍习惯，直至霍普金斯出手。

除了向人们宣称刷牙可以使牙齿坚固美观、减少牙病之外，霍普金斯还做了个小动作：往牙膏里加了薄荷、柠檬酸之类的物质。

这些物质给刷牙者口腔带来清凉感和洁净感，这个小刺激成了每次刷牙的小激励，一旦忘了刷牙，这个“奖赏”就没了，刷牙者就会失去清凉感和洁净感，从而惦记刷牙行为。之后，所有的牙膏都开始添加刺激类物质，刷牙习惯迅速被美国人民接受，并被蔓延开来。

这真是一个伟大的创举，通过小激励的反复刺激，使一个违背天性的事情成了大多数人的生活习惯，大大提高了全世界的健康卫生水平。

这种即时激励的方法，被大量应用于减肥、健身、戒烟、戒酒等日常需要对人们做出改变的行为中，当然也被用在营销中。

电子游戏的设计者深谙此道，不停激励（升级）带来的满足感，可以让你沉浸在打怪、俄罗斯方块这种重复无聊的游戏中不能自拔。

在业余市场，跆拳道是各种搏击术中推广做得最好，因为它能很快就升级。一个幼儿园小朋友练不了几天，就能从最初级的“白带”升为“白黄带”。老苗的儿子小苗，升白黄带时连直拳都出不利索，通过后照样很（嗨），一连“嚣张”了好多天，真是激励从娃娃抓起啊。

让消费行为“容易做”的第三个按钮：行动方案或提示。

回到开篇讲的“恐惧实验”，现在揭示谜底：为什么加了看似无用的地图和时间限制后，去打破伤风疫苗的人数增加了 9 倍呢？

答案是：前者给实验者的是一个倡议行为，而加了时间和地点后，这个倡议行为就变成了行动方案。**一个行动方案，让人的行为变得容易发生**。没有行动方案的倡议，接受者在当时的冲动过去之后，很容易转化为科普知识、口号或者理念。

假期里，中国的学生家长经常为贪玩孩子的作业发愁。“赶紧做作业，要不然就做不完了”，“做完作业带你去××游乐场”，“你们同学某某某早就做好作业了”，“做不好就不给你买什么了”，总之各种威逼利诱，却收效甚微。但有经验的家长往往会采用这样的方法——列时间表，每天几点起床，几点吃饭，几点学英语，几点去玩，变成详尽的行动方案。

把自己希望孩子发生的行为，变成合理的行动方案让孩子执行，再配合频繁合理的激励，事情就会顺利得多。

营销者必须知道，人是有惰性的，作为消费者更是如此。当他面临一大堆选择，很难会主动行动。你必须给他一个方案至少是一个行动提示，因势利导，消费行为才会容易发生。

营养快线是个革命性产品，通过水平创新的方法把牛奶和果汁配在一起，有好口感、有牛奶和果汁的双重营养。

当老苗第一次看到营养快线广告时，被惊呆了，“早上喝一瓶，精神一上午”，以我对国内诸多企业老板的了解，这个广告语在90%以上的老板那里是通不过的。“太小了”，应该是大多人的直接反应，“这么好的产品，怎么只应对早上喝呢?”他们更青睐的是“健康生活，我选营养快线”“双重营养，健康加倍”之类更大、覆盖更广的诉求。

这恰恰是宗庆后比一般企业老板高明的地方，正是“早上喝一瓶”这个提示，给了营养快线准确的消费场景，形成了消费产品的方案，使得消费行为变得“容易做”，从而促进了产品的成功。营养快线单品销售曾经破百亿，即便走下坡路的今天仍有很大的销售量，而那些倡导“双重营养”“健康美味”“高品质生活”的，基本都存活不了太久。

让消费行为“容易做”的第四个按钮：利用“诱饵效应”，给消费者一个便利选择。

一菜摊前有两堆菜。

买家：“这边多少钱一斤？”答：“1 块。”

再问：“那边呢？”答：“1 块 5。”

问：“为什么？”答：“那边的好一些。”

于是多数人买了 1 块 5 的。后来发现摊主快速把 1 块的一分为二，变成两堆，很快 1 块 5 一斤的又都卖光了。

这是个类似“卖拐”的段子，利用对比原理，让消费者做一个便利选择，更加容易让其做出购买决定。

段子不可信，我们看实际发生的营销案例。

威廉斯—索诺马公司首次推出家用烤面包机（售价 275 美元）时，多数消费者对它不感兴趣。

家用烤面包机到底是个什么鬼？我们真的需要在家里烤面包吗？使用方便吗？家里有小孩会危险吗？耗电吗？烤出的面包好吃吗？总之，对待新东西，大家总是有很多疑问的。

果不其然，烤面包机很快就交了一份非常糟糕的业绩答卷，万般无奈的威廉斯—索诺马求助了一家营销调研公司。

专业公司就是专业公司，很快他们就提出了一个貌似“很不着调”的补救办法：再推出一个新型号的面包机，不仅个头比现在的要大，价格也要比现有的型号高出一半左右。

这遭到了很多人的质疑：实用性更好，性价比更合理的面包机都没人买，居然还要投入财力人力推出更大、价格更贵的！营销调研公司的人脑袋被门挤了吧？然而，威廉斯—索诺马公司决策层英明地采纳了。

大烤面包机推出后，果然无人问津，可是令人惊奇的是，原烤面包机的销量开始上升了。这是怎么回事呢？调研公司在提方案时给出的理由是：当消费者决定是否购买新鲜事物时，会有很多的顾虑，而这些顾虑都无从对比，因此难以做出购买决策。而现在有了两个型号，既然一台比另一台明显要大，也贵了很多，人们就无须在真空中做决定了，他们会说："嗯，我也许不大懂面包机，但我真要买的话，我宁愿少花点钱买那个小的。"于是原来的烤面包机开始热销了。

通过一个不合理选项，让自己的目标选项显得更合理。在营销学中，我们称之为"诱饵效应"，有人称之为"傍机"。上述烤面包机的案例是利用"诱饵效应"设计营销选择的著名典范。

目前"诱饵效应"在营销中已经有较多应用了。

很多企业，总是会设计一个价格超贵、看上去很豪华的产品，基本没什么销量，就是为了让自己的其他产品看上去不那么贵。超市做捆绑促销，有些产品绑了赠品，有些没绑，没绑的是绑了赠品的诱饵；一条围巾 50 块，一件毛衣 300 块，围巾 + 毛衣 300 块，那么 300 块的毛衣是诱饵。

做营销要腿勤眼勤脑勤，经常到市场上了解信息。如果产品设计得好，可以把竞品做成我们的诱饵；而不小心或者没意识，则很可能成为人家的诱饵，做了"傍机"却不自知，岂不冤枉？（有兴趣的老板可以走走终端看看，自己的产品跟别人的摆在一起，是不是做了"傍机"？）

当然，让消费行为变得“容易做”还有些其他方法，比如通过示范效应，让消费者觉得“很容易”；通过诉诸情绪，让消费者一冲动就去做了；通过环境塑造也可以让消费行为变得简单。

因为消费行为改变，是营销中最本质的东西，为了让大家了解得更清楚些，最后我们再来梳理一下：

我们衡量一个营销行为是否有效的唯一标准是，它是否促进了消费行为的改变。要让消费者向你预想的方向转变，必须要让你倡导的消费行为“值得做”和“容易做”。

“值得做”和“容易做”的方法是围绕着“产品、消费者、环境”三者之间的关系展开的。本文向大家介绍了让消费行为“值得做”的三个工具，分别是“替代经验”“虚拟所有权”和“价值转换”。

鉴于当前营销行为中，注重消费行为的“值得做”而忽略“容易做”，老苗在文中重点介绍了让消费行为“容易做”的四个方法：消费行为分解、正确的激励、设计行动方案或行动提示、利用诱饵效应。

再次强调：营销的本质目的是改变消费行为。只要在“值得做”和“容易做”这两个维度上找出关键环节，集中更多的营销资源，你理想中的消费行为将会以你意想不到的速度呈现，一切的营销问题都会迎刃而解。

二、有一种按钮，只被少数关键人掌握

经常会有营销人员讲，我这产品是卖给普通消费者，你一个

业内人士不认可不要紧；我这产品是卖给农村人的，你个城里人不认可不要紧。但真的是这样吗？普通消费者分不清，你就能把市场做起来吗？

我们先上例子吧。

年纪大一些的营销人应该都记得当年的“核酸骗局”，很多核酸类产品，国家审批的保健功能是提高免疫力，却夸大宣传成神药：号称可以营养和调节人的基因，几乎包治百病。他们用了一堆获得诺贝尔奖的科学家做背书，以专家讲座和软文作为主要推广形式，不光普通消费者没办法识别，连一些有点专业背景的人也被“忽悠”进去了。但总归有人看得明白，比如方舟子，于是《南方周末》一期专题报道，核酸的西洋镜被拆穿，林林总总的品牌被一网打尽，颗粒无存。

这个太老了，说个近的。酵素，前两年够火吧？“减肥清肠助消化”，可现在也消停了。为什么？因为没效果！为什么没效果？因为所谓的酵素其实就是传统上讲的酶，一点都不新鲜，其成分是蛋白质，生理作用是生物催化剂，它一旦被人吃下去就被消化成氨基酸了，跟吃点蛋白粉没什么区别，当然没有宣传的那些效果！

再来一个，粗粮饼干是个好概念，但产品一直做不起来。粗粮的口感比较差，要改善口感，通常的做法是添加大量植物油甚至是植脂末，这样反倒使得热量大大增加了，打着健康概念实为更不健康食品。尽管多数消费者并没有看包装上营养成分表的习惯，但就是那少数一些关注成分表的人，让这个细分品类一直不能被市场广泛接受。

还需要举例吗？左旋肉碱、玛卡、×××矿物质水，应有尽有。

到这儿，可能很多看官就有疑问了：为什么有些产品骂声一片，反倒风生水起；有些产品明显是经营者给消费者做“局”，而消费者却乐得往里钻，还津津有味，比如一些化妆品、奢侈品，还有做传销的；而另外一些倒霉鬼，能够忽悠大部分消费者，反倒一些本不相干的人觉得不爽，其产品就做不起来。

这就涉及营销中极为重要的一个法则——关键人物法则。

我们先来认识一位超级牛人，社会学大师、创新扩散理论创始人、硅谷造星运动的主要推手、乔布斯“帮主”的老师——埃弗雷特·罗杰斯，这位最该被营销人铭记的社会学大师，任何名头都不能体现他带给社会的影响，**因为他贡献了可能是迄今为止最重要的社会学理论——创新扩散理论。**

1. 谁才是“关键人物”——创新扩散理论对人群的五种分类

创新扩散理论究竟是什么？我们又如何借助它找到营销活动中的“关键人物”？

营销大师科特勒在“圣经”——《营销管理》中对创新扩散理论有大篇幅介绍。依据创新扩散理论，格拉德威尔于2000年出版了著名畅销书《引爆点》，详解了社会及商业流行潮现象，并给出了制造流行潮的关键方法。格拉德威尔也因此被誉为“21世纪的彼得·德鲁克”，被《时代》周刊评为全球最有影响力的100位人物之一 。但说句不客气的话，《引爆点》仅仅写出了创新扩散理论的冰山一角而已。

在创新扩散理论中，按照对一个新事物的态度和行为规律，罗杰斯把人群分成了五种：**创新者或者叫尝试者、早期采纳者、早期大多数、后期大多数和保守者。**

尝试者，罗杰斯认为他们是“最具冒险精神的一群人”。

在多数人眼中，“尝试者”属于另类，是“不靠谱的”，甚至是不受欢迎的。他们的接受，无法影响更多人，甚至带来负面效果。著名行为学家科里·帕特森的观点更为极端，他认为如果想要让一个创新成果被大家所接受，首先要做的是，“找到这群创新者，并像躲避瘟疫一样躲避他们，如果他们接受你的新想法，它肯定会消亡”。

按照创新扩散的说法，该类人群占总人数的约2.5%，由于我国人口基数庞大，绝对数字也非常可观。在营销中“尝试者”是让很多企业又爱又恨的角色，当一个创新概念的新品出现后，广告一打，终端一铺，迅速引来他们的购买，正当企业增加产能加强推广之际，他们突然不买了。这就是尝试者们做出的贡献。他们的快速接受往往让企业和中间商产生错觉，认为自己的产品策略和沟通策略是正确的，经常会因此造成较大的投资决策失误，带来产能过剩、推广失败等问题。

尝试者买你的账，不是因为你有多好和多正确，只是因为你“新”，他要尝鲜，尝过了就去尝别的了，你后续的市场拉动推动基本对他们没什么效果。

第二类，早期采纳者。罗杰斯认为他们是“典型的地方主义者”，即与一个稳固的社会系统有较强联系，他们被认为最能把握该社会系统的舆论导向，因此在传播学中被称为“意见领袖”。

“意见领袖”的说法，并不够准确，甚至是误导，作为营销中最重要的一群人，他们的特征是这样的。

(1)“内行”是最重要的特征。

在我们的身边，总是有这样的一群内行，在我们不知道该如何选择时给出宝贵意见。如果你想买电脑，可能会征询公司网管的意见；如果你想吃零食，会有某个整天桌子上堆满食物的“吃货”小姑娘，流着口水向你描述某产品如何美味；你可能还见过一个两岁孩子的妈妈向一个刚生育过的妈妈大谈育儿经，一群上了年纪的人在听另外一个老人神采飞扬地介绍自己的康复史、养生之道，一个半大孩子得意地向小伙伴们演示自己的新款智能手机。

我们处在一个被内行深深影响的时代，他们或许是专业人士，如医生对于疾病康复、律师对于法律、教师对于孩子教育，但**更多情况是这个小圈子里对该类知识最懂的那个人**。请记住消费行为模式营销的一个关键理念：**市场营销依赖信息运作，毫无疑问，掌握最多信息的人就是最重要的人。**

不同行业和不同产品，所对应的内行人群是不一样的，你可能针对某些产品或行业是内行，针对某些行业或产品是打酱油的“路人甲”，而针对另外一些则是“菜鸟”。**但所有的内行都一个共同特质，那就是喜欢主动收集相关信息，并引以为傲。**

（2）分享和助人，是早期采纳者第二重要的特征。

作为社会化动物，愿意分享和助人是人的本能，但早期采纳者无疑是表现最突出的。一方面，他们分享信息，帮助别人，从而获得自我价值感，另一方面，他们对待新信息的态度既开放又谨慎。他们认为，自己在社会网络中所受的尊重，来自在特定方面对别人的帮助和内行角色，对新事物正确的采纳，可以加强自己的权威地位，而一旦发生错误，则会降低自己的地位。这也就成为早期消费者热衷分享又谨慎分享的原因，一旦他们决定采纳，很多的采纳者都有较强的煽动力，能够把你的产品介绍得引人入胜。

早期采纳者对新事物的接受度，高于普通个体但远低于尝试者，而他们能否接受，是营销成败第一关键因素，所以我们会在市场上频繁见到“领先一步成先驱，领先两步成先烈”的现象。

（3）话语权。

早期消费者们的话语权仅适用于特定社会系统和特定领域。他们的这个权力一般是来自上文提到的“内行”和“分享及助人”特点，还有的是来自收入、地位、文化、地域上的落差，收入低的看收入高的，文化低的看文化高的、三线城市看二线城市的，反之，则不会成立。落差太大也不会成立，一旦太大，则脱离了其特定的社会系统，话语权就不复存在。

创新扩散理论认为，理想状态下，早期采纳者占到目标人群总数的12.5%左右。而在营销学中，他们是最关键的那群人，抓住了早期采纳者就等于抓住了整个市场。

第三类和第四类：早期大多数和后期大多数。他们是普通的目标人群，人数众多，罗杰斯认为在理想状态下，他们能占到总数的70%以上。“不做第一个吃螃蟹的人，也不要做最后一个抛弃陈腐观念的人”，是大多数人的心理写照，他们受舆论和群体影响大，在群体中有些互动，但缺乏对舆论的引导能力。

他们是组成目标消费群体的主力军，使他们接受和认可才是营销的最终目标。但影响早期采纳者才是更关键的手段。

第五类：保守者。在营销中，保守者不单指思维守旧，接受新鲜事物较慢的人，还包括目标消费群中，对你产品或品牌理念不认同的人，或是竞争对手的忠实拥趸，可能对于竞品而言，他们就是早期采纳者。在一定程度上，他们是“另外的意见领袖”。“果粉”们对于苹果是早期采纳者，对于三星可能就是保守者。

罗杰斯认为，保守者在人群中有15%的数量，非常庞大。让他们接受你的产品，多数情况下根本就是不可能的。所以，明智的企业都不会对保守者做太多的说服工作。而更高明的手法是，直接把保守者树为靶子，会更有利于你的产品被市场所接受。

了解了罗杰斯的五步人群划分法，看官应该明白为什么那些忽悠普通消费者、把消费者当傻瓜的产品总是命不久远了吧。**他们很难找到“内行”“分享”和“拥有话语权”的早期采纳者，他们的市场只能靠企业自己投入资源来拉动，更不幸的是，一些他们的保守者，却是竞品的早期采纳者，会找到各种机会对他们进行抨击，随时摧毁他们耗尽自己企业资源带来的那些影响。**

早期采纳者虽然不是市场的主体，但他们是市场上唯一重要的那群人。

2. 90%的品牌都似是而非地“定位”了同一群人

那么如何采用针对性营销手段面对他们，使得市场能够自发启动呢？

下面请看老苗结合罗大师的创新扩散理论继续开撕。

犹太人说“女人跟孩子的钱最好挣”，擅长经营的中国商人们自然也深谙此道，市场的目光总是在盯着女人的钱包。

“白领女性”因为有着较高的收入，较高的消费能力，看上去“光鲜”，想当然成了众多品牌的“意见领袖”，如果再加上“都市”“青年”这样的词，看上去就更加高端了。

零食、化妆品、服装甚至家居产品，纷纷惦记上这个人群，广告战、品牌战、终端战，很久以来，“白领女性”都是中国市场的“重灾区”。这些年，老苗看到大量品牌规划报告，差不多一半以上都是“青年女性都市白领”，这几个词都快看吐了。

不幸的是，除了在白领阶层刚刚形成的九十年代，哈根达斯、德芙等利用“标签效应”取得了成功，近二十年来，锁定这一群体的品牌基本都是花钱费力不讨好。

另外一个“受灾区”是“90 后”或者“00 后”，几乎所有人都知道，市场将会由年轻人主导，我们都将被陆续拍在沙滩上。而被炒得火热的“××后”概念，自然也引起了不少追捧。老苗这两年做咨询，经常会被这么一个问题问得“汗如雨下”：“苗老师您觉得90后是如何想的？”

90后怎么想？您还不如问我“中国人民”怎么想呢，至少“人民”是个政治词汇，代表一定立场。90后的概念太大了，又是一个静态参数分析，是很难得出有效结论的。独立？开放？活跃？追求酷炫？勇于接受新鲜事物？除了年龄是准确的外，没有任何的标签可以准确地概括90后。

“90后李宁”！这种试图给年轻人贴标签的做法，直接就被市场淘汰了。

通过静态参数锁定一个有消费力的大群体进行目标人群定位，比如上面讲的“白领女性”“90后”，还有“银发消费”“中产阶级”“上班族”等，是营销上最常见的大坑之一。因为它违背了关键人物法则。

组成市场的基本单位不是“孤立的个体消费者”，而是一个个“内部有联络的社区”。

我们知道，营销的本质是影响消费者的行为，但没有哪家公司真的有资源完全通过自己的力量来改变消费行为，所以专业营销人员要做的是引发消费者之间的连锁反应和互动效应，让消费者影响消费者，让消费行为影响消费行为是营销成功的根本动因。而企业要做的是触发他们，而不是所有的营销工作、所有改变消费者的营销行为都由自己来负担。

那您真的负担不起，就是首富都不行！

市场定位的第一步不是找“足够大的有消费力的市场”，这完全是正确的废话，没任何意义，真正有实际帮助作用的是找“**足够大的内部有联络的社区**”。

再次重申老苗一直倡导的按钮论：**早期采纳者是社区中最关键的人。对早期采纳者采用针对性营销动作，就是营销中的关键人物法则。**

罗杰斯大师对早期采纳者的概述是——“**典型的地方主义者**”，而这个“地方”就是**社区**，在互联网上可以称之为**社群**。“白领女性”“90后”“中产阶级”等目标定位之所以无效，就是因为人群大而分散，分布在各个社区之中，难以形成连锁反应。

这两年微商发展很快，抛开那些缺乏监管、夸大承诺和变相传销等干扰因素，当前真正通过微商能扩大影响、增加销量，甚至能够塑造品牌的仅有两类产品：一类依托“妈妈”群，一类依托“化妆品”群。就因为这两个是天然的“足够大且内部联络性较高”的社区。而其他类型的微商，还需要“自建社区”和“打造内部联络话题”的工作，不客气地说，目前的大部分微商运营者，还没摸到边呢。

社区不明确，早期采纳者就不明确，你就很难在特定群体中达到10%～15%的渗透率。

同样影响100个人消费，如果你的100人是分散在100个社区中，那么接下来你必须保持投入才可能扩大影响，如果不投入，这100个人也会消失。即使投入，也不一定能够扩大你的影响。

但这100人如果是集中在一个1000人社区，那这个社区就会自发启动你的影响，迅速扩大至几百人甚至全部1000人。更可贵的是，它还具备了向其他社区渗透的可能。

不突破市场接受临界点，市场就无法自行启动，完全靠企业

或者经销商去投入推广，杯水车薪，徒耗人力财力而已。如图 1－2 所示。

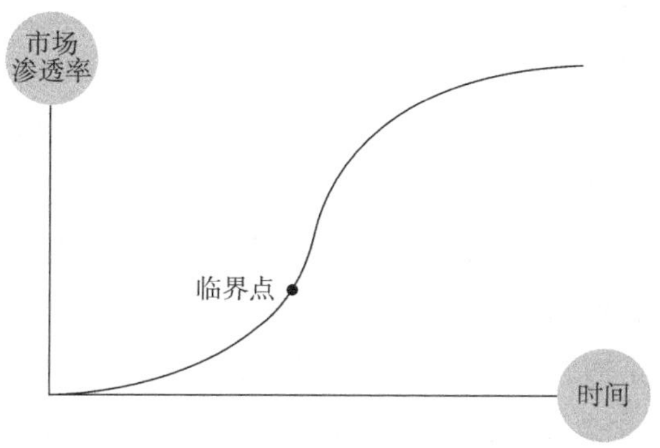

图 1－2　市场临界点

好，社区和早期采纳者的重要性和必要性就聊到这，下面我们再来聊如何针对**“营销中唯一重要的一群人”——早期采纳者**采用有效手段。

当然最理想的状况是把“早期采纳者”找出来，激励他们、给他们灌输产品理念，既然他们那么重要，“金钱美女大大的”也在所不惜。但可惜的是，早期采纳者的划分是意识形态化的，不是年龄、收入、职业等静态参数，是通过一个人对特定事物的态度来划分的，并且同一个人面对不同产品的时候，可能属于不同类别。

3. 如何找到真正属于你的那些“关键人物”

早期采纳者是“找不出来的”，但我们可以设置一些按钮“勾引他”。

按钮一：最刺激他们的是产品或传播中设置的“稀缺且有价值信息”。

早期采纳者没兴趣记住和向别人传播一个众所周知的信息，而企业“王婆卖瓜”式自说自话更是让“内行”的他们反感。但一旦**内容“稀缺且有价值”**就不一样了，首先，革命性的创新产品本身就是稀缺有价值信息，其次，有更多企业把传播信息做得“稀缺且有价值”。

脑白金的软文策划已成经典，我们看看史玉柱如何让传播信息“稀缺且有价值”的：讲述便秘危害很普通，但如果用“一天不大便相当于抽两包劣质香烟”，则会让早期采纳者关注并乐意讲给别人；同样，讲述“睡眠的重要性”不如“科普”“宇航员如何睡觉”；宣传“可以让人年轻”，不如“担心因此会引发老年人的性犯罪”。这些方法刺激着早期采纳者的神经，脑白金概念通过它们深入人心，以极低成本获得巨大成功。

建议致力于营销的同仁们，把脑白金那本《席卷全球》摆在案头，里面收录了脑白金早期几乎所有经典软文，虽时过境迁，但本质不变，空闲时看看，实乃营销人居家旅行必备之“良书”。

按钮二：拨乱反正，有破有立，即消除大众误区，发出正确声音。

在自己熟悉的领域，消除大众误解，是早期采纳者津津乐道的事，能够满足他们增强话语权的心理需求。

一个低温乳酸菌饮料的粉丝，称常温乳酸菌饮料里面是“几百亿乳酸菌尸体”，基本每看到一个喝常温乳酸菌饮料的就把这个梗说一遍。要想勾引早期采纳者，树立一个靶子让他们去打，能大大刺激他们的积极性，当然，这也是“树敌法则”非常有效的重要原因（本书后面将反复提到树敌法则）。

《罗辑思维》每周的视频，大致的套路是这样：先讲一个大众的或者传统的认识，然后告诉你这不对，正确的姿势是这样的，因为如何如何，这能带给我们什么启示如何如何。

打开网页，“关于×××的十大误区”“被人误读的×××”“你所不知道的×××”等标题扑面而来，互联网是一个善用早期采纳者的领域，实体企业也在努力学习中。

按钮三：不让他付出，他很难对你有感情。

在国外，宝洁、通用食品等大公司经常搞些看似无聊的征文比赛，比赛基本大同小异：要求五十个或者一百个字，让参赛者以“我喜欢某某产品，因为……”开头，写一篇小文字，把当时在售卖的产品吹嘘一番。公司对参赛者文章进行评选，最后为获奖者颁奖。参赛者无须购买产品即可参加，这个活动让人觉得无实际意义，不卖货还花钱花精力，但这些大公司却乐此不疲。

该活动的奥秘在于，能够参加该类活动的人群有很高比例的早期采纳者，他们参加了活动意味着他们为该公司的宣传做出了贡献，同时他们的文字内容强化了自己对该产品的正面认知，这两点都会使参与者对产品的认知度、品牌的忠诚度大大增强。

养生堂当年推朵尔胶囊，曾以“女人什么时候最美”和“你最美丽的时候遇到谁”为主题，进行全国性征文，不但具有媒体效应的公关话题，而且在参与者的引领下，制造了一场大众流行话题，对朵尔的快速启动起到至关重要的作用。

毫无疑问，高明的直销公司是成功运用该方法的典范，他们通过合作理念和激励措施把早期采纳者变成业务人员，他们的家庭聚会中，每个成员都要当众介绍其产品的好处，他们需要动用自己的社会关系来推广产品，以期“事业上的成功”。

现代营销强调消费体验与互动，但多数营销人在做消费互动的时候，仅仅是想着给消费者什么样的好处、什么样的赠品、什么样的便利，但在如何让消费者付出上考虑欠少。这也是一大误区。

试想一下，一个娇生惯养，衣来伸手饭来张口的孩子，另一个十岁就独立，起早贪黑辛勤劳作做牛做马的孩子，哪个对家庭更有感情呢？还是跟“宜家”这个旨在给消费者“添麻烦”的品牌学习一下吧。

按钮四：像“老司机”可口可乐一样进行不断创新。

由于早期采纳者“内行”的特点，其对产品和其他相关元素的创新要求是更高的。如果产品的创新无法跟上早期消费者的理念，则产品就不可避免地进入衰退周期。这也是绝大多数产品无法逃脱生命周期模式的原因。如图 1 –3 所示。

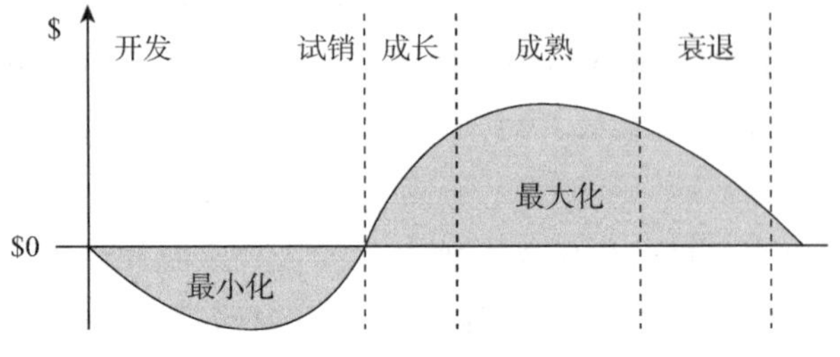

图 1 –3　生命周期模式

持续的创新让早期采纳者保持新鲜感，并给市场提供持续的动力，进而使品牌或产品长盛不衰。科特勒也认为，产品和营销的创新可以使产品生命周期变成“扇形”成长模式，从而塑造百年品牌。如图 1 –4 所示。

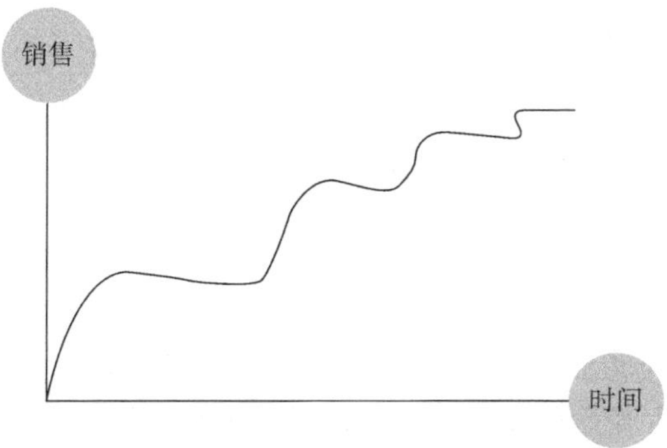

图1-4 “扇形”成长模式

本章小结

1）营销致力于影响和改变影响消费行为，绝大多数情况下，你的营销按钮需要在消费者的行为模式中去寻找。

2）人类的行为模式，多数是出于本能和情绪的自然而然反应，少数是深思熟虑的结果，消费行为也是如此。这是深刻了解消费行为的前提。

3）掌握消费者“自动自发”的模式反应，就是掌握了消费行为最基本的规律。

4）营销人要掌握如羊群效应、对比原理、契可尼效应、首因效应、一致性效应、破窗原理、喜好原理等常见模式化行为效应的原理，以及其在营销中的应用。

5）要让你倡导的消费行为发生，必须要让你倡导的行为“值得做”和“容易做”，一切有效的营销行为都是围绕这两个维度展开。围绕这两个维度，结合产品对消费者的意义、消费者对产品的态度以及外界影响，可以组成六组关系，这六组关系可以延展出一切可以影响消费行为的营销工具和方法。

6）让消费行为“值得做”的三个工具：建立替代经验、提供虚拟所有权、价值交换。

7）让消费行为“容易做”的四个方法：行为分解、正确的激励、行动方案或提示、诱饵效应。

8）创新扩散理论中的早期采纳者，是营销中唯一关键的那群人，抓住了早期消费者就等于抓住了整个市场。

9）营销中的关键人物的三个特征：他们是“内行”、他们乐于分享和助人、他们拥有一定的话语权。

“勾引”关键人物的几个按钮：在产品或传播中设置的“稀缺且有价值信息”、消除大众误区，发出正确声音、让他可以对你的产品进行直接或间接的付出、产品或品牌自身进行不断的创新。

第二章 

再挖人性中那些按钮法则

我们都知道的朝三暮四的故事。

话说宋国有一个养猴的老人，非常喜欢猴子。养猴的老人宁可减少他与家人的食物也要满足猴子的需求。

不久，他家里的粮食缺乏了，他想限定猴子的食物数量，但又怕猴子不顺从自己，就先欺骗猴子说："给你们橡实，早上三颗然后晚上四颗，够吗?"猴子们听了，都十分恼怒。看到这番情形，他马上换了个说法："那这样吧！给你们橡实，早上四个，晚上三个！这些够了吧?"

你猜怎么着?

猴子听了，都非常满意地接受了。

"早上吃四个桃子（橡实）晚上三个桃子（橡实），当然要比早上三个晚上四个好得多"。**当我们一旦用本能来感受一件事物的时候，并不见得比朝三暮四的猴子高明多少。**

◎ 别不信，有时候我们就像那些朝三暮四的猴子

一哥们害怕乘飞机，某次坐飞机时吓得浑身发抖，比平时都

严重得多。

原来他看到座位前方的小桌板有些松动，飞机起飞时震动得直响。他觉得这架飞机非常不安全。看到他怕成那个样子，再加上一路也特别颠簸，老苗也跟着提心吊胆了一路。

我们知道**飞机安全与否取决于飞机检修、天气等状况，跟小桌板是否松动没有半毛钱关系。但不好意思，消费者来感知一个产品或服务的时候，却不会真的这么理性**。

我们吃快餐时，除了要求安全美味之外，往往还会看分量。给的分量足，就会觉得这家餐馆实惠地道，童叟无欺。如果，餐馆果真把分量给得足足的，说不定效果会适得其反。

真功夫的策划是叶茂中公司的杰出代表作之一。做这个案子的时候，团队有一个洞察：吃快餐和菜市场买菜是不一样的，菜市场买菜多给点分量，顾客绝对点赞。而快餐的饭菜多给了，顾客就会很容易吃饱甚至吃撑。

同样的饭菜，吃饱的状态和将饱未饱的状态，顾客的评价是不一样的。饭菜给得太多，顾客吃撑了，反倒觉得这家店饭菜味道不好，下次就不来了；将饱未饱，意犹未尽，下次看到"真功夫"就流口水，一头扎进去（当然还是吃不饱）。

所以真功夫当时特意减少了套餐的饭菜量，为了让顾客觉得实惠，又增加了餐盘的分量。顾客点了餐，沉甸甸地端着，一种实惠感油然而生。

不光真功夫，其实多数有经验的快餐也都这么干。那么贵的某某私房牛肉面，碗很大，但是很浅，汤很多，但面很少。跟真功夫的思路同出一辙，就是让你觉得多，但实际上少。

一碗面多个 50g，成本增加不了多少。餐馆老板不是心疼这个成本，而是关心你吃饱后对餐馆的印象。觉得不好吃，一切都完了。

看官看到这儿，是不是觉得老苗在讲骗术。其实我想讲的是，**顾客判断产品或服务时，有自己思考的路径，跟实际产品质量是怎样的、企业自己判断产品的路径、研发工程师判断产品的路径有时候一样，有时候不一样**。

我们希望企业在做好产品质量的同时，还能站在顾客感知的角度，把消费者心中的那个“产品质量”做好，这有个专业名词叫作“**感知质量**”，这是本书中最重要的概念之一。

感知质量被品牌大师戴维·阿克认为是品牌延展的基础，是最为关键的购买理由。做营销的有句俗语叫作“认知大于事实”，你好不好不重要，关键是消费者认为你好。而**感知质量**就是研究消费者如何感知产品的，以及怎样才能让他认为你是好产品。

如何做好顾客的感知质量、**按下顾客心中的感知按钮**，这是个系统科学，下面老苗就来讲讲“感知质量”是如何在营销环节中起作用的。

◎ 按下感知按钮，让顾客为“好感觉”埋单

找到“感知质量”的按钮有时需要天才般的创意与洞见，有时也可以从人们长久持有的刻板印象中发现它的踪影。

乔治·布什洲际机场是美国休斯敦三大机场之一，几年前，乘客由于取行李的等待时间过长，经常怨声载道、投诉不断。

为了减少等待时间，机场增派了更多的行李员，将乘客等待的时间大幅度缩短至8分钟。然而事与愿违，乘客的抱怨并未减少。这令他们十分意外和纳闷，他们在一起开会研究多次，没能解释清原因，也未能研究出解决问题的办法。

后来，管理者只好向美国著名管理学家罗宾斯求助。罗宾斯调查后分析认为，乘客取行李的等待时间主要是由两部分组成

的——一部分是走到行李处的时间，另一部分是取包的时间，前者大约需要 1 分钟，而后者却大约需要 7 分钟。

罗宾斯据此提出了一个解决之道：拉远出口与行李处的距离，再将乘客的行李包按另外一种特定的路线送至行李处。也就是说，乘客等待的时间还是 8 分钟，但要多走 5 分钟的路，这样乘客走到行李出口处后，只需要等 2 分钟就能拿到行李了。如果这个方案的思路和真相公布于众的话，相信多数人都会觉得受了愚弄。

然而事实却是令人瞠目结舌的：新方法施行后效果立竿见影，很少再有乘客因为取行李等待时间过长而投诉了。

对于乘客而言，自己享受到的服务并未提高，都是需要等待 8 分钟，但 6 分钟的走路时间加 2 分钟的等待，比 1 分钟走路时间加 7 分钟等待，乘客的感知就会好很多。

汽车营销人员发现，顾客对关车门的声音非常在意，认为这是判断汽车工艺是否优良的重要标志。所以这些年汽车品牌都在关门声上下足了功夫，有些车关门声音都快有“低音炮”效果了，但实际上这些跟车的基本性能工艺关系并不大，只是一个感知质量信号而已。

感知质量不同于产品质量，产品质量是指产品成分、功能或服务的性质和数量；产品的优质程度，各项参数的高低。

感知质量又不同于生产质量，生产质量是指是否符合规范、缺陷率等指标。

感知质量完全是消费者的主观感觉，它看上去难以量化，貌似特别“不靠谱”，实际上**不同类别的产品，消费者都会有判断该产品类别的高质量信号。**

比如消费者会以为泡沫多的洗衣粉清洁效果更好。上文提到的悦耳的关门声会让人觉得汽车工艺更精良，比较黏稠的牛奶营养价值更高，进口的奶粉更安全，比较重的家具更加真材实料，土鸡蛋营养价值更高等，**每一种产品都会有相应的高质量信号发出，从而影响消费者的感知质量**。

要掌握好这些高质量信号，不光要研究不同行业不同产品的特点，更关键还是要回到人最根本的行为模式。

人的大脑是去繁就简的，我们喜欢把繁杂的、专业的信息分门别类，我们喜欢用一两个我们自认为的“关键信息”来做更多的判断。所以我们形成了大量的刻板印象，而这恰恰是最容易产生营销按钮的地方：

价格贵的产品质量更好，看上去干净的餐馆不会用地沟油，叫伊丽莎白的姑娘比叫王二妮的更洋气，名字叫“转基因”的食品会危害下一代。

只有深悉行业和产品，掌握好消费行为模式，我们才能准确地搜索到市场的“高质量信号”，才能用消费者语言来进行沟通，而不会陷入企业自身的自恋中。

企业最容易掉入什么样的陷阱呢？接下来我们先从“样本偏差”说起。

一、样本偏差，最容易让人按错按钮的陷阱

如果你的孩子平时考试考90分，请问在他考100分时，你选择表扬还是批评？考80分的时候呢？

绝大部分家长会在孩子考100分时对孩子进行表扬，而孩子考80分时批评。但问题来了，孩子考100分和80分都不是他平时的水平，下次考试他更大的概率是考90分左右。

于是乎，我们形成了这样的个人经验：孩子考80分，我们批评，下次考90分，进步了；孩子考100分，我们表扬，下次考90分，退步了。“批评使之进步，表扬使之退步”，所以我们干脆不表扬了，光批评。

实际上，当他考80分或100分时，他下次更大的概率都是考90分，跟你的表扬还是批评是没什么关系的。

所以，假如你的答案是：考100分时表扬，考80分时批评——那么错的不是孩子，而是你。

更重要的是：在教育孩子中有这个错误行为的你，很可能在管理上依然会错按关键按钮。

1. 为什么所有人都爱听表扬，但所有人都忍不住批评别人

尽管行为科学和管理科学都一再向人们证实：表扬是比批评更加有效的激励手段。但实际生活中，不管企业管理、家庭教育、政府管理，批评比表扬都要多得多。更严重的是，表扬是假表扬，批评是真批评，尤其恶劣的是，先表扬你几句，是为了接下来要批评你。

老苗曾观察过一个自我标榜喜欢“正激励”、排斥“负激励”的老板，发现他对员工发自真心的表扬几乎没有，即使是言不由衷的表扬，也远不如批评用得多。但看得出，他已经尽量采用“正激励”了。

表扬人真的那么难吗？老苗可以负责任地告诉你，真的很难，因为我们都很容易掉入一个“样本偏差陷阱”。

同样在管理中，领导者也喜欢对表现好于日常的员工进行表扬，对差于日常表现的进行批评。其结果跟管孩子一样，批评过后，表现变“好”了，表扬过后，表现反而“退步”了。

人们总是习惯于对极端状况进行激励，而不是日常状况。这就导致了“**样本偏差**”，从而形成了错误的个人经验。

无论多么伟大光荣正确的理论，在个人经验面前也是不堪一击的。所以，大家会纷纷掉入“样本偏差陷阱”。

最后的结果是，领导喜欢批评，家长喜欢批评，老师喜欢批评，好朋友之间也喜欢批评。

对于“表扬”和“批评”的“样本偏差陷阱”，我们可以这样跳出。

（1）相信科学而不是有偏差的个人经验，要坚定地相信表扬是比批评更有效的激励手段，我们的个人经验是因为“样本偏差陷阱”。

（2）采用激励措施要贯穿在日常行为中，而不是出现极端状况的时候，也就是说在他“90 分”的时候也要采用激励。

（3）表扬和批评都针对行为而不是针对结果，好的行为即使没有导致好的结果也要表扬，坏的行为即使有好的结果也要批评。

（4）批评要慎用，要“言之在先”，双方形成“契约”，“勿谓言之不预”。

这样的“样本偏差陷阱”可能并不会造成太严重后果，但接下来的就大不一样了。

2. 营销决策按错按钮，可能是灾难性后果

“二战”时期，美英联军对德国进行轰炸，由于德军防空力量强大，美英空军损失惨重。国防部找来飞机专家，研究飞机受损情况，以图改进。

专家们发现，所有执行任务归来的飞机，机腹都弹痕累累，而机翼却完好无缺。于是，他们推断，机腹更容易受到炮火攻击，应该改进对机腹的保护。

然而，国防部一个统计学专家却认为，机翼完好无损，证明被击中机翼的飞机都坠落了，因此应该加强机翼的保护，而不是机腹。国防部最终采纳了这个建议。事实证明，他是对的。美英飞机的被击落率大大降低，大量战机因为机翼的加强防护而幸免于难。

然而上面这个从众多飞机机腹的弹痕就得出应该加强机腹保护的结论，统计学上称这类情况叫作“幸存者偏差”，是我们之前所讲的“样本偏差陷阱”的一种。

企业在做决策时候，喜欢征求四面八方的意见：经销商的、供应商的、咨询机构的、营销的、研发的、行业内的等。

经常会有特定人员从单一角度，集中反映意见，一旦决策者失察，就会造成偏差。

市场业绩惨淡，经销商都反映，价格空间小，受某竞品冲击大，冲流货严重。事实也可能是，终端建设不力，推广大打

折扣。

产品概念测试，结果可能跟实际状况判若云泥，可能是因为内部测试的行业人员出现集体偏差，也可能测试中被擅长沟通的人夺得了话语权。

新品上市失败，销售人员一致向公司反映，公司销售政策不良，市场支持不给力；但也可能是产品定位不清晰，或者产品卖点不能有效传达至市场，更可能是销售人员压根就没把渠道铺开。

企业老板接到无数信息声称见到了自己的广告，事实上，可能广告投放量还远不能引起市场反响，给老板信息的人都是“熟人”，本身的关注度就高。

角度要是出了问题，再大的样本量都会“跑偏”。

如果让全国人民投票，决定是否把马云、马化腾、王健林等“土豪”的钱分了，老苗相信这些“资本家”的银子是保不住的。

请看下面血淋淋的例子。

哈慈的V26减肥沙琪晶是中国减肥市场最早的第一品牌。

通过高品质产品、国际感的品牌联想、精妙的传播策划和渠道推广（其拍卖经销权的招商会和MJ模仿秀的广告形象已成营销经典），在减肥市场，其创造的销售奇迹迄今无人能及。

市场成功后，哈慈老板郭立文很快就收到来自各个层面的、口径一致的反馈：太贵了！诚然，V26价格是375块，是当时普通减肥产品价格的十倍左右。

公司管理人员觉得贵、经销商喊贵、销售人员喊贵，消费者调研结果也是显示太贵。郭立文终于坐不住了，做了一个让他懊悔终生直接导致产品覆灭进而导致企业衰落的决定：推出国产装，价格降一半！

首先是各级热情高涨，上下信心满满，经销商一下进货几千万；然后就是价格混乱、消费者识别混乱、V26 形象受损，再到渠道砸价、冲流货、终端大甩卖；再然后，就没有然后了。

当然我们现在知道了，市场反映贵，你首先要审视自己的定位是否错了。如果没错，你要做的不是降价，而是一方面强调自己“贵得有道理”，另一方面要借助消费者认知，强调自己贵，反倒能增强消费者认同。

中国早期最有才华最喜欢研究市场的企业家之一——郭立文先生败走麦城，留给我们的经验是：**全面选择和分析信息样本，走出“样本偏差陷阱”，用最本质的营销——消费行为模式和改变消费行为来思考问题，才能找到真正属于你的营销按钮**。

二、触动年轻人的按钮，真的不一样吗

现在，有这样的论调，认为品牌想要讨年轻人喜欢，就必须要学会表现自己。这类观点的大致逻辑是，这一波年轻人不是一代人，而是一类人，这类人喜欢贴标签；他们喜欢的标签就是各种表现自己，他们来到这个世界时候，就已经在舞台中央了，不重视的品牌将被严惩，不懂是因为你太老了。

不表现自己就会死？——观点辛辣刺激直击痛点，可以预见，且不论是不是因为不会表现自己，光是因为看到这个论调肯定就先有一波品牌会因为过分焦虑而死了。

1. 不懂所谓的表现自己，会不会死

老苗这就告诉你：不会。

第一，不管是90后还是00后，还是××后，不是一代人而是一类人的说法，是不成立的。

每个时代成长起来的人，都会明显打上时代的烙印，都有自己的特殊性，都是独一无二的，尤其是像我们近几十年发生这么大变化的国家更是如此。

每个时代都有深刻的、足以影响一整代人思维的巨大变化，凭什么这一代年轻人就截然不同呢？难道这些年发生什么基因突变了？

人的消费行为多数是模式化的，这种模式化的改变需要放到漫漫的人类进化史上才能显示出来；而时代的、亚文化等影响是基于模式化行为基础的改变，即便影响很大，也有迹可循。

咪蒙有篇热文叫《不是这届90后员工不行，是你不行》，里面讲对90后的正确管理姿势，赢得了不少90后热捧。但文后咪蒙自己也承认，这些方式不光对90后管用，对80后甚至70、60后都管用，90后并没有本质的不同。

第二，有人说现在的年轻人喜欢贴标签，没标签就不跟你玩。这一点是正确的。但年轻人喜欢贴标签的根本原因是他们目前处的年纪，并不是因为他们有多特殊。

喜欢自己贴标签、也喜欢给别人和事物贴标签，是人进入青春期一直到生理心理成熟期的一个重要特征。50后、60后在这个年纪的时候也是照样喜欢贴标签。

我们知道，人在儿童时期包括婴幼儿时期，对世界的看法是二元化的，是与非、黑与白、好与坏、好人与坏人；但进入青春期后，人们开始打破原来的二元认知模式，一下面对多元的、错

综复杂的世界，这时候人们通常是通过给这个世界贴上标签来方便自己的认知。

这个年纪通常是 15 ~ 25 岁，再往后人的认知规律是逐渐去标签化的，**没有太多的刻板印象**才是一个人成熟的象征。

贴标签是年轻人的象征，但如果说这个特征属于现在这个时代，那些经历过社会飞速变换年代的老前辈们可能要表示呵呵了。

真的要了解这些年轻群体，我们需要对他们进行更深层次的解读，而不是抱着大象腿就高喊大象长得像柱子。

我们看到现在年轻人的“不服管教”也好，“贴标签”也好，一些是这个年纪的共同特征，换句话说年轻人就该这样，另外则是属于这波年轻人的时代特征。把他们强行说成一类人，有点耸人听闻了。

2. 别焦虑：了解本质，方能找到激活年轻人的按钮

“不服管教”和“贴标签”都不是触动年轻人共鸣的关键按钮，他们只是年轻一代的深层消费心理以及行为模式之上的片面形态。盲目模仿不仅无法复制他人的成功，更是会谬以千里。

关于**传统企业如何跟年轻人沟通、老品牌如何年轻化**的问题，这里多说几句：

第一，不要过度反应。这个世界的**新鲜事物**经过传播到我们这里的时候，绝大多数是**经过过度宣传包装的，反应太快并不好，慢一点说不定更能抓住本质**，成功可能更大。有人当了先烈，我们更有可能成先驱。

当然也不要被吓到，互联网一来，各种擅长包装概念的“巫医神汉”“江湖术士”层出不穷，今年给你发个“死亡通知书”，后天给你出个“病危报告”。要么是别有用心，要么是盲人摸象

听风就是雨，要么自己傻，要么当别人傻，真要受了蛊惑，奋勇向前，往往死了都不知道是怎么死的。

第二，需要确定的是，90 后也好，00 后也好，不是洪水猛兽不是外星人，他们是我们的消费者。他们有些特征是时代特征，我们就要看这个时代发生了什么；有的特征是年龄特征，过了这个年纪就回归了。

不要一看“哇，现在年轻人都上网购物了，线下没机会了”，“现在 00 后都玩 QQ，微信也要完了”，“现在的年轻人又都如何如何了”……

照这个逻辑，现在两岁以下的孩子都主要吃奶粉，等他们长大了，卖大米的也都要关门了？

这确实是一个年轻人喜欢满嘴流行语的时代，喜欢颠覆、放纵本来就是年轻人的特征，可这种激情能维持多久呢？

这只是人生中转瞬即逝的小插曲而已。

第三，企业最关键的还是坚持价值传递。

餐饮行业产生了大量网红，雕爷、黄太吉、便所餐厅、水货等，或天价牛腩，或开跑车送煎饼，或把厕所搬到餐厅里，但结果呢？热闹过后，大都是一片冷冷清清。

做餐饮做的是口味、卫生、体验、体面或者性价比，抛弃了这些商业本质规律，抛弃了一个企业的核心价值，一定是难以走远的。

马佳佳，一个聪明努力的女孩，传媒专业，有想法，非常懂得互联网上如何制造热点做传播。然而，从目前看，这些并没有对她的创业有太大帮助，能够变现的仅仅是她的知名度而已，她还需要一步一步从企业经营开始。

第四，年轻人当然是你避不开的，但**理解年轻人要从本质入手**。

这里包含两层意思，第一层是要把年轻人当“人”看，他们有人的共性和人处在这个年龄段的共性，比如都是感性的而不是理性的、讲故事比讲道理有用、马斯洛的五层需求理论同样有效、这个年纪都喜欢彰显个性，刷刷存在感，号称不随大流不崇尚权威，但实际上从众效应和权威效应尤其明显等。这层意思是主要的，是主流。

第二层是要了解这批年轻人的时代特征并加以应对，这层意思不是主流，但也很重要。

在当前国内企业与市场中，品牌和产品拥有者精英主义和集体主义的理念，与市场主导者平民主义和自由主义的理念，形成了目前中国市场的最大矛盾冲突。

心理学家陈默教授曾对年轻群体做过一个深入的解析：他认为把 1993 年作为一个转折点会更加本质一些，而不是表面的 80、90、00，因为 1993 年对中国家庭来说有一个巨大的变化——**取消粮票**了，取消粮票意味着从此买卖东西更加便利了。

相对富足、独生子女和**更宽广知识信息来源**，造就了这一批人的一些典型时代特征。

（1）**对话语权要求较高**

（2）**情感负担重**

（3）**知识面广阔**

（4）**现实感弱**

（5）**尊重个体的自由主义呈现了前所未有的认同**

经过这些年跟年轻一代打交道以及对年轻消费者的研究，发现跟他们有关的任何群体现象，都能归入到上述的五个特征。

至于说年轻人对“端着”无感，老苗深表赞同，岂止年轻人，任何一个时代的主流思想都是对“端着”无感的，真实的、有沟通感的才更有力量。

任正非、宗庆后、陶华碧、董明珠、马化腾等企业家们用真实和实力来沟通，也可成一代网红，而且生命力旺盛。另外说明下，前段时间被翻出不使用 QQ 而被网友嘲笑的张瑞敏，他们家海尔的官微，号称“80 万蓝 V 总教头”，简直就是官微教科书。

还有个导致恐慌的现象是网络语言，流行语一茬一茬地换，经常让我们这些老家伙不知什么意思，貌似听不懂就是自己老了。

其实这还真无关 90 后还是 00 后，这是信息泛滥情况下的自然选择结果，刺激的、重口味、浓烈的、个色的话语才更容易在海量的信息中跳出来。

有朋友说我的公众号叫“老苗撕营销”，“撕”字用得好，是互联网的语境。

三、基于人性的共鸣三法则：自黑、树敌、吃韭菜盒子

一个碎片化和多层次的环境，跟以往单一维度的传播环境存在本质的不同。人们需要对事物进行立体的了解，消费者需要把一个企业一个品牌当作活生生的人来看待。你需要跟他们有更多共鸣，更多互动，才能引来更多的追随，更深刻的认同。

1. 自黑是人民群众喜闻乐见的事

在大部分人的认知中，世界上没有完美的事情：**如果你只展**

示自己的伟大、光荣、完美、正确，那就会迫使人们去不停地寻找你的不足，一旦抓住或者疑似抓住，本来不起眼的缺憾都会被放大。

如果你能主动展示一些缺憾，无疑从根源上卸掉了受众“找毛病”的动力。同时让受众产生亲近感和优越感：“哈哈，原来你也是跟我一样啊”，很容易赢得共鸣。

近些年崛起的网红都是深谙此道的高手。罗振宇、和菜头、马云、咪蒙、高晓松等，都是自黑的高手，连娱乐明星杨幂也是深谙此道。

网红和明星，都是能够最早洞悉传播真相的人。而一般的企业在这方面要迟钝得多，能够见到的例子屈指可数。

魏泽西事件之后，百度的声誉降到了最低点。这时候百度根据外面“这届百度公关不太行”的评论，居然注册了公众号叫“这届百度公关”。

不求洗地，但求背锅，这个号的内容是用一种诙谐的方式表达作为一个百度运作齿轮的无奈：

> 我们没说话——“太迟钝!”我们说话了——“没诚意!”我们认真说话——“没劲！没劲!”……

以极低的成本，居然为百度赢得了不少同情分。

然而大部分的企业还是沉浸在传统的自我宣扬之中：“用心对待每一个顾客”“以人为本，永远创新”“国际领先，引领潮流”“没有最好只有更好”。

或许内容没什么错，但在互联网的语境下，这些是让人最无感的。没有多维度多层次，就没有受众的共鸣，那你传递的信息只是建立了一个信息孤岛而已。

宗庆后是老苗非常敬重的企业家。但面对企业业绩的下滑，老爷子的回答是因为受到网络谣言的影响，另外还斥责过马云的“五新”是“胡说八道”。

可能宗庆后说的是对的，至少是有道理的，但这样的说法真的太不符合互联网的语境了，会给更多受众带来“落伍”“守旧”甚至是推卸责任的印象。

你若端着，我便无感，互联网语境下，追求的是立体形象，是魅力人格体。传统的企业，你并不需要追求所谓“互联网式”卖萌，只需要有技术地坦诚自己，多角度展示自己，“好好说人话”就行了。

2. “树敌法则”，让围观群众吃好每一片瓜

和“自黑”一样好用的按钮，还有“**树敌法则**”。

在营销中“树敌”，是指你一定要有敌人，如果你不去旗帜鲜明地反对你的敌人，你自己的立场显得就不那么鲜明，立场不鲜明，你的品牌个性、形象都会是模糊的，自然很难得到目标群体的认同。（友情提示：树敌法则按钮将会在本书出现多次，请注意它每次出现时的具体运用）

上例子！

“我觉得，一定是那些有着不同想法的人，才会买一台苹果电脑。那些花钱买苹果电脑的人，思考方式与别人是不同的。他们代表了这个世界上的创新精神，而不是一些碌碌无为，只为完成工作的人。他们心中所想的是改变世界，会用一切可能的工具实现它。”

“如果有必要，我会用生前最后一口气、不惜花光苹果400亿美元银行存款中的每一分钱，以正视听。我要搞垮安卓，因为

它是剽窃品。我愿与它打热核战”。

这话听着过瘾吧，从“果粉”们耳熟能详的语录中能看出乔帮主的“心机”吗？如果不能，再补一刀：乔帮主一生未来过中国，在他眼中，中国是跟老挝、朝鲜、越南同级别的市场，中国市场的最大价值就是离日本很近，这里充满着山寨，缺乏创新意识。他用夸张的态度表达了对中国市场的蔑视。

乔布斯给苹果品牌设计的敌人就是那些“缺乏创新精神、模仿盲从的人，碌碌无为，只为完成工作的人”。那么果粉们的“创新、个性”的标签就异常清晰了。

雷军当然也不甘示弱：俺们家小米性能跟苹果差不多，却实惠多了。这一下，品牌立即就活了，很多想买苹果觉得肉疼的，立即找到一个买小米的理由：“我不是买不起苹果，我是不想当傻瓜。”

华为则直接把“布鞋院士”搬上来，把热衷于炒作和所谓粉丝营销的竞争对手一律归为浮躁。华为手机则一下显得“沉稳有内涵”了起来。

说一个老苗比较喜欢的案例——“小茗同学”。

小茗同学，树立了一个用戏谑态度喝茶的形象，他树的敌人是谁？对了，就是像老苗这样的特别一本正经喝茶的人：“不就喝个茶吗？好喝就行了，瓶瓶罐罐搞那么大阵势干什么！”这给了喝茶饮料的年轻人极大的购买理由和心理优势，所以经常看到有拿着小茗同学的年轻人，在老苗面前嚣张地晃悠。

“凡是敌人反对的，我们就支持；凡是敌人支持的，我们就反对。”一语道出树敌法则的精髓。

说到底，**营销战抢夺的是消费者心智。找出你的“非顾客”、找出竞争对手，跟他们划清界限，向他们宣战，甚至向乔布斯那样摆出鱼死网破的姿态，更有利于俘获你目标群体的芳心**。

3. 闻着臭吃着香的韭菜盒子

营销不怕重口味，韭菜盒子就挺对。这第三个按钮“韭菜盒子”，看上去让人摸不着头脑，可点下去，就能体会到这熟悉的味道中蕴含着的巨大杀伤力：

当年看电影《疯狂的石头》，由黄渤饰演的笨贼，一边嘚瑟，一边用青岛话说“班尼路啊，牌咂儿”，让人对班尼路印象极为深刻。

但那些原来身上正穿着班尼路的“小资”们，却唯恐避之不及，因为电影中的形象跟自己想要的形象出入太大了。这给班尼路带来了很大的品牌伤害。

也许有看官说，有这么邪乎吗？那么多植入广告，多半都没什么印象，凭什么黄渤的“班尼路”就有这么大威力呢？抛开《疯狂的石头》的火爆因素，黄渤的这个梗符合老苗倡导的“韭菜盒子”三要素：刺激、冲人、激起情绪。其效果远非一般的广告所能比。

不信的话，咱来验证一下，我说“今年过节不收礼啊，不收礼啊不收礼”，你一定知道下句吧。这又是一个韭菜盒子。

解释一个很常见但令很多人不舒服的现象。

头几年网上经常会搞个恶俗广告评选，脑白金、妇炎洁、旺旺、金嗓子等广告都曾经有幸入选，“恶俗”广告对企业和品牌的损害是显而易见的，伤害品牌形象、美誉度下降、消费者对广告的反感导致对产品的喜好度降低甚至排斥，从而影响销售，也会使产品或品牌的价值感降低。

然而令很多人不解的是：广受好评或者业内拿奖的广告，其产品不一定能卖得好，而一些被评为恶俗广告的，其产品必定大卖。这让很多有创意的广告人痛心疾首，继而斥责国人的审美水平，甚至怀疑中国人都有受虐倾向。

如果你了解消费行为模式，了解老苗讲的“韭菜盒子”，这个现象就不难解释，犯不着追到“民族性”上去。

首先，能够让网友们“赏脸”给个“恶俗”之名的广告，其投放频次一般都非常高，如果广告在诉求上没有太大问题，不出现“班尼路，牌子”这样目标人群错位的大问题，大投放量带来大销量是顺理成章的事情，这并不难理解。

让很多广告人觉得不平的是，这些恶俗广告的投放效率（不是频率是效率）还很高，远高于一般的不恶俗广告甚至获奖广告，真是杀人诛心啊！这是“韭菜盒子”的第一个要素——刺激。

不管是脑白金的“不收礼啊不收礼”，还是妇炎洁的“洗洗更健康”，或者是旺旺让人看崩溃的广告情节，这些广告最大的共同点就是表现非常极端，让人看了之后挥之不去、驱之不散，印象极为深刻，真是太——刺——激——了——

当某样产品或品牌把你刺激得够狠，不管你处在购买决策过程中哪个阶段，该产品或者品牌都会时不时进入你的脑海，尤其是在信息收集到做最终选择阶段，那个让你觉得最刺激的品牌最有可能进入最后的选择。

以前的时候实行单位分房子，分到房子的首先是贡献大、资历深、住房需求迫切的人，还有类人特别容易分到房子，那就是动不动跑到单位一哭二闹三上吊的那种，让人印象深刻，领导分房子时不由自主就会想到这些人。

这就相当于看到脑白金的广告就腻歪，但逢年过节买点东西送老人的时候，脑白金三个字只往你脑袋里蹦，到超市一逛，实在想不出什么好送的，要不就脑白金吧。这就是恶俗广告的作用，“韭菜盒子第一要素”发挥强大威力。

牛人叶茂中先生经常提到“要把俗广告进行到底”，强调广告诉求要单纯、犀利，就很像一个韭菜盒子。

时光马上进入二十一世纪第三个十年了，有人觉得光刺激已经不够用了，首先自己做不起或者不想做广告，而且现在信息这么多，刺激的信息也很多，满大街都是刺激性的撸串、小龙虾、麻辣烫，我怎么才能脱颖而出呢？这就要用到韭菜盒子第二和第三要素了：冲人和激起情绪。

做好的传播一定是要让人又爱又恨，“有多少人爱它就有多少人恨它”。韭菜盒子，爱吃者垂涎三尺，讨厌者掩鼻夺门，一旦对立起来，冲突就有了，就有戏看了。有时候不用你去主动传播，二者自己就掐起来，往往精彩纷呈，吃瓜群众纷纷围观，形成好不热闹的局面。所以这个“冲人”要素，实则是“树敌法则”在韭菜盒子里的应用。

为了更好理解冲人和激起情绪法则，你可以想象一下在早高峰的地铁车厢里碰到一个吃韭菜盒子的，吃的人津津有味，四周或掩鼻或怒目，避之不及，什么香水味、汗味甚至狐臭味统统都不行，你根本不需要特意去找吃的人在哪里，只需要顺着旁边人鄙夷的目光看过去就行了。

看到这儿，可能看官会有误区：韭菜盒子是不是会把自己变得很低端啊？俺的品牌可是很高端的啊！

那我们最后就上一个高端的韭菜盒子，老苗不做分析，各位看官可以自己思考他是怎么运用韭菜盒子三特征的。

“只有疯狂到认为自己可以改变世界的人，才能真正改变世界。”

“如果你很忙，除了你真的很重要外，更大的可能是：你很弱。你没有更好的事情去做，或者你装得很忙，让自己显得很重要”。

“消费者并不知道自己想要什么，直到我们拿出产品，他们就发现，这是我想要的。”

“如果有必要，我会用生前最后一口气、不惜花光苹果400亿美元银行存款中的每一分钱，以正视听。我要搞垮安卓，因为它是剽窃品。我愿与它打热核战”。

本章小结

1）“认知大于事实”，感知质量被品牌大师戴维·阿克认为是品牌延展的基础，是最为关键的购买理由。提高感知质量是最重要的营销按钮之一。

2）每一种产品都会有相应的高质量信号发出，从而影响消费者的感知质量。要掌握好这些高质量信号，要研究不同行业不同产品的特点，更要回到人最根本的行为模式。

3）人的大脑是去繁就简的，我们喜欢把繁杂的、专业的信息分门别类，我们喜欢用一两个我们自认为的“关键信息”来做更多的判断。这是产生按钮的地方。

4）“样本偏差”的陷阱是营销决策中最容易掉入的陷阱。

5）企业想要跟年轻人沟通、品牌要年轻化：心态上沉着冷静，不要病急乱投医；别被年龄特征框住，而忽略了时代特征；企业最关键的还是坚持价值传递；把年轻人当“人”看，从本质入手。

6）在碎片化多层次的环境中，基于人性的共鸣三法则：自黑、树敌、吃韭菜盒子。

7）自黑法则：主动展示一些缺憾，无疑从根源上卸掉了受众“找毛病”的动力。同时让受众产生亲近感和优越感。

8）“树敌”法则：你一定要有敌人，如果你不去旗帜鲜明地反对你的敌人，你自己的立场显得就不那么鲜明，立场不鲜明，你的品牌个性、形象都会是模糊的，自然很难得到目标群体的认同。

9）韭菜盒子三要素：刺激、冲人和激起情绪。

第三章 

情绪和欲望是市场的火药库

人类不是有情绪的思考动物，而是能够思考的情绪动物，这从脑科学中可以得到验证。这里有三个关键词分别是：思考、情感和欲望。相对于理性思考，情感和本能更加能够影响人的行为。

营销行为要更加有效，必须要启动情绪和欲望的按钮。

一、没有情绪的营销都是“假营销”

我们经常看到一些被曲解甚至到啼笑皆非的成语、俗语：

“无奸不商”本来是“无尖不商”，“狗屁不通”本为“狗皮不通”，“人不为己天诛地灭”的“为”应该读二声，是修行修炼的意思，“衣冠禽兽”本来是夸人的，呵呵。例子一抓一大把。

曲解后，意思全变了，失去了本来含义或者无法讲通了。

“无尖不商”的意思是商人卖给顾客米的时候，把斗或者升堆得尖尖的，足秤足量，来换取顾客满意度，实在是高明的企业经营之道。变成“无奸不商”就是骂人了，而且是一棍子打死。

“狗皮不通”，是说狗皮是不通的，比如没汗腺，狗热了排汗只能伸舌头，因此用狗皮来形容讲不通的事理。而换成“狗屁不通”就不知所云了，实在是“狗屁不通”。

“人不为己天诛地灭”，本意是说人要修行自己，可现在都被解读成形容一个极端自私自利者。

“衣冠禽兽”本来是说衣服上绣着飞禽走兽，指官服，形容人飞黄腾达了。

这些词的本意一般是在讲述道理或者阐述一种客观现象，被曲解后往往在道理上讲不通了，但奇怪的是，这些道理上讲不通的话总是更有生命力，被更多人熟知，被更多人使用，本意反倒很少用或者干脆不能用了。如果你经常用“衣冠禽兽”来夸人，老苗相信你挨揍是迟早的事。

这些被曲解的词语，其生命力从何而来呢？答案只有两个字：**情绪**。失去了道理，增加了情绪，词语的生命力暴增。

“无奸不商”可以表达对奸商的愤怒，“人不为己天诛地灭”可以表达对极端自私自利者的谴责。

情绪可以瞬间传染人影响人，而道理不行。一个词的情绪密度越高，人们越能记住。

以前写了篇文章，是想反驳一下现在很多企业流行的“人品论”“忠诚论”，倡导管理应“用与岗位匹配的核心能力作为人才考量标杆，用激励体系刺激其发挥作用，用管理制度防止其作恶”，题目叫作《你真的相信人品比能力更重要吗?》。

后来做了个小实验，把标题改动了又重新发了一次，加了点“情绪”：**《一句恶心了我二十年的管理名言：人品比能力更重要》**，阅读量迅速飙升破万，当时“老苗撕营销”的关注看官只有一万多人，自媒体转上百次，在一些大点的号上阅读突破10万。到现在网上搜索这个标题，还能出现上万的结果。内容没变，第二次发居然比第一次发的传播效果强了上百倍还不止。

表面看，这是标题党的作用，而实际上，**这是情绪的力量**。

1. 动脑太累了，我们的大脑善于偷懒

让我们再次回到营销的本源：营销的目的是影响和改变消费者行为，运用的是信息，4P是各个要素，渠道是信息和产品的传递通路。

既然要谈影响行为，那我们就再次来认识主导人行为的器官——大脑。

以前我们讲过，人的大脑分为杏仁核和大脑皮层，大脑皮层看似发达，但人的行为指令却都是从杏仁核（也叫爬行脑）中发出来的。大脑皮层和杏仁核之间还有一部分叫作“间脑”，主管人的情感和直觉。

大脑的结构自外及内分别是**脑皮层、间脑、杏仁核**，为方便记忆，我们把它分别叫作**思考中心、情感中心和本能中心**。如图3－1所示。

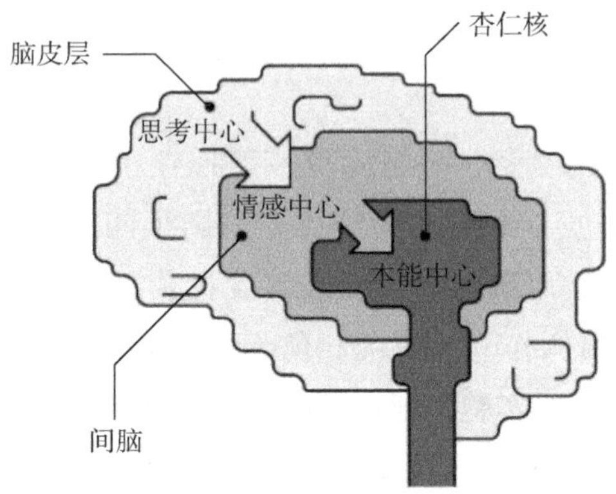

图3－1　大脑的结构

思考中心是大脑最发达的区域，也是人类与普通动物最本质的区别，并且进化速度很快。但思考中心是有几个问题的。

第一是极其耗能。一般状况下大脑消耗的热量占人体消耗总热量的40%，且大脑仅仅只能使用葡糖糖代谢产生的能量（所以靠脑力劳动减肥也实现不了），而大脑的能量消耗主要来自脑皮层，其余部分消耗量极低。

这么耗能不环保的“设备”，人对它的态度是“**能不用就不用，能不启动就不启动**”，**所以人的行为多数是没有思考中心参与的，都是自然而然的反应，是模式化反应**。这是第一章讲的消费行为模式营销。

第二是思考中心离本能中心太远，而人的行为决策是本能中心决定，思考中心想要影响本能中心需要经过人的情绪中心。**一个理性信息经过情感中心时，如果不能引起情绪上的反应，就无法进入本能中心，也就不能影响人的最终行为**。

所以，知行合一很难，能做到的只有圣人。

如果把大脑比喻成一家企业，本能中心相当于老板，情感中心相当于能直接跟老板打交道的高层，思考中心则相当于进行统计分析规划的各职能部门。

我们想要卖给这家企业东西，请问您是直接找老板，还是找高管呢？还是想办法搞定职能部门呢？

老板、高管跟职能部门的想法可是不一样的。

2. 学会利用“偷懒”的大脑，就像打开了新世界

如果你总是加班，经常回家晚，难免遭到老婆的抱怨。你跟她解释，革命工作无比重要，加班也是身不由己，为了全家的将

来之类，这就是试图跟老婆大人的思考中心沟通。

结果有多悲催相信好多看官懂的：老公觉得老婆不支持，老婆觉得老公不体贴，因此家里打个鸡飞狗跳也是常有的事情。

老公正确的做法是去跟老婆的“情感中心”沟通，用行动来证明在自己心中老婆永远第一，老婆情绪得到安抚自然就不抱怨了。如果再能畅想下，加班后带来的美好生活，比如美丽的海滨度假、心仪已久的红色小跑等，让她内心充满喜悦之情，这个沟通就更完美了。（能不能实现真的不重要，重要的是你在意她的情绪）

记得多年前一个兄弟去处理客户异议，是关于一个终端退货的问题。这个兄弟把退货政策和相关支持跟客户说得很明白了，他自己也认为很明白了，可到客户那边还是被卡住了，并且这个兄弟还被一通指责，就差臭骂一通了。于是老苗就跟着一起去了一趟。

没想到，到了那里一开口，就被客户打住了：“这个问题，小 X 已经跟我讲清楚了，既然您来了，咱马上就安排办。”于是一场本以为难缠的客户异议处理，又变成了喝酒吹牛吃饭唱 K。

后来一想也很简单，跟女人发脾气一个道理：刁难你，等更大的“领导”出现，就是想感受到来自厂家的重视。

应酬酒，多数人都讨厌，但很多销售人员都有“酒不喝不行”的感觉。明明能把事情做好，有更好的交易条件，为什么还要把酒喝好？

因为在很多人那里，不喝就是不给面子，就是看不起他，情绪上受了“伤害”，理性的利益打动他的难度就增加了。

想要不喝酒把应酬搞好，说“理性利益”效率不高，酒精过敏、身体不适等客观状况也不太好使，唯有从情绪出发，照顾了对方情绪，才能在不喝酒状况下把应酬做好。

许多的销售培训都强调“**在谈判中重申一下对方的话**”，**尤其是关键性话语或者异议**，不光是避免双方沟通歧义，更重要的是让对方有被重视感，情绪一旦得到满足，后面的就更好办了。

跟大部分老板一样，大脑的老板——本能中心是只对“我”感兴趣的，你怎样，关“我”什么事。

本能中心跟情感中心接受和传递信息的逻辑跟思考中心也是不一样的。

同样的内容，不同的人阐述出来，往往效果大相径庭。

沟通专家的研究结论是，一个人的沟通效果，7% 来自语言，即信息内容，38% 来自语音语调，即声音部分，55% 来自肢体语言，即信息的视觉部分。

当客户向你提出异议，如果你本能地把身子往后倾了一下，那不管后面的解释和论据多么充分，客户仍然觉得你没有信心，仍然无法打消他的疑虑。

因为你的肢体语言，进入的是客户的情感中心，要比进入思考中心的言语说服有效率得多。

一些阅人无数的老江湖们，不用你多开口，只看你的肢体语言和感受你的语速语调，就能对你的为人处事、眼前陈述的事情是否靠谱做出准确判断，就是这样的道理。

3. 按下触发情绪的按钮，享受开挂般的体验

营销是致力于影响和改变消费者行为的，艾·瑞里教授说：**“需要只是引发行为的倾向，目标和威胁才是行为的原因”，“情绪是被想法困在体内的能量和动机”。在引发行为发生的因素中，情绪提供主要的动力**。

我们告别了“渠道为王”，进入了“内容为王”的年代，在营销中制造能够引发目标客户情绪的内容，是当前营销最重要的

功课。

人有七情，喜怒忧思悲恐惊，事实上人的情绪远不止这七种，还有满意、倦怠、嫉妒、失落、羡慕、焦虑、憎恨等各式各样的情绪。但人的基本情绪却只有四种：

快乐，悲伤，恐惧，愤怒。

其他错综复杂的情绪都是这四种基本情绪的复合。

快乐会让人想分享，悲伤让人期待获得共感，恐慌让人寻求依赖和安心，愤怒则可以让人有攻击性和更强硬立场。四种基本情绪，从野外狩猎时代就驱动着人类的基本行为。

人从来都不是有感情的理性动物，而是能思考的感性动物，情绪和本能对人的影响一直以来都是决定性的。谁能掌控顾客的情绪，谁将掌握驱动市场最有力的武器。

无情绪，不营销——内容为王时代下最强大的营销驱动力，就是情绪。本书此章，我们就先来和各位看官一起分享“情绪”在营销中的巨大力量。

二、营销人的一大坑：“不去找按钮，所有问题都自己扛”

在很多传统营销人的眼里，硬广、软广、促销、终端陈列、试用、超低价等营销方法，是让消费者接受自己产品或者品牌信息的主要手段。

一位牛人老兄曾说过：“**一句简单的话，如果想要告诉全国**

人都知道，你至少要花两个亿。”这可是十几年前说的，那时候北京上海房价才6000多呢。现在要花多少钱才能办到？又有多少企业花得起呢？

认为营销是营销部的事，更明智点的老板认为营销是整个企业的事，很遗憾，这**可能是目前企业存在的最大营销误区，也是造成营销资源巨大浪费的最大原因**。

我们经常用“市场拉动”“渠道推动”“广告轰炸”“血拼终端”“砸钱”“宣传攻势”等词语来形容营销行为，以为是企业的高额投入影响了一个又一个消费者，从而导致了他们的购买行为发生，并不断重复购买。

很多品牌运营者认为，是企业一次又一次的广告传播或者公关宣传、亮相塑造了他们在消费者心目中的形象，所以会有千人成本、毛评点、1+到达率等考评指标。

所以在很多年薪百万的营销老总那里，他们认为自己要做的就是把手里几千万甚至上亿的推广费用拆解成各种营销动作，把手下几百号到上千号营销人员放到市场上推动渠道和直接影响消费者，以期达成更好的过程指标和结果指标。

这可能是所有企业在营销上曾经、现在，或者未来掉进的最大的“坑”。

做新媒体的同仁肯定都有这样的体验：每逢热点事件爆发，就是收割“100000+”的季节。刷爆微博服务器的关键词，哪怕你只是标题里跟它有点关系，都会蹭上这一波关注的红利，为自己的公众号增加点曝光量。

“萨德”事件激起了一波爱国潮；鹿晗和关晓彤公开恋情直接让新浪微博服务器瘫痪……很多老板们看了看自己被刷屏的朋

友圈，对老苗说，要是消费者对我们产品和品牌的热爱能如此热烈就好了。

其实，这还真不是痴人说梦。

如果我们能够了解到市场的真正驱动力来自哪里，达到这样的营销效果是可能的。

从消费者调研数据来看，对于绝大部分产品而言，影响消费者购买的首要信息来源是“他人（熟人）介绍”。

在互联网时代，AC 尼尔森的数据显示：91% 的在线消费者不同程度地信任他人（熟人）所推荐的商品，远远领先于电视广告、网络信息、贴片广告等各种广告和信息传播形式，位居第一。

事实上，**一个在市场上取得巨大成功的产品，其多数的消费者受其直接营销行为的影响是很少的。大多数的消费者是受市场整体氛围的影响**：身边人的购买、评价、议论，网络的热议、好评等。

乔帮主在世的时候，每次苹果的新品发布，都让果粉们掏心掏肺“掏肾”。

2008 年汶川地震的时候，消费者“封杀”王老吉，见一罐买一罐，市场几近疯狂。

天猫的“双十一”，多少人盯着手机电脑，等着“剁手剁脚”。

多少人打游戏（这也是消费行为）上瘾，彻夜通宵，甚至有连续游戏几十个小时导致猝死的事件发生。

一个冷静客观的产品是无法直接导致消费者陷入如此癫狂状态的，真正让消费者进入如此状态的是这家企业的营销引发了消费者的情绪，激烈的情绪导致了看上去不可理喻的行为。

以一个成功的互联网传播为例，通常一次成功的互联网传播分为启推、裂变、扩散和热搜四个阶段。

企业能够完全主导的仅仅在启推阶段，能够部分主导的是裂变阶段，到了扩散和热搜阶段，企业自己实际上是无法控制的，**它是由整个互联网对这个内容的情绪氛围决定的**。

所以营销投入最准确的姿势不是广告轰炸、宣传攻势、决战终端，这些手段放在信息相对较少的渠道为王时代还有些效果的话，那么放在信息海量化、碎片化和渠道商圈碎片化的今天是绝对的“钱多人傻”（有的是钱少人傻）。

营销最准确的姿势应该是“**点燃**”。

点燃什么？点燃市场的氛围！**市场的氛围是什么**？**是一个个消费者行为及情绪的集合！**

1. 刺痛过你的，正在刺痛所有人

那究竟什么样的情绪按钮最容易改变人的行为？老苗先重点撕一下在营销中最重要也是应用最广泛的两种情绪——**恐惧和愤怒**。

人的大脑对**危险**最为敏感，所以市场中最容易被点燃的情绪就是**恐惧**。

核辐射买盐、禽流感买板蓝根之类的社会化事件咱就不说了，我们来看营销案例。

“洗了一辈子头发，你洗过头皮吗？”

这是滋源洗发水的广告语，凭借“洗头皮”的诉求，滋源洗发水上市三年累计销售额 70 多亿元，2017 年“双十一”卖了 1.2 亿元，洗护类全网第一。

洗发水是什么样的红海，相信了解点日化的都懂的，海飞丝、飘柔、沙宣、多芬、清扬，哪个不是脖子上挂五斤大金链子的“土豪”啊？

可以说，洗发水行业因为此诉求而改变，“洗头皮的洗发水”成了一个新的次品类，而这个次品类能够快速成型并扩张，依托的就是人的恐惧情绪。

没洗头皮？我这头没洗干净吧？？怪不得总有头皮屑，怪不得总是头皮痒（头发当然不痒）。

类似的金句还有影响了几代父母的：

别让孩子输在起跑线上。

“李叫兽”曾经给一个“3D定制西服”创意过一句很棒的示意文案：

“人的体型成千上万种，但西服型号只有十种。”

他试图唤起的是人们对服装“不合体”的恐惧。

当然不止广告语，大量的营销手段都在想办法点燃人的恐惧情绪。

卖房子的总是在破坏“没房人的成家安全感”“住房不满意者的生活安全感”“没有学区房的教育安全感”，从而引发人的恐惧。

销售人员面对客户谈判，强调不成交带给客户的损失要比强调成交带给客户的利益更加有效；同理，客户对于成交风险也更加关注。同样，网上激起人恐慌的热点也更有爆发力、更有生命力。我们用马斯洛的需求理论并不难解释，渡过了温饱阶段，多数人最大的需求是安全感需求。

2. 激怒过你的，也在激怒所有人

如果说恐惧是最敏感的情绪，那愤怒无疑是最激烈的情绪按钮。

因为大部分企业总想把自己的品牌和产品说得“高大上”，像愤怒、恐慌这样的负面情绪往往很少被使用（其实多数企业也没有这方面的意识）。

相信每个人都在沟通过程中，碰到过有人挑战你耐心和涵养的状况，这句话恰如其分地勾画出你碰到的那个让人愤怒的场景，是不是很有共鸣感，效果好极了？

中国有个神一样的品牌叫加多宝，说它神是因为它打官司输得巨惨，应该是二十几比零了吧，堪比甲午海战的北洋舰队了。

输了这么多官司，还顽强地活着，并且活得还很好，仍然是凉茶的领导品牌，不得不说是一个奇迹。这得益于加多宝输了官司之后的喊冤策略。

“我经营多年的品牌被抢了”“我的红罐被抢了”“连我的广告语都不让用了”，加多宝的喊冤赢得消费者同情。

消费者竞争者有了深深的共鸣。

当年还没成为大佬的周鸿祎，像只愤怒的小鸟见谁怼谁，终因让QQ“做了一个艰难的决定”而名声大噪。

看上去斯斯文文的雷军，刚开始的小米是以“揭露手机行业暴利”而扬名立万的，一副铁肩担道义的形象。

顺丰的王伟为自己家快递小哥出头，讨公道，充分释放了人们对“欺凌者”的愤怒情绪，王总裁瞬间形象高达两米八，也大大拉升了顺丰的企业形象。王伟也成了网民口中“别人家的老板”。

基本情绪有四种，除了恐惧和愤怒，还有喜悦和悲哀，另外复合型的情绪则有更多种，嫉妒、期待、得意、惊讶等都是，每一种情绪按钮都有着不同的力量，可以引发不同的市场反应。

十五年前，叶茂中对我说："如果我们只有一颗子弹，它只能消灭一个敌人，那就要让这颗子弹打进敌人的火药库，炸他个人仰马翻。"

十五年来，老苗一直在市场一线摸爬滚打，寻找那个能炸翻敌人的火药库，终于有一天，老苗和他的小伙伴们惊喜地发现，**那个火药库就在消费者的大脑当中**，里面堆满了恐慌、愤怒、嫉妒、得意、希望、喜悦、惊讶等易燃易爆品。

我们终于知道：**市场的根本力量并不是来自企业的营销行为，而是通过营销行为直击消费者头脑中的情绪按钮，引发集体行为和连锁反应**。

三、我们的最大理性就是要知道：市场从不理性

小 G 去相亲，苦于跟女孩子没话题，就向办公室同事求教。

别人告诉他可以聊星座，这个话题大部分女生喜欢，这个 G 兄弟对这个"低智商"话题有点鄙视。有人跟他讲，星座还是很准的，因为人们容易接受一个笼统的性格描述，从而给自己贴上标签，这在心理学上叫"**巴纳姆效应**"。

小 G 觉得有点意思，上网一搜，觉得果然有趣，高智商，两眼放着光就去相亲了。据说对方真是个对星座感兴趣的女孩（可能是装的），然后这个兄弟跟人聊了两个小时的巴纳姆效应。

再然后……当然是没有然后！它就不该有然后！

人家跟你聊星座是想获得点情绪上的共鸣，你告诉人家这玩意儿就是心理暗示，让人觉得智商受碾压，这才是真傻。

营销中，很多企业也大量存在这种不顾市场情绪的"理工

男”，到处充斥着“低情商”营销。

1. 市场：理性

做营销这行，相信你也看过下面这种报告与分析：

很多行业分析报告里都在宣称，经过多年的浮躁和不成熟发展，现在的市场已经趋于理性；

很多营销人自称自己的产品是“典型”的“理性消费”；

很多人认为消费者追求的是性价比，中间商追求的是利润、挣钱；

大量的销售培训教材都是教销售人员如何跟终端老板算账、如何跟经销商算账；

一些食品企业认为，我的产品要做的是营养、健康、美味；

定位理论告诉我们，在消费者心智中占据第一，最容易引发消费者的购买；

一些倡导“互联网思维”的产品人在追求极致产品；

……

市场的“理性”，全让这些分析报告给说了。

请记住：市场从来也永远不会理性，勒庞在社会心理学的奠基之作《乌合之众》中的结论是：**情绪化是群体行为的基础**。

市场不会理性，只会用新的感性代替旧的感性。就像股市，永远都是贪婪和恐惧的交替。

给经销商算利润空间远没有赢得经销商信任有效；跟店老板算账远没有让他觉得你不忽悠重要。消费者也从来没有真正意义上的理性消费，你即便占领了消费心智第一，也很容易在消费者购买时候被放置一旁。

营销人最大的理性就是要认识到市场的不理性。

互联网时代，由于人与人之间的联系变得更容易，联系更频繁，导致市场的群体性特征更加明显，就是说互联网导致市场更加的不理性了。

没有哪些冷静客观的内容是能够在互联网上被引爆传播的，一个“极致产品”如果没有“情怀”的支撑，只是一个高成本的产品成果，如果它的“情怀”无法引起顾客情绪上的共鸣，也只是企业的自说自话而已。

以互联网内容传播为例：一个引爆的内容，不管是视频还是文章还是其他形式，都经历**内容启推、裂变、扩散和热搜阶段**，一定是情绪满满才能达到如此效果。一个没有情绪的内容，在启推阶段就会阵亡。

咪蒙的走红，是她的痛斥引发了宗教般的共鸣。

凤姐火了好几年了，年年都有人为她互撕。挺她的人看到的是逆袭，背后的情绪是对改变的期望和对社会上升通道变窄的恐慌；而批凤姐的人看到的是她“没底线卖丑”和“不择手段移民”，背后的情绪是对破坏规则者的愤怒和规则遭到破坏的恐惧。

看上去都是在说凤姐，看上去撕得很厉害，其实说的压根是两码事，互相不搭界。

这就像两个年轻妈妈聊孩子，两个人聊得热火朝天，你仔细听她们的谈话内容，发现都是这样的：

“我儿子刚报了个培训班，班上……我儿子可喜欢了。”

“是啊是啊，我女儿钢琴现在已经过八级了，上次考级……”

“嗯，就是，我儿子班上有个同学……”

……

两个人从自己家小孩入手聊，到培训班、学习成绩、个人特长、班级同学、老师，再到一日三餐、穿衣打扮，再到自己身材保养、各种八卦。

咋听是两个人在开开心心聊天，仔细听是两个人各说各的，说的内容根本就没交集。两个人一口气能聊上几个小时，事后，谁也不记得对方说的什么。但这不重要，重要的两个人情绪都得到了释放，都很开心。

这个情况可能有点极端，但实际上**类似的对话才是我们最真实最普遍的沟通场景**。

参加过很多企业的会议，就一个话题讨论，可能是一片和谐，连连称是，也可能是唇枪舌剑，剑拔弩张，但如果您仔细听讨论的内容，发现其实人人都在自说自话，很少有人能听得进别人的表达内容，有共鸣的只是能够支持自己立场的话而已。

所谓的支持和反对，往往只是情绪上的共鸣或者对立而已。所谓的**内容传播**，其实是**只传播情绪不传播内容**。

2. 按下情绪按钮，引发情绪传播和连锁反应，做“高情商”的营销人

我们想要做一个“高情商”的营销人，就首先需要了解哪些营销行为容易进入人的情感中心，可以直接对人的消费行为产生影响；哪些只是进入人的思考中心，虽然让人思考，但并不能对人的行为产生实质性改变。

第一个关键词叫“**你**”。

老苗跟销售人员做培训时经常强调，销售跟营销不一样，销售的核心业务技能是**谈判**，而销售的谈判不是说服谁、搞定谁、辩论赢了谁，而是赢得对方的信任。

所以，**同理心和自我激励能力**是销售人员两项最基本的素质。销售人员做业务谈判，营销人做顾客沟通，一定都是百分百的用户立场。当然，“你”在必要时刻要换成“我们”或者“咱们”。

一则老苗记不太清的轶事：

长文案一向在广告界以及广告客户眼中臭名昭著，广告大师奥格威经常会写一些长文案，这经常遭到客户的反对。奥格威对客户说：“我可以写一篇三千多单词的长文案，你却能一字不落地读下来。很简单，我只需要在文案中出现几十次你的名字就可以了”。

奥大师的观点：文案长短跟能否打动顾客没关系，**只跟你是否贴近顾客有关系**。

“谈论他人是流言，谈论自己令人生厌；聪明的人总是关心谈话的对方”。

第二个关键词是“**具象**”。

我们人类还是很悲催的，费了那么半天的劲进化出一个无比发达的大脑皮层，能思考，会逻辑，还会处理图表数据：想想我们做的各种数理化题目，是不是由衷佩服自己？

即使这样，科学家还说，我们的大脑还只利用了不到 5%，一旦充分发挥是不可想象的，人人都有无限潜能，人人都可能做学霸，成为智力上的天才。

然而，现在的研究证明，一个情商高的人比智商高的人更加容易获得成功。因为我们的行为还是被本能中心和情感中心控制，我们只能被具象的事物打动，而逻辑、数字、道理对我们影响甚微。

所以，在营销元素中**视频比图片有效，图片比声音有效，声

音比文字有效（文字的有效性体现在其他方面）。

讲故事比讲数据有效，讲大量的事实不如讲个案有效，希望工程讲述多少失学儿童不如一张大眼睛的照片有效。

这都是具象的力量。

第三个关键词叫“**比较**”。现在的流行语叫“**没有比较就没有伤害**”，这已经上升到社会本能了（本章后半部分有更详尽描述）。

人是社会化动物，**我们的情绪一多半是因为“比较”而产生的**，因为“比较”而幸福，当然多数情况是因为“比较”而焦虑。

而在行为上，我们对“比较”的依赖就更为严重。心理学上有个名词叫作“**对比原理**”，即**人不会做没有对比的决定**。没有对比，人的决策中心（即本能中心和情感中心）经常会处在停滞状态。

产品使用前使用后、用以前的产品和现在的产品、顾客和他的邻居、同事、同学的使用状况、你的产品和其他的产品……

价格、外观、体验、性能……

以上的这些都可以在营销中找出可对比的地方，让营销者顺畅使用“**比较**”武器。

第四个关键词叫“**需求不满**”。

关于情绪的定义，老苗认为《怪诞行为学》作者艾·瑞里教授的说法特别深刻：“**情绪是被想法困在体内的能量和动机**”。

我们都知道马斯洛的需求层次理论：生理需求、安全需求、社交需求、尊重需求和自我实现。

后面四种都可以称为心理需求，**生理的需求是有限的，而心理的需求是无限的**。

而在这个信息沟通无比通畅的社会，**人的心理需求很容易就被激发出来。需求一出来，没被满足，人的情绪就有了**，用叶茂中的话来说，“冲突就有了”。

有冲突，就有市场机会，抓住了情绪就抓住了市场机会，情绪就是能量，一旦你用适合的营销手段予以释放，将会产生不得了的市场效果。

四、告诉你个秘密：“本能欲望”是市场上最强大的力量

相信您身边一定有成功戒烟、戒酒或是成功减肥的人，相信您也一定很钦佩他们的毅力，甚至可能听人开玩笑说，“如果一个人能把烟（酒）戒了，一定要特别提防他，因为他什么事都可能干得出来。”

必须承认，人跟自己的本能欲望对抗是十分艰难的，需要点狠劲。但作为一个成功戒烟、戒酒、成功减肥还戒了荤的过来人，老苗的看法是：这些事跟毅力有关系，但真的不大。真正起决定作用的是什么呢？

1. 一个人90%的行为，由本能决定

本书多次强调，**理性对于感性的无可奈何，以及情绪对人的行为有着强大驱动力**。

另外一个我们不愿面对和承认的事实是：**真正对人的行为起决定作用的是我们的本能中心，即便情绪强大的驱动力也是通过本能中心来发挥作用**。在一定程度上，人是**荷尔蒙的奴隶**。

如果您是个老板或者是管理人员，一定曾经头疼过下属面对完不成任务找理由的现象，有时候还非常普遍。

于是，你大会小会强调，每天早上带大家喊口号“没有任何理

由，没有任何借口”，请来培训公司给大家灌鸡汤、洗脑——“不折不扣执行”“自动自发完成工作”“公司是请你来解决问题的”。

有用吗？有！

很多人都学会了说假话，喊口号，拍胸脯，表现假激情，背地里却开始欺上瞒下，真正的问题却还是不能得到解决。

为什么？**逃避问题是人的本性**，就像人看到帅哥美女就想搭讪一样，太正常了，不逃避才不正常。

第一章讲过的：**人的行为模式是几百万年进化的结果**。

在原始人时期，突然发现一个不明状况，逃跑是最合理的选择。那些面对不明状况保持好奇心或者有勇于面对精神的原始人，其死亡的概率是大大增加的，比如被毒蛇咬死、被狮子老虎吃掉、被山上滚下的石头砸死等。

经过几百万年进化，发生不明状况就逃跑变成了人的本能。

但进入文明社会尤其是现代社会之后，这样的情况发生了变化：你面对的不明状况可能只是一次销售谈判、一个产品项目上马、一个大型会议的组织，已经不再是有生命危险的事情，**需要去面对它去解决它**。并且，这里有个本质变化，以前原始人面对一个不明怪兽，逃跑了，只要怪兽追不上，问题就解决了。但现在，**一个问题它不会因为你的逃避而不复存在**。

可在现实中，**人们往往会启用原始人对待不明状况的行为模式——逃避问题，然后找理由**。

所以面对下属找理由的问题，正解是让他意识到逃避问题乃人之本性，然后带着他一起去面对问题，逐渐在解决问题中得到提高。一味空泛地强调责任心是没有用的，只会培养“假大空”。

2. 食、色，性也，营销人可以很高明地利用它

本能欲望支配人类的大脑。如此嚣张，颇有顺它者昌逆它者

亡的气势。

关于这个课题，社会行为学家有两个重要的研究成果：**一是面对欲望刺激，人们的抵制能力要比自己预期的低很多甚至是无能为力；二是一旦欲望被激起，人的行为反应要比自己的预期不冷静得多**。

针对大脑本能中心的营销手段，可谓营销界的暗黑系，这一期咱先聊点常用的和概括性的。

塑造食欲感、让人流口水是食品营销永恒的主题，食品企业在这方面也是不遗余力，色香味全方位入手，甚至听觉和触觉都被开发出来运用。

韦勒说，“不要卖牛排，而是卖烤牛排的滋滋声”，做膨化食品的也经常用吃到嘴里的“咔嚓”声来诱惑消费者，巧克力用“丝般柔滑”勾引爱吃甜食的女孩子。

口水到底能够给食品带来多大的销售力？

国外零售行业的数据结论是，透明包装的食品，其销售机会比非透明包装高出 30%。人们在享受休闲零食的时候，透明包装的消耗量比不透明包装高出将近 20%。

而行为学家的研究则更有意思，他们给接受测试者戴着感应仪器进入超市，该仪器可以准确地测出受测者目光的焦点，大脑的活跃区域，以及吞咽口水、喉头响动、瞳孔放大等生理变化。结果发现，人们目光聚焦的第一个产品，最后购买的可能性大约在 70%（吸引眼球果然重要）；而对于食品，人们几乎 100% 购买了引起自己分泌更多口水的食品，看来中国人用“垂涎”来表示“非常想得到某样东西”是很准确的。

唾液分泌的同时，肾上腺素水平还会提高，人会因此变得兴奋，大脑的活跃度明显增加，得到自己想要东西的意愿会变得更加强烈。

所以我们看到透明包装的销售力，不在于包装透明本身，而是产品实体带来的食欲刺激比一般画面来得更强、更立体、更直接，用透明包装真是又实惠又有效，建议大家可以多采用。当然，如果你的产品卖相上太难看还是算了。

所以对食品企业来说，要想抓住消费者的心，先要抓住消费者的食欲，“没有口水就没有销售（No slaver No sales)!”

刺激男人的最大利器是——性。据说一个正常成熟男人每天想到性的次数超过20次，性是男性大脑分泌多巴胺的主要刺激来源，从这点上，男人比女人更接近动物。男性在多巴胺的刺激下，大脑会处于轻度混沌状态，对刺激其产生多巴胺的对象产生期待。因此针对男性的产品营销，往往会加入性的元素，汽车、男士香水、酒、雪茄中，充斥了大量的诱惑型美女。

这种利用人生物本能的营销手法，看上去有点下作，但一是有效，二也无伤大雅，太没底线会受到文化限制甚至法律制裁。真正可怕的是利用人的**社会本能**。

本节最后回答一下上文提到的，成功的戒烟戒酒戒荤减肥靠什么：毅力靠不住，你没办法通过自己的理性与自己的本能长期对抗，你只能用另外的本能满足来代替现在的本能满足。

五、消费从不是个人的事，而是相对于他人的事

讲个众所周知的段子吧。

两个人在森林里玩，突然窜出一头熊。一个人赶紧换跑鞋，另外一个人说：“傻瓜你换了鞋也跑不过熊”，这哥们回答道：“我不需要跑过熊，只要跑过你就行了。”

这个段子细思极恐：**本能中，我们往往把身边人视为最大**

敌人。

回到遥远的东非大草原：不是那些比猛兽跑得慢的，而是那些在群体中跑得比别人慢的，最先被猛兽吃掉；那些在群体中缺乏整体优势的人，可能连繁衍后代的机会都没有。几千万年的群体进化，导致一个可怕的本能植入人体内：**竞争和攀比，行为学家管它叫“社会比较机制”**。

我们追求的不是变得更好，而是比别人好，不是自我的成功，而是比别人成功。竞争、攀比、群体内斗争不可避免。

1. 比较，让你愉悦也让你痛苦

这些竞争、攀比和内斗，我们可以独善其身，对它喊停吗？

很多深受办公室政治之苦的人，经常会很傻很天真地表示：等我当了领导或者老板，一定不能让公司斗争出现。事实上这是不可能的，有人的地方就有江湖，你只能去引导而无法消灭它。

很多鸡汤都告诉我们：人应该追求内心的宁静，自我的满足。是不是很有共鸣？然而并没什么用——**明白很多道理，照样过不好生活**：单身的照样受不了别人秀恩爱，买不起房子的人照样见不得别人纷纷买房。

这是比生理本能更加强大的社会本能。

互联网放大了这种社会本能，原来我们的比较对象只是同事、同学、左邻右舍、七大姑八大姨、村里的老少爷们儿，但现在我们接受了更多的信息，比较的范围扩大了，所以我们更容易觉得不满足。

消费从来就不是个人层面的事情，而是“相对于”他人消费状况的事。每次的“不利比较”，都会产生心理的“伤害”，都会产生消除这种“不利比较”的冲动，从而促使了消费欲望的提高。

一方面这种攀比和竞赛能扩大内需，促进社会发展；另一方面这种本能欲望会被无限放大，让人们钱花得越来越多，自我感觉却越来越穷。

社会本能的运用在商业上越来越广泛，**任何一个玩意儿都能变成身份象征、个人标签，能变成消费者表达自己社会地位的符号**。

这年头，白领有白领的标配，土豪有土豪的行头：手表不仅是看时间的，车不仅是代步工具，手机不仅是沟通工具，房子也不仅是居住场所，早餐吃大饼油条的就是传统，吃面包牛奶就是现代生活，喝瓶进口矿泉水都能彰显品位。

2. 比较越激烈的地方，市场活跃度越高

做互联网社交产品背后隐藏的道理是：**用人的生理本能来撬动市场，用社会本能发展市场**。

许多产品都被打造成了地位的象征、品位的象征、品质的象征、生活水平的象征。

“装”是很有技术含量的事：广告大师奥格威最大的乐趣，就是开着自己的劳斯莱斯满纽约晃悠，重点是在麦迪逊大街，哪儿人多就去哪儿。这是睥睨天下的“装”法。

马云说“后悔创建阿里巴巴”，刘强东说“看不到奶茶妹妹漂亮”，王健林说“一个亿小目标”都可以归为这种。

这种“装”法一般人驾驭不了，普通人的方式是“**贴标签**”和“**鄙视链**”。

给自己贴上代表自己想要的社会地位、品位象征的标签，等待别人的仰视，从中获得快感。然后表达对比自己低一层级人的不屑，以巩固自己的地位。鄙视是一级一级传递的，几乎人人都在鄙视别人和受别人鄙视，多数人都觉得受到了极大伤害，他们往往认为只有消费，更高层次的象征身份的消费，才能摆脱这种焦虑。

3. 没有比较就没有伤害，没有伤害就没有买卖

有一句格言说：**一个乞丐绝不会嫉妒亿万富翁，只会嫉妒比他收入更多的乞丐。**这话反过来也成立：**一个亿万富翁也不会鄙视一个乞丐，鄙视这个乞丐的总是那些收入更多的乞丐。**

所以，刚从农村出来的更容易鄙视农村人，中产阶级容易鄙视小白领；看电影的鄙视看电视剧的，看话剧的鄙视看电影的。同样是看电影，看文艺片的鄙视看好莱坞流行片的，看好莱坞流行片的鄙视看国产剧的等。我们生活在一个复杂如网织的鄙视链中。

营销上所展示的生活方式往往是中上阶层甚至是富裕阶层的，但要让消费者觉得这是普通人的生活方式。

通过营销，消费者把“什么是正常的生活水平”无形中提高了。为什么我们花的钱多了，却感觉变穷了？原因在于所攀比对象的消费水准是在不断上升的，而攀比者总也赶不上被攀比者财富和消费的上升速度。

为了维持所渴望的生活方式和水平，我们必须不停地赚钱，不停地消费。这貌似是个无理性怪圈，实际是社会本能体现的必

然结果。

在本能营销者看来，营销是什么？**营销就是跟富人谈谈感情，跟穷人谈谈钱，没有比较哪有伤害，没有伤害哪有消费动力**？

读到这儿，你是否感觉到心理有点不适？然而这就是真实存在的人性，也是真实的市场规律。请继续睁大双眼：纯洁到无法接受人性暗黑一面的人，就无法完整地了解“人”，也就根本不适合从事市场工作。

六、营销中的“拧巴”，是一切市场发展的源泉和动力

你觉得自己拧巴吗？

“我觉得你这个人啊没什么别的不好，就是太容易跟自己较劲了。”——如果突然看到这句话，大部分人都会觉得在说自己。

人总是特别拧巴，喜欢自己跟自己过不去。

强迫症、焦虑症，各种都市病层出不穷，多半都是因为和自己较劲。

因为拧巴，因为“乐此不疲”地跟自己较劲，人的缺憾感特别容易产生。跟外界的竞赛和攀比一样，都是产生缺憾的重要来源。

拧巴不是一时的，和自己较劲是人的常态。

第一种拧巴，来自习惯机制和欲望之间。

哈佛大学教授经济学家杜森贝里认为，消费者的选择并非是理性规划的结果，而是一个学习和习惯形成的结果。

增加消费与增加储蓄是一对矛盾，在处理这个矛盾中人们会形成某种习惯机制。这个习惯机制会提供一种“防御墙”以抵挡对更高档次产品的欲望。如果“防御墙”足够牢固，那么，人们就能抵制新产品的诱惑而维持消费与储蓄相对均衡的生活。

然而，营销者们经常干的事情就是，摧毁这个“防御墙”：

一旦出现比消费者现在所使用的更高级的产品，消费者往往倾向于用后者来替换现有产品。但如果用落后的产品替代高级的产品，消费者就会觉得痛苦。

司马光老先生云：“由俭入奢易，由奢入俭难”，就是这个意思。而与更高级产品的接触，构成消费者现有消费模式的威胁，因为它使得消费者对这些产品的潜在偏好被激活起来。杜森贝里把这种通过接触高级产品而改变原有习惯和欲望的过程称为“示范效应”。

张三喜欢喝茶，发现了一家新店的茶叶不错，老板人也特别好。张三买了 30 块一两的茶叶回家，老板送了一小包 35 块一两的茶叶给张三品尝。张三很满意，经常到这家店买茶，每次老板都会送一小包比张三买的茶业稍贵一点的茶业供其品尝，两年过后，张三买茶的开支是之前的三倍。

第二种拧巴，来自“标签效应”。

人要认清自己很难甚至是无法做到的事，但我们又不想迷迷糊糊，这时候通常需要一些标签来给自己定位。

这些标签可能来自自我习惯认知、外部评价、身份地位、文化传承，也可能来自消费和使用的物品。

《韩非子》里的典故：**“昔者纣为象箸，而箕子怖。”**

商纣王刚继位的时候，还没表现出荒淫残暴。有次在吃饭的时候，向大家嘚瑟了一下他的新象牙筷子，结果把纣王的箕子叔叔给吓坏了：

你用了象牙的筷子，就不会用瓦盆瓦罐盛菜，而要用玉器，用玉器盛菜就不能吃粗茶淡饭，而是大鱼大肉，玉液琼浆，然后也不能穿粗衣住简陋的房子了，必须衣锦绣住华楼。大商要完啊！

一个背上 LV 包包的姑娘，往往就不再愿意坐公交车；即便自己愿意，身上的背包也会容易被人怀疑是假货。

这就是物质带给人的标签作用。

第三种拧巴很有意思，它来自儿时的幻想。

心理学家告诉我们，人在婴儿时期处在全能自恋状态：认为自己是宇宙中心，无所不能。因此在成长过程中，会生出各种成系统的稳定的幻想。

有人幻想自己具有超能力，在外星人入侵时拯救地球，实现人类和平。

有人幻想自己是有绝世武功的大侠，行走江湖，抱打不平。

有人幻想自己是遗落在民间某个神秘贵族的孩子，有一天自己的亲生父母隆重前来接自己回家，亮瞎周围小伙伴的眼睛。

女孩子喜欢幻想自己是偶像剧的女主角，男一男二男三，纷纷对自己表达爱慕之情。

……

人一旦成熟，就不再进行这样的幻想了，但这些幻想并没有

消失，而是隐藏在大脑的一个角落，被尘封起来，人对它的渴求仍然存在。

而艺术家则可以通过作品、营销人通过产品去唤起它。

各种好莱坞大片、金庸武侠剧、琼瑶剧、现在的穿越剧、玄幻小说、玛丽苏文，虽然看上去不那么高大上，但充分满足了人的幻想和自恋，就能被很多人接受。

角色扮演类游戏是最能满足人幻想的商品，所以有人会痴迷于此，无法自拔，杨永信的电击除了害人也没多少效果。

老苗小时候听三国评书，经常幻想自己就是加强版的诸葛亮，前知五百年后知五百年。一代明君请我出山，我百般矫情，就是不去。后来天下大乱，我为拯救苍生终于出山，霎时间玉宇澄清，世界一统。然后我飘然而去，隐居深山，深藏功与名。

现在人到中年，诸葛亮的梦早不做了，却干起了营销策划的勾当，专门帮助企业“勾引”消费者。

即便如此，凡是跟三国有关的话题总是能够引起我足够的兴趣，很少打游戏的老苗唯一迷过的就是《三国志》系列。

现在 Cosplay 已经发展成一个产业，而 VR 技术的成熟也使得各种幻想能最大限度虚拟实现，从而诞生更多的市场机会和行业风口。

第四种拧巴，产生于丰满的理想 VS 骨感的现实，完美的计划和目标 VS 不尽如人意的进度和现状。

都曾想仗剑走天涯，但实现者却寥寥无几。

人们经常犯这样的**基本归因错误**：我们会高估自己的能力而忽略环境的力量。我们总是高估自己一两年能做到的事情，而低估坚持十年带来的变化。

高估一两年能做到的事情，导致我们总制定难以实现的目标；低估十年积累带来的变化，导致我们轻易放弃。

所以，人生不如意十之八九。老苗不跟看官们探讨人生哲理，咱说说由此带来的营销影响。

60后、70后小时候的理想是科学家、飞行员，00后的理想是企业家、官员和明星，是我们跟年轻人的脑子长得不一样吗？非也！理想也是被营销出来的。

“大众创业万众创新”，创业家一下就站上了鄙视链的顶端，在北上广的年轻人如果还在打工，出门都不好意思跟人打招呼，连高大上的外企白领也不抢手了。

“梦想还是要有的，万一实现了呢？”社会和营销者一方面鼓励大家有更高的理想，一方面制造大量的产品来缓解人们理想无法实现、计划无法达成的焦虑感。

休闲食品、娱乐产品、文化旅游都在打放松人们身心的牌，一边让人焦虑，一边让人吃吃吃、买买买，市场就这样越做越大。

唯物辩证法告诉我们：**矛盾是一切事物发展的源泉和动力**。

我们分析这些日常存在于每个人心中的“拧巴”，就是为了抓住人心中不断出现并亟待解决的“矛盾”。

市场也是如此，市场的矛盾存在于**人与环境之间、人性之中、情绪与理性之间、本能与思考之间，矛盾越大市场的动力就越大**。

营销就是发现和解决这些矛盾，矛盾永远存在，旧的矛盾解决了，新的矛盾又诞生了。市场就在矛盾的对立统一中、在矛盾的诞生和解决中不断发展。叶茂中称之为“冲突”，是“营销之魂”。

叶大师又补刀说：**三流营销发现冲突，二流营销解决冲突，一流营销制造冲突**。

本章节试图以脑科学、行为学为基础，了解基于人性的营销力量，解释更深刻的营销规律。希望能够在互联网营销大变革的今天，在渠道力减弱、人的力量在增强的今天，带给企业家和营销人一点启示。

本章小结

1）人的行为绝大多数都是自然而然的反应，不需要理性思考中心的参与。改变消费行为的按钮存在于本能和情感中心，而不是思考中心。

2）一个理性信息从思考中心进入情感中心，如果不能引起情绪上的反应，就无法进入本能中心，也就不能影响人的最终行为。

3）情绪可以瞬间传染人，并形成群体效应，而道理不行，普通的信息也不行。

4）无情绪，不营销——内容为王时代下最强大的营销驱动力，就是情绪按钮。在营销中最重要也是应用最广泛的两种情绪按钮——恐惧和愤怒。

5）市场的根本力量并不是来自企业的营销行为，而是通过营销行为直击消费者头脑中的情绪按钮，引发集体行为和连锁反应。

6）网上一个引爆的内容，不管是视频、文章还是其他形式，都经历内容启推、裂变、扩散和热搜阶段，一定是情绪满满才能达到如此效果。

7）情绪营销的四个关键词：你、具象、比较、需求不满。

8）真正对人的行为起决定作用的是我们的本能中心，即便情绪强大的驱动力也是通过本能中心来发挥作用。

9）社会行为学家的两个重要研究成果：一是面对欲望刺激，人们的抵制能力要比自己预期的低很多甚至是无能为力；二是一旦欲望被激起，人的行为反应要比自己的预期不冷静得多。

10）消费从来就不是个人层面的事情，而是“相对于”他人消费状况的事。每次的“不利比较”，都会产生心理的“伤害”，都会产生消除这种“不利比较”的冲动，从而促使了消费欲望的提高。

11）用人的生理本能来撬动市场，用社会本能发展市场。

12）让消费者自己和自己较劲的四个方法：挑起习惯机制和欲望的冲突；善用标签效应；利用人们儿时的幻想；对比理想和现实的反差。

13）市场矛盾永远存在，营销就是发现和解决这些矛盾，旧的矛盾解决了，新的矛盾又诞生了。市场就在矛盾的对立统一中、在矛盾的诞生和解决中不断发展。

第四章 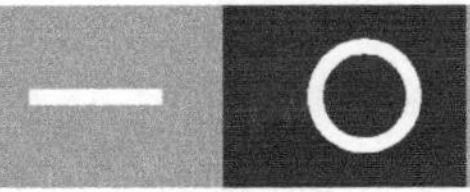

寻找“内容为王”下的传播按钮

互联网来了，很多营销的玩法也变了，一些老的传播方式在互联网语境下像是“不说人话”。为什么会有这些变化？有哪些是不变的？在新的语境下又有哪些传播按钮可以启动？如何争夺互联网上的话语权？如何设置传播中的驱动力？本章一一讲来。

一、为什么说北京奥运是营销史上的一个重要分水岭

2008 年奥运会之前有个很著名的广告，大意是“如果说东京奥运成就了索尼，汉城奥运成就了三星，那么北京奥运又将成就谁”。

很明显，这是拉广告的广告，且效果极佳，很多大企业为了赞助商资质踏碎门槛挤破头。抢到的欢天喜地，就等“台风”一来，就可以像索尼、三星一样“上天”了；没抢到的则忧心忡忡，苦思对策，寝食难安。

然而，对不起，你们想多了：史上投入最大、最豪华、最吸引眼球的奥运会，哪个品牌都没成就。巨大的赞助费花下去，更

多的广告费投下去，结果是多数老百姓分不清牛奶的赞助商是伊利还是蒙牛，方便面的是康师傅还是统一，运动鞋的是阿迪还是耐克还是李宁。当然了，国际奥委会挣了几届奥运会都挣不到的钱。

北京奥运上宣传和公关做得最成功的当属李宁，获得了最大的关注，李宁漫步空中点燃火炬的形象让人记忆犹新。然而2008年后，似乎是因为电商冲击，李宁品牌却开始下滑，至今才算稍有起色。

北京奥运赛事高度的关注、广告密集的曝光再加上央视黄金时段的加持，竟然没有让这些砸下血本的“金主”们获得应有的回报，让很多人感到费解。实际上，如果我们足够敏锐就会发现，营销环境的巨变早在北京奥运会之前就已经悄悄埋下伏笔。今天我们重提十年前的北京奥运，是为了在这条巨变的时间线上点取一个重要的时间点，并带各位看官重新反思那些发生在你眼前却又被你忽视的时代交替点——对于中国整个营销界来说，2008年奥运会是个标志性的历史事件：

它标志着在中国市场“渠道为王”营销时代的结束。

1. 什么是“渠道为王”

在物质短缺的八九十年代，你的产品只要有人经销有人卖，你的营销就做起来了，所以那个时候大家在说“渠道（销售渠道）为王”，其实是在说掌控经销商最重要，那时候的“营销按钮”多在经销商环节。

后来终端的话语权大了起来，谁占据了更多终端资源，谁就能把营销做好。所以又一股脑“决胜终端”，“营销按钮”又都跳至终端环节。

传播渠道更是如此。十年以前，能够在央视发出大声音的品牌几乎都会取得成功，后来凡是能傍上热点节目、事件的品牌也能取得成功，“高知名度产生高销量”，“投得多的广告就是好广告”，不管你是“不收礼啊不收礼”、还是“牛牛牛、狗狗狗”，都可以大大促进销售增长。

广告是彼时成就无数品牌最大的“营销按钮”。

渠道为王时代的商业本质是跑马圈地，谁占据了更好的渠道、更好的载体、更好的资源，谁就会取得成功，空间价值获得了最大化体现。

2007年，分众传媒刚成立不久，一没多少员工，二没什么节目，但它圈到了大量的空间，使之变为传播渠道，就实现了40亿的广告收入，这是一个空间价值最大化的极端例子。

二十年的市场营销，看似眼花缭乱的国内市场，中国的企业几乎就在做三件事：广告、经销商、终端，事实上他们也不需要做更多事情即可取得成功，因为那是渠道为王的时代，抓住信息渠道、消费者与产品的接触渠道是最有效率的事情。

渠道为王时代的根本特征是：

（1）有效的信息渠道相对有限，顶级的信息渠道如央视更是稀缺。

（2）信息渠道是单向的，对待营销信息，多数消费者只有选择接受或者不接受，很难进行反馈。

（3）购买行为商圈化，大部分消费行为发生在固定商圈之内，其进入其他商圈进行消费的成本较高，这使得终端话语权变得无限大。

游戏规则正在发生颠覆性的改变，渠道为王的根本特征正在被瓦解，“营销按钮”也在发生着巨大变化。

2. 新时代下关于注意力的游戏

旧时代俱往矣，我们更关心什么才是“新”的未来。

时间拨回到2016年4月。2016年第一网红的papi酱刚刚获得了1200万投资并被高调估值1个亿。但因为papi酱时常爆出粗口，被广电总局勒令整改。紧接着papi酱的广告招标拍出了2200万的天价，大概几个小时内，又开始有人指出papi酱的广告招标涉嫌炒作，可谓一波未平一波又起。

那次广电总局整改papi酱的视频节目，绝对是另有深意的。果然，事件发生不久，papi酱就在个人微博检讨“接受批评，传递正能量”，另外投资人徐小平在广告招标会上“papi酱团队朝着释放正能量、传递时代精神的方向前进”的表态，都显得意味深长。

时隔一年后，2017年6月，中国现象级网红“咪蒙”因其激烈极端的文章用词被禁言。一时间对于自媒体内容的重新讨论再次刷屏。再次回归后的咪蒙微信号，也开始了全面的改版，识趣地从过去尖锐不羁的行文中慢慢转型，并举办培养写作人才的新媒体创作大赛，开始了全新的微信号定位。

蝴蝶效应告诉我们，世间万千事物都处在复杂的联系中。不要以为这些新闻与你无关：咪蒙和papi酱们不仅是许许多多离你很远的网红，他们更是紧紧贴着你耳朵说话的许多个“声音”。营销规则已经发生改变，选择说什么就是这些声音们关于争夺时间的游戏。

3. “吐槽”和正能量的博弈妥协

众所周知，互联网带给传播环境最大的颠覆是，改变了过去单一的从上至下灌输式传播。前互联网时代，几乎所有信息大众只有接受的份，基本没有发声的渠道。

互联网来了，我们不但能够倾听也可以表达，我们不但是受众还能自己变成媒体。刚开始时，也就是互联网刚普及的时候，我们觉得新鲜刺激，但面对突如其来的话语权，我们不知道该如何表达、如何使用。

由于不知道该说什么，也就胡乱聊些什么，没什么特别明确的主题和指向。这个时期，“无聊”是其主要特征。总体乏善可陈，如果非要找个典型例子的话，“小胖 PS 秀”算一个，小胖应该是中国第一个网红吧。当时主要的沟通平台还是聊天室和早期的一些 BBS。

当人们“无聊”一段时间后，发现了互联网的乐趣，一些大大小小的论坛开始火爆。这个时候，很多人有了吸引大众关注的需求。于是各种反常规、不按套路出牌的人物和事件开始在网上流行，比如通过一张照片被炒红的天仙妹妹、用身体写作的木子美，当然登峰造极者还是芙蓉姐姐。同时也涌现了陈默、立二拆四等一批网络推手。“寻求出位”是这个阶段互联网的主要特征，用后面出现的网络流行词来说叫作“雷”。

上面两个阶段都算是互联网传播的小插曲，真正彰显互联网传播力量的是最近几年“阶层意识”觉醒。

人们知道得越多，交流越多，越能发现现实与理想的差距，越能看到社会不同人群之间的巨大差别，由此产生了巨大的不平衡心理。这时候，一个流行语在某贴吧里横空出世，随后席卷互联网，连边边角角都打扫得干干净净。它表达了人们对现状的不满、无奈和自嘲。同时这种把自己踩到尘埃里的做法，也是对传统的精英教育的一种反抗。

把自己归为“自嘲阵营”还获得一个巨大的话语优势，那就是嘲讽权或者说叫吐槽权，其话语逻辑就是“我都吐槽了，你也别给我装”。于是互联网开始了吐槽的狂欢，传统的精英、高端和宏大叙事，更是重点吐槽对象。于是专家成了“砖家”、替政府说话的叫五毛、传播“普世价值”的叫“美分”“汉奸”。“暴走漫画”式的恶搞，李毅吧的火爆，都是该阶段的重要标志。

而一些按照传统标准属于精英的人群，也愉快地把自己加入这个阵营，以期获得更多共鸣。比如史玉柱、韩寒这些传统意义上的精英，也加入阵营。按照史玉柱的说法，这个阵营中国有5.26亿人口。这个“阵营文化”成了互联网重要的亚文化。

诚然，目前我们各个阶层不管是普通工薪、农民工、白领金领、企业主、公务员、教医律等，面对现实，普遍都有无奈感和无力感，这种所谓“自嘲”化的表达，很解气很过瘾，有发泄的快感。但这种文化却有明显的副作用。

一方面，他们传递出的是消极的无力、无奈感，同时这种文化不但热衷于对高高在上的威权进行嘲讽，更重要的是他们会对传统的励志、努力进行嘲讽。就像一群爬山的人，以前是爬到山顶的人在向下喊话，给大家加油，告诉人们经过爬山的艰辛就可以到达光明的顶点，山顶风光一片大好。现在，山顶上的人也喊话，但有更多的人是直接一屁股就坐下了，开始吐槽：“山顶上喊话的人好像一只狗哎”，“那个人爬得样子好丑”，“那女的怎么爬那么快，被潜规则了吧”。用现在的话来说，这是在传递负能量。一旦形成潮流，对当下整个社会心态的负面影响是很大的。

还有一个方面则是更加危险的，一些本不属于大众阶层的人出于这样或那样的目的，在利用这种民众情绪，充当了意见领袖。比如某经济学家，号称站在底层人民立场，用抨击一些不合理现象赢得了广泛赞誉和热烈拥戴，几乎成了中国“第一”经济学家，虽然其对中国楼市、股市、整体经济预测的准确度比抛硬币的准确度还低。

此时一直被嘲弄的传统媒体开始发声了，他们提的解决之道是“释放正能量”，这迅速引起了民众中怀有积极心态的人的共鸣（其实“正能量”一词最早也是来自网络）。有官媒做背书，提倡正能量也成为一股强大的力量。与自嘲文化交相辉映，甚至相互融合，成了现在互联网新的主流力量。

对于咱老百姓来说，看到不爽的畅快淋漓地骂一通，**爽翻之后，还得继续上路，需要正能量激励，需要方法的引导，需要看到希望**。

2017 年，《人民日报》微信端的“军装秀”、检察院出品的电视剧《人民的名义》、创下票房神话的主旋律电影《战狼 2》，成了刷屏级的传播事件。倡导正能量和吐槽达到了平衡，大家开始一起愉快地玩耍了。

4. 欢迎来到内容为王的时代

原来多数的消费行为是发生在购买半径五公里内的，而现在我们打开手机就可以买到各地的产品，有了海外购，你的购物半径就更升级了，变得跟香飘飘的杯子围起来那么大。

人人都在倾听，人人都在表达，人人都在转述，个人可能会变成一个强大的媒体；同时互联网解决了一个信息传播中的亘古难题：使信息传播者与信息受众的大面积互动成为可能。我们突然多了无数获取信息的渠道，这让单个渠道的价值进一步降低。太多凌乱繁杂的信息在我们眼前一晃而过，我们的注意力日益短缺。

在这个时代，最稀缺的不再是渠道，而是注意力，一切可以吸引注意力的信息周围，都聚集了大大小小的信息渠道和商品渠道。按照习惯叫法，我们把这个时代称之为“内容为王”吧。

关于“内容为王”和“渠道为王”的说法，已经由来已久。

为正本溯源，我们来讲讲它的典故，那是两个传媒大王默多克和雷石东的故事。

1986 年，经过三十多年的经营，萨姆纳·雷石东已经将偏安麻省一隅的汽车影院连锁，发展成为全美最大的影院连锁系统，这时他收购了维亚康姆有限网络，成立了维亚康姆集团，正式进军新闻娱乐界。经过几年发展，面对强大的传媒巨头，巨大的行业压力，雷石东提出了自己的经营策略，这就是那句著名的“谁做传送我不管，我就是要放上最好的内容”。因此，维亚康姆的策略也被人称为“内容为王”。同时，面对最大的竞争对手新闻集团，雷石东还说了另外一句著名的话：“我们致力于内容，不像默多克那样把主要精力放在渠道上。”这也从侧面反映了新闻集团的经营策略，因此新闻集团也常被人称为“渠道为王”。

二十年来，两种策略在全球传媒业的竞争可谓此起彼伏，一时瑜亮。维亚康姆给我们留下最深刻印象的是 MTV 锁定青年、青少年的许多不同形态的节目，是派拉蒙公司的电影经典《阿甘正传》、《教父》等，而新闻集团给我们的印象则是遍布全球的卫星电视网、权威和数量巨大的媒体——英国 40% 的报纸、澳大利亚 2/3 的报纸、全美 40% 的电视台。毫无疑问，二者竞争的头十几年，新闻集团占据了很大的优势，时至今日，默多克也比雷石东知名度大很多，但近些年维亚康姆已经后来者居上，风头盖过了新闻集团，2013 年至今，除了营业收入，在利润、利润率、收益率等各项指标上，维亚康姆（包含已经分出去的哥伦比亚广播公司）已经全面超越了新闻集团。

而中国版的“默雷之争”也在这些年上演，那就是康师傅和统一，不过火药味则要浓很多。

了解康师傅和统一两家企业的小伙伴们应该知道，由于“通路精耕”体系的推广成功，康师傅比统一拥有更强的销售网络覆盖能力和终端管控能力。在品牌影响接近、产品相似的情况下，头些年康师傅把统一在市场可是收拾得不轻，“打统”是康师傅经常采用的手段。

然而，从“老坛酸菜”开始，世道就变了。

跟以往一样，统一的老坛酸菜成功后，康师傅推出了“陈坛酸菜牛肉面”，包装产品相似，也找了代言人。还是想凭借强大的网络和巨额推广费用，打压统一。

以往有效的手段，在“内容为王”的时代，却变成了实实在在的昏招。因为它给统一本来就很好的“内容”又增加了新的“作料”，于是统一老坛酸菜牛肉面的广告变成了“模仿”篇，“有人模仿我的脸，有人模仿我的面”，本来统一老坛酸菜的好内容仅仅是好口味而已，经康师傅这么一模仿，内容里又增加了故事的成分。

后来康师傅在昏招的路上越走越远，借《泰囧》大热之际，请了徐峥和王宝强两个明星做代言人，酸菜加量又加火腿肠的广告推出了，并且在广告中讽刺统一的酸菜太少。广告借助了2013年最火的栏目《中国好声音》为平台播出。然而，只是强化了康师傅“模仿者”“山寨产品”的形象而已。

康师傅在与统一的对抗中，第一次完败。根源在于用以前“渠道为王”的思维来面对“内容为王”的市场，以为可以再次用销售渠道和传播渠道优势打压统一。

随后，统一陆续发力，Alkaqua的水偷偷成功后，统一饮料继续爆发，海之言和小茗同学凭借良好的产品概念、与消费者强有力的沟通再次惊艳市场，在一个阶段内，成为内容营销成功的典范。

养生堂和娃哈哈之间的“恩怨情仇”，也够拍个电影的。

娃哈哈，以分销联合体名扬天下，其网络的庞大和对渠道的控制力有口皆碑，其广告投放量也相当惊人。早些年，娃哈哈的新品策略曾号称是“模仿式创新”，其实就是在“模仿”的基础上添加些新元素，但作为行业巨头，“吃相不能太难看”，美其名曰“模仿式创新”。

娃哈哈同城兄弟——养生堂是个“吃相比较优雅”的主，擅做产品创新，极富创意，长于造势。从“以内养外”的朵而胶囊、“有点甜”的农夫山泉、“喝前摇一摇”的农夫果园，到如今的东方树叶、打奶茶、高端矿泉水，几乎每个产品都创意十足、概念十足。

头些年，作为同城老大哥娃哈哈，经常利用其渠道优势“欺负”一下养生堂。你创新一个，我就后面跟进一个，你有三种水果，我有四种水果，你有水溶 C100，我有 HELLOC。

时光进入了 21 世纪的第二个十年，有心的人们突然发现：“咦，这个江湖变了”，“东方树叶”和“打奶茶”成功之后，娃哈哈没什么动静，它不再跟在养生堂后面打了，农夫山泉的高端水成功了，娃哈哈还是没动静。

难道两位江湖大佬言归于好、“相逢一笑泯恩仇”了？这就是他们友谊的见证？

其实哪有什么恩怨情仇，只是媒体和宣传的噱头而已。在“渠道说了算”的年代，娃哈哈渠道强传播力度大，身边有养生堂这么好的“产品研发部”，不跟白不跟。而现在是“内容为王”的年代，就不能刻舟求剑了，跟不好反倒会惹一身骚，康师傅的“陈坛酸菜牛肉面”就是明证。不是他们现在变得友好了，而是世易时移，竞争状况发生了根本性改变。

内容为王时代的根本特征是：

（1）信息泛滥，产品众多，注意力是最为稀缺的资源。

（2）如果你有好的内容，各种大大小小的渠道都会依附到你的身边，形成富集效应。

（3）不同内容偏好形成不同社群，这是社群经济和粉丝营销的基础。

（4）面对产品和品牌信息，消费者具有畅通的反馈和与其他用户交流的渠道。

时代大潮的力量是摧枯拉朽的，哪怕你拥有最强大的渠道，在互联网时代，在内容为王的时代，都显得不堪一击。

5. 互联网语境下的营销传播规则

互联网传播看似可以天马行空，其实还是有规矩可言的。做营销传播的不可不知。

（1）大众传播你不能讲道理。在“广场效应”下，感性大于理性。这种环境下是没办法讲道理的，早期的 BBS 曾经有过小段时间的理性论战，但很快就变成相互谩骂。方舟子这种思辨型的，在传统媒体环境下，无往不利，珍奥核酸、学术打假、唐骏假文凭，都轻松斩于马下。但在互联网环境下，无论是跟韩寒还是崔永元论战，都一败涂地，甚至那个发现“引力波”的下岗工人也可对方舟子战而胜之。因为大家只需要骂方舟子汉奸、美分、变态，人多自然就赢了。

（2）如果你一定要讲道理，可以建立小的社群。有共同语言、共同兴趣、都喜欢思辨的人是能够讲得清道理的，比如早期的知乎等社区，但一旦群体变大，理性的空间就会变小。

（3）你一定要站到更大众的立场，否则你可能会被撕得很惨。

网红们这点很聪明，《罗辑思维》号称是贩卖知识的，看上去很高端吧。但罗振宇的解释却是“古时候很多有钱人，明明自己有双眼睛，却雇人给自己读书，罗胖就是您身边那个给您读书的人”，够卑微吧，够聪明吧？再加上罗振宇的形象，跟传说中的“地气”那是无缝衔接啊！papi 酱夸张的语速和表情，视频拍摄背景搞得跟民工宿舍一样；要做网红了，高晓松也赶紧给自己起个“矮大紧”的诨名。意思都是站队，跟广大搬砖的劳苦大众站在一起。

（4）你可以是吐槽，但一定要正能量，至少不能全是负能量。我们是法治社会，宪法规定了咱有言论自由，但作为网红，你还要有建设社会主义精神文明的义务。

（5）切忌讨好所有人，你一定要有敌人，最好跟敌人能撕起来。这往往是传统大众消费品企业营销的误区。还是第二章讲过的“树敌法则”。

大众喜欢看热闹，看冲突。不破不立，如果你不去旗帜鲜明地反对某些东西，你自己的立场显得就不那么鲜明，立场不鲜明，你的品牌个性、形象都会是模糊的，自然很难得到目标群体的认同。不要怕得罪人，不要指望所有人都认同你，不要指望所有人都会买你的产品，自己主动剔除一些人群，并把他们置于自己的对立面，往往能起到更好的效果。如果还心存顾虑，就想想乔布斯和他的苹果案例吧。

二、互联网语境下，传统的沟通方式像是“不说人话”

先聊件不相关的事。

曾经一段时间，网上对官媒不太认账，觉得不接地气。

而就在 2017 年的“八一”建军节期间，作为最官方的媒体——《人民日报》却搞了个军装秀，据称有六亿人参加，朋友圈刷爆，《人民日报》微信后台瘫痪，堪称当年最火爆的互联网内容营销。

如果从技术角度讲，这个军装秀并不出彩，远没有《新闻联播》那样高端大气上档次，但越是这样，人们越是追捧。朋友圈刷屏晒军装照，大家纷纷积极地“云”参军……

如果看懂了这个案例对比，那您的互联网内容营销就已经开始入门了。

1. 说话前问问自己：如果别人也这样说话，我听了会不会膈应

官媒还是那个官媒，《人民日报》也还是那个《人民日报》，然而一个说话方式的“小”转变，却可以触发完全不同的群体反应。

以小见大地看待这件事情，我们看到的不是孤立的事件，而是一个大环境的改变——老苗曾在本书前面不厌其烦地重复这个观点：**传统营销是“渠道为王”时代下的灌输式营销，互联网的营销是“内容为王”时代下的互动式营销**。

灌输式营销，不期待获得受众参与（媒体特性所致），想的是鼓动大家，获得情绪，赢得掌声，要求语言堂堂正正、铿锵有力、不可辩驳 。

所以我们看到的企业宣传语也好，品牌主张也好，老板和营销人的讲话也好，都是一本正经地讲述产品的卖点、企业的使命、公司核心价值、企业的文化、情怀什么的。

总之是我们的企业和产品很牛，我们很有情怀，我们是有抱负的团队，来来来，快到我碗里来。

在渠道为王、受众无法参与到企业信息中的时代，这种方法

无疑是最有效的。

而现在的互动式营销，信息传递时要的是“对话感”，首先企业的身段要低，跟消费者距离要近，所以近些年崛起的企业老板貌似都很亲民。

更重要的是，你传递信息时，要留给受众说话的空间。这跟以前大不一样，以前相当于企业在舞台上讲话、表演，观众只需要提供掌声、喝彩声就行了，大不了骂娘走人；而现在是你走下台来给大家表演，观众还要跟你一起演，就像军装秀的火爆，是因为参与者也在其中。

“自己永远是最重要的，自己永远是舞台的中心”，“人的一生都是在追求自己的重要性和存在感”，这是最深刻的人性。

比受众参与空间更重要的是——你信息的**调性**，这里说一个关键词，叫“**语境**”。

不同的语境，说话的调性必须要不一样，同一个人，演讲的时候跟谈恋爱就不能调性一样，酒桌上说话跟商务谈判的调性也不能一样。

传统的堂堂正正、铿锵有力的信息风格，在互联网的语境中，就像你平时上街买个烧饼买个西瓜，却用播音腔跟人对话一样，显得是在“不说人话”。

这就是老苗要讲的互联网内容营销要素的第一个要素——**人格化**。

2. 我们想听“人话”，其实是想和真实的“人格”对话

光说符合语境的“人话”还不够，我们还要为说话者赋予真实而完整的人格属性。

人格化好像是老生常谈，以前品牌论大行其道的时候，大家也都在说，如果你的品牌是个人，应该是怎样的一个人，或者说

是个动物，应该是哪种动物。

这里面背后的道理是一样的：人比产品或者品牌更加容易记忆，更加容易传播。互联网传播裂变靠的也是人，而我们更关注的是有情感的人而非相对冷冰冰的品牌。

王健林的小目标和董明珠大骂野蛮人都获得过广泛传播，同时也带动了万达和格力的品牌知名度和影响力。这种不花钱的传播，要比你耗资千万搞个“招财进宝”“新春有礼”的传播效果好得多。

由于语境的不同，现在的人格化跟以前的品牌拟人化，在具体操作手法上也就存在很大不同。脑补下这样的场景，是不是很有感觉。

李彦宏：“小度机器人，过大年了，你给大家唱支歌吧。”

小度机器人：“唱歌可以，先给红包，一手交钱，马上唱歌。”

马云：“支付宝，你今年的敬业福有没有还给人家？”

支付宝：“第一天就已经有900万人集齐福卡了，你只给我2个亿，马总你说是都还好呢还是不还好呢？”

以前品牌形象的拟人化，要么是做伟大光荣正确的形象，要么是指望做得人见人爱花见花开，但现在的人格化，却需要做好另外两件事。

第一件事，**打造不完美**。

以往我们追求形象上的高大立体，逻辑上的天衣无缝，人们看过之后觉得挺好，然后就没有了，这就很无感。

你必须把你的不完美体现出来，用现在的话来说要有“槽点”，人家才会去评论，去吐槽，去传播。

我们去看一个公众号是不是做得好，先不要去管它的阅读量、粉丝数，那些更多是积累的结果，你重点要去看它的评论，评论多，互动热烈，这个号哪怕现在不行后面也能做起来，如果一潭死水，估计以后慢慢就真的死了。

第二件事，**贴标签**。

快速低成本了解一个人，最有效的方式是贴标签，几个标签一贴，人物就活灵活现了。

评书中介绍人物，有个名词叫"开脸"，比如评书《三国演义》中介绍关二爷：

"身高九尺开外，卧蚕眉丹凤眼，面如重枣，微合二目，胯下赤兔胭脂兽，手拿青龙偃月刀，五绺长髯，飘洒胸前。"

几个非常突出的标签一贴，形象栩栩如生。但怎么贴标签却是个技术活，是打造人格化的关键动作，请看下文。

3. 天下标签千千万，但都逃不出这五类

第一类标签是形象标签。

叶茂中总是戴顶帽子，形象还不错的咪蒙整天强调自己是个"矮胖子"，顾爷给自己画了个不着四六的漫画，凤姐更是天然自带形象标签。这是网红们必备的标签之一。

第二类标签是行为标签。

李逵听说对面站的是孝义黑三郎，纳头便拜，嘴里说："我那爷！你可不早说些个，也教铁牛欢喜！"一个**极具个人特色的行为**，李逵的形象就活了。

罗永浩砸冰箱，雷军模仿乔布斯的发布会，罗振宇每天坚持六十秒语音，都属于他们的行为标签。

第三类标签是态度标签。

本书第二章曾说过，做互联网内容营销态度立场一定要极为明确，**必须旗帜鲜明地支持一些事情，更要旗帜鲜明地反对一些人和事，自己的标签才更清晰**。还不清楚地请翻看前面的知识点，这里就不再详述了。但你要记得：树敌法则在互联网营销中尤其有效。

第四类标签是能力标签。

互联网内容传播不能过于谦虚低调，又不能浮夸。但你可以很自信，**用自信到让人看不惯的状态去表现你的能力**。

老苗打造的是营销老司机形象，所以要突出在营销上的能力。

王建林要突出自己多金擅经营，所以就会有“一个亿小目标”“几十个亿是中等意思”这样的梗冒出来。

杜蕾斯则是动不动就开车的老司机，给人感觉是深谙床第之术。

《罗辑思维》有句很经典很深刻的广告语叫作“有种有趣有料”，就是很高明的贴标签之术，“有种”是态度标签，“有料”是能力标签，而“有趣”则是我们最后要讲的“性格标签”。

第五类标签是性格标签。

在互联网语境下，成熟稳重的、宏大叙事的性格标签是不太讨巧的，而愤世嫉俗的、蠢萌的、睿智犀利、脑洞大开的标签容易成功。这类案例自己找吧，网上火的 IP 都是这类性格鲜明的。

有性格，就要有个性，有优点有缺点，有血有肉。

经常听一些领导指示下属干活，要求“接地气”，而实际上这些人也不知道什么叫“地气”，完全是叶公好龙。你真要给他个接地气的，他直接就受不了。

接地气就是要有缺点，要让人一看觉得“这人原来跟我也一样啊”，这地气就接起来了。完全没缺点那叫仙气。

所以做互联网营销也不容易，不但要突出自己鲜明的个性，还要经常自黑一下。哎，“男人就要对自己狠一点”，女人也不能例外啊。

三、你为谁说话，比你说了什么更重要

因为身边做营销和做企业的朋友比较多，曾经有段时间，我的朋友圈被一篇小短文刷屏：《如果有业务员拜访您，千万别太冷淡》。

如果有业务员拜访你，千万别太冷淡，能熬着30多度的高温背个包提个袋跑市场的，基本没有官二代、富二代，不拼父辈，他们拼自己。

看见在外奔波的业务人员请不要厌恶他们，没有必要像对待敌人似的，都是一群有梦想的人，都是想生活得更好一些。尊重任何凭本事靠诚实劳动吃饭的人！

（认同的请接力下去）！

在这里，业务员被塑造成独立自强、勤奋有梦想的人，大部分销售员愿意喝这样的鸡汤，而领导们也愿意提供。

而实际上，市场上业务员的整体状况是怎样的呢？

做销售的门槛低，通常是老苗这样本专业学得不好，或者没什么专业水平的人进入，整体素质偏低。头些年，中国市场从短缺经济向过剩经济过渡，销售渠道在企业运营中占据了极为重要的地位，销售人员在大部分公司都非常受重视，企业会给销售人员制造“做业务前途无量”的梦想。

而现在的销售工作尤其不容乐观：市场变化快，多数业务人

员在市场上无所适从，由于大部分企业销售管理的体系化程度不够，销售人员兼职、吃费用、行贿索贿、造假等乱象非常严重。

国内市场号称有 8000 万销售人员，但真正有竞争力的占比却极低。

这是目前市场上销售人员的残酷现状，但几乎没有销售人员愿意分享这样的内容，我们更喜欢分享让我们感觉舒服一些的内容，那些貌似站在我们立场的内容。

如果说到**使用价值**，多年前就在业内流传的《×××采购谈判技巧》，里面是这么谈的：

他们首先开宗明义，要把销售人员作为“一号敌人”，业务员就是以销售为工作，为什么要让他们轻而易举完成工作，所谓的技巧都是“让他们乞求，将会给我们提供更好的交易机会”“不要为销售人员感到道歉，要玩坏孩子游戏”之类的。

从实用价值上讲，这篇《×××采购谈判技巧》虽然充满恶意、欺骗和压榨的套路，但无疑比“有业务员拜访您”的小短文要高得多，然而，并没有多少销售人员对它有共鸣，因为它没有站在销售人员的立场上。

1. 其实我们没什么是非，有的只是立场

当我们决定是否接受来自别人的信息时，我们习惯于先考虑对方的立场。

再举个生活中的例子。

如果家里有个喜欢二次元漫画的“熊孩子”，而你很反对，那么你关注和分享的是这样的内容：

“科学研究证明：沉迷漫画会导致注意力下降……”

“过于沉迷漫画会影响孩子心智成长……”

“社会学家认为，这一代是浮躁的一代……”

……

而“熊孩子”则喜欢这样的内容：

“二次元的世界他们不懂……”

“看漫画有利于开拓人的想象力……”

“某某名人是二次元漫画的爱好者……”

……

在上面这例子里，就算你既不是“熊孩子”也不是为“熊孩子”操碎了心的家长，光看题目，你依然可以感受到强烈的“站队式态度”。

站队站在哪里，屁股坐在哪里，比你表达什么更重要，坐骨神经决定脑神经。

如果跟自己立场一样的，哪怕内容荒谬也有很多人接受，都是“人民内部矛盾”；如果感觉你跟他立场不一样，再客观的内容也会被怀疑别有用心。

头些年，不少品牌靠打民族牌赢得了市场；中医在专业领域接受度低，但大众接受度却非常高，一个“中国”的“中”字居功至伟。这都是站立场的鲜明例子。

方舟子一开始学术打假，赢得喝彩一片，那是站在老百姓立场，打学术界以及各种名人的假，老百姓感觉过瘾；后来老方同志特执拗，要做“科普”，批中医、批周小平、挺转基因，那就等于说大部分人是“傻瓜”了，这相当于“自绝于人民”了，网上很快就骂声一片了。

要获得受众的认可，你讲什么不重要，内容有没有价值不重要，重要的是你的立场。

想要有铁粉，必须变成粉丝的铁粉，粉丝必须天然正确，隔着屏幕都要让他们感受到你对他们的支持。说他们想说的话，证明他们是正确的，重要的。

这就是老苗要讲的互联网内容营销要素的第二个——**行为立场化**。

2. 立场营销三定律，老苗教你站得快速又准确

作为一个“理工男”，老苗最擅长的就是把感性问题理性总结。关于立场营销，下面三条定律你一定要记住。

第一，“灌鸡汤”是王道。

不管我们愿意不愿意，时代越发展，“鸡汤”越能吸引人的注意，能够做爆掉的自媒体内容，九成以上是鸡汤。

我们的处境需要被理解和同情，我们的信仰需要补充心理能量，我们的焦虑需要得到缓解，这时候干货和道理往往无济于事。最有效的是鸡汤。

“梦想还是有的，万一实现了呢”，比“提高自律的六大方法”更有煽动力。

“选择比努力更重要”，比“如何进行刻意练习”更诱人。

“你若芬芳，蝴蝶自来”，比“了解现实生活中的吸引力法则”更有共鸣。

鸡汤往往是励志的、暖心的、隽永的，是从人的情绪出发，

而“反鸡汤”和“毒鸡汤”往往是犀利的、调侃的，也是从情绪出发，其本质也是“鸡汤”。

鸡汤和干货，一个关注人的情绪，一个更关注人的具体行为和方法，鸡汤往往更主观，而干货更客观。照顾对方感受是鸡汤，做实事要干货。

该上干货的上鸡汤不行，该上鸡汤的上了干货也有问题。

鸡汤不但有用，而且大有用处。老苗反鸡汤，是反对那些把鸡汤做成迷魂汤的，比如“感恩的心”“把梳子卖给和尚”“只要思想不滑坡，办法总比困难多”“人品比能力更重要”之类，这是别有用心。不多说，懂的自然懂。

第二，“救驾护驾”。

俗话说：“功莫大于救驾”，“打下江山万里，不如救君王一命”。我们没有当皇帝的命，人人却都有当皇帝的心，我们的受众享受不到帝王般的待遇，但是被“救驾护驾”的需求还是有的。

在他危难之际，遭到质疑、遭到反对、遭受不公平待遇之际，反正是各种不爽的时候，你的内容挺身而出，**为你受众的行为找到有利的依据，为你受众的“敌人”（立场对立的人）需找不利证据**，就是“救驾护驾”了。

老板批评你没加班，你看到一篇《你不是真的勤奋，而是在表演勤奋》，是不是很有转发的冲动？

有“朋友”让你“随便”给他做个设计、起个名字、想个广告语、做个方案，你正在郁闷，看到咪蒙的《致贱人，我凭什么帮你》，是不是觉得特过瘾？

这么多演绎形态，但你如果仔细看，其实只有两类，**一种是**

说自己苦的，一种是说敌人傻的。这就是“救驾护驾”。

第三，打造粉丝梦。

你可以通过不停提供干货的方式来造梦，即**为受众实现愿望提供方法和途径**。但老提供干货，难度太大，而且效果并不是特别理想。

更好的方法是不停制造梦想，让受众觉得自己的梦想很光荣、很近、很容易实现。

每个健身房的广告都是肌肉男、线条女、马甲线、A4 腰，撩拨你的梦想，让你觉得触手可及。

罗振宇《时间的朋友》演讲，里面反复强调创业者的价值，给用户脸上贴金。

有人说，好的自媒体就像是宗教。宗教的一大逻辑特点就是，“你只要如何如何，就能如何”，走简单化路线。

只要“放下屠刀”，就能“立地成佛”；

只要信上帝，就能得到拯救；

只要每天念一千遍阿弥陀佛，就能免无妄之灾。

所以，有人说定位理论相对于科特勒的《营销管理》体系，更像宗教，因为它告诉你只要做好定位，一切营销问题都迎刃而解了。不像科特勒那样给你提供几十个营销要素、几套体系、N多方法、无数概念。

所以从内容营销的角度来看，“定位”是好内容，而《营销管理》不是。

四、通过你的内容，让用户看到令人开心的自己

没有自己的公众号之前，老苗也是个不爱发朋友圈的人。

过去，人们对朋友圈的兴趣比现在更浓厚：吃饭前先拍照，到个新地方晒一下，买件新衣服嘚瑟下，晒娃的，晒心情的，都比现在疯狂得多。

于是有朋友就问：“怎么不见你发朋友圈啊?”还有的问：“你们这些人是不是走高冷范儿啊？我也认识几个牛的人都不怎么发朋友圈。”

还看到有微信文章说，那些不发朋友圈的人都是“不浮躁”的人、“深度思考”的人云云。这纯粹就是胡扯了。

发朋友圈这事，让老苗想起唱 KTV。以前咱们成群结队去 K 歌，有些人喜欢做麦霸，有些人偶尔亮两嗓子，还有些人就是不唱，躲在一边默默喝酒或者跟人聊聊天。

那些不唱的人有极小可能是觉得 K 歌无聊，但更大的可能性是他不知道该唱什么，怕唱了反响不好、自己也不满意，或者跟自己固有形象冲突。

而不发朋友圈往往是同样的心理，为什么一些“大牛们”更不喜欢发朋友圈，是因为他们有更多的包袱，更难找到适合的分享内容和展示内容。那些找到了适合内容、找到了适合语境的大牛们，发起朋友圈来往往也是“麦霸”级别。

分享内容从不限制于身份、背景、职业等，只限制于内容本身。

许多新媒体绞尽脑汁想要提高朋友圈的分享率，推导出了一套又一套方法论，当你照搬使用时，发现根本不是那么一回事。

隔靴搔痒的表面功夫很容易变成玄学，触发分享意愿的按钮，讲究的是心理学。

1. 理论上，任何文章都有 10 万 + 的可能

老苗的公众号，经常有看官这样留言：

“你的内容很好，但我不想分享，不想让别人知道。”

“老苗撕营销是我唯一不想让别人知道的公众号。”

这样的留言几乎每篇文章都有好几个，甚至有看官都看不下去了，替老苗呼吁：“老苗写干货让大家提高营销水平，我们要转发帮助老苗提高影响力啊！”（大意）

在这儿，老苗先谢谢这些看官，但另外想说的是大可不必。

不排除极少数人想藏私，不想分享，但更多人说这话其实是一种玩笑，甚至是对老苗的一种变相恭维，这我在后台的数据是看得出的。

老苗撕营销文章的转发数跟收藏数之比基本在2：1到3：1之间，也就是说转发人群还是远远大于藏私人群的，收藏的比重当然比大部分公众号的文章要高一些，这跟文章性质有关，跟看官藏私没有关系。

养过猫和狗的人都知道，猫是独居型动物，基本是懒得跟人互动的，走的是高冷范儿；而狗是群体型动物，喜欢跟人互动，如果狗缺乏交流，甚至会得抑郁症。

人是更加典型和突出的群体型动物，是社会化的，都是想获得别人关注和认可的，展示和分享是人的社会本能。

所以，在完全理想状态下，任何人都想分享内容，任何内容都具备广泛传播的可能性，任何文章都具备10万+的可能。当然外部环境的限制是一方面，另外一个主要因素就是你有没有在你的传播内容中设置足够强大的驱动力。

所以，这节老苗要讲就是互联网内容营销要素之**设置强大驱动力**。

2. 哪里有伤口就往哪里撒盐

口碑营销的经典书籍《疯传》中提炼了感染力的六原则：社

交货币、诱因、情绪、公共性、实用价值和故事。目前朋友圈和各种微信公众号里关于如何写十万+文章也好，如何刷爆网络、病毒营销也好，其基本的理论框架和工具都是来自这六原则。

当然老苗不是给大家推荐书的，咱聊点别的角度。

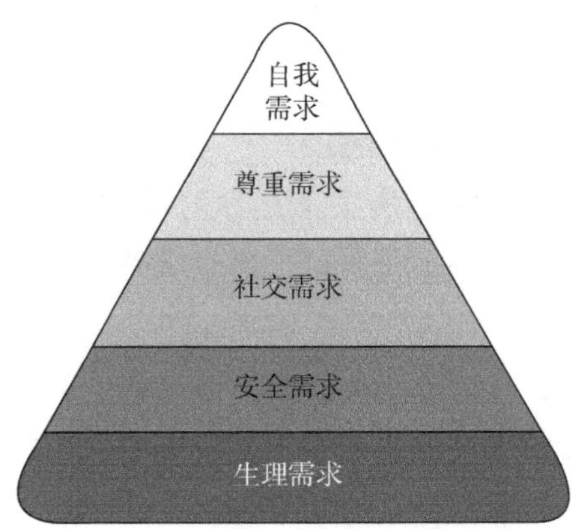

图4-1　马斯洛的需求层次理论

图4-1是马斯洛的需求层次理论图示，我们看看互联网哪些特定内容最容易产生驱动力，最容易一发不可收拾。

先上排除法：毫无疑问，除了做微商的，转发内容并不能直接带给我们经济利益，不能解决我们的生存需求，不能填饱肚子也无法达到高潮，同时最顶层的自我实现和尊重需求离咱普通老百姓还有点远，互联网的传播内容恐怕也无法进行满足。

所有具有强大驱动力的内容都是针对这两个需求：**安全需求和社交需求**。

网上最有能量的内容之一是谣言：吃盐防辐射、棉花肉松饼、塑料大米、转基因又害了多少人，随口编个东西网上一放就能刷屏。

谣言最大的特点就是制造恐慌，针对的就是安全需求，它有着摧枯拉朽的力量，人们会在散播谣言的过程中分散自己的恐慌感。

悲催的是，我们恰恰处在一个安全感匮乏的时代：

过高的房价剥夺了很多人“居住”的安全感，“一毕业就失业”的现状让人们就业缺乏安全感，大量各种形式的社交危及婚姻的安全感，教育、医疗、新型经济甚至创新，这些都会在一定程度上影响特定人群的安全感。

某教授说，你买不起房子不是你的错，而是政府要赚地价，买不起房者就会找到一个宣泄口，通过大骂政府让自己更有安全感一些。

另有教授说，你穷不是你的错，而是社会分配不均，本来属于你的钱被那些富人和权贵拿走了，同理又会引起一些人强烈的共鸣。

有人说，你的企业不好做不是你不行，是因为税收太高了，或者是被马云砸了饭碗，阿里祸国殃民，很多没做好的企业老板在对马云的斥责声中、对政府的抱怨声中，安全感就增强了一点。

制造恐慌、制造焦虑、刺激不安全感，然后去缓解它，不光能刷屏，还是很好的生意。近些年成功的知识付费如此，头些年的“丈母娘抬高房价”也是如此。

网上曾流传一个段子，说“当前中国最好的生意就是向少年卖娱乐、向少妇卖仁波切、向老女人卖青春、向中年男人卖鄙视链、向玩知乎的卖知识、向看微博的卖无聊、向读公众号的卖鸡汤、向玩游戏的卖装备”。

其实这些只有一个逻辑，**哪里有不安全就刺激哪里，哪里有伤口就往哪里撒盐。刺激安全感是互联网内容传播中的最大驱动力，几乎有着淹没一切的力量。**

其次是社交，这点《疯传》里关于社交货币的章节讲述得比较详细，**总之就是你的内容并不是要真正有价值，而是要给顾客“钱”，可以在社交中使用的“钱”**：能够帮助别人、能够展示自己的高价值、能够提供谈资、能够证明自己正确等。

这里需要一个驱动力的用户检视。我们创作一篇互联网传播的内容，不光是关注内容本身用户感不感兴趣，有没有价值，还要看，**用户传播了这个内容，会在别人眼里对他（她）产生什么样的印象，希望唤起他（她）的朋友什么样的情绪**。

就是说你要先考量，如果用户分享你的内容，会不会失败；如果用户想通过分享你的内容唤起他（她）朋友的情绪，会不会成功。

三级片是法律禁止的，但即便法律允许，应该也不会有太多人转到朋友圈；但杨绛一去世，即便连《我们仨》都没看过的人也纷纷点起了红蜡烛；霍金一去世，更有众多人缅怀，虽然连老苗这个学过一点量子物理的人也不知道他老人家到底研究了什么。

以前有看官留言：“顶着被人骂的压力，分享了老苗的文章。”我猜测这位看官处在这样一个团队中，大家更多秀的是“只要思想不滑坡，办法总比困难多”“靠谱是这个世界最优秀的品质”“连总理握手都找了三次机会，我们为什么怕拒绝”“聪明人拿 5000 块干 5000 块的事，智慧的人拿 5000 块干 10000 块的事”，这时候突然有人分享“营销 = 传播”“营销的第一性原理”“营销按钮定律”，就显得很不合时宜、很“装”。

通过社交需求设置驱动力，是让人看到更好的自己和更准确的情绪表达，这是第二强大的力量。

除了这两大驱动力，还有个注意事项，就是用户的自我感受。

如果通过你的内容，他看到的是个令人开心的自己，那你内容的驱动力就会大增，如果看不到自己，或者看到的自己不那么让人愉悦，力量就小多了，甚至你会因此被屏蔽。

“内心不那么强大、过着小憋屈生活但也想快意恩仇”的普通人，尤其是女人，咪蒙替她们开骂，骂得很有快感，于是成了她红了。

上一章讲过，方舟子在打假各种“专家”时候，非常得民心，揭穿假权威的画皮，踩翻在地，是很有快感的。但当老方开始做科普了，就跟很多人的固有认知冲突了，被骂也是情理之中。

学习报喜鸟，提供让人兴奋开心的谈资；学习心理按摩师，一方面刺激人的不安全感，一方面表示感同身受，让它宣泄；学习预言家，让一切不确定因素，变成貌似确定的因素；学习领袖，会煽动大众情绪，会制造矛盾焦点。当然，焦虑我们可以利用，但不要人为去制造，否则就是利用知识作恶了。

任何一个因素学好了，你的营销内容都会具备强大的传播驱动力。

五、要互动，这是个看新闻也要发弹幕的时代

一则都熟悉的寓言：

一群深受猫害的老鼠们开会，会议的主题是如何应对猫的突然袭击。就在大家一筹莫展的时候，一个聪明的老鼠想出了个好主意：“给猫脖子上挂个铃铛，这样猫还没靠近，我们大家就先听到了，早早跑路，不就安全了吗?”大家一致拍手叫好，高度认同。但新的问题来了：谁去给猫挂铃铛呢?

寓言常读常新，给猫挂铃铛的“创意”现在还在继续。

某企业希望给自己的品牌设计个形象，然后把这个形象打造成一个大 IP，做成“网红”，最后再通过这个 IP 带动产品销售。

听得我们一头的汗，你要能设计个形象，做成“网红”，那它的价值就远远不是带动你产品销售那么简单了。如果猫是流量，给猫挂铃铛就是 IP。给猫脖子挂个铃铛，比躲避猫要困难得多。

1. 你真的了解流量规律吗

这年头，人人都为流量发愁。

线下实体店抱怨流量被电商抢走了；做电商的说“天猫是世界上最难做的生意”；运营微信的觉得增粉难；运营 APP 的觉得吸引用户下载难，留存和转化更是难上加难。

有些运气好拿到资本的，或者本来就钱多人傻的（还有钱不多人也照样傻的），用补贴换来的一些初始用户，没新鲜一个礼拜就取关或者卸载了。

有些已经有一定认知基础的品牌，算是“自带流量”了，也发现自己带的这点流量在一点点地流逝，而自己却束手无策。

经常看到有领导给手下人或者服务方下指标，我要 10 万 +，我要跟上某个大热点，我要策划一个轰动事件，我要多少流量多少转化……

然而，凡是不了解流量规律，而笼统这样提要求的都没什么好下场。

流量的本质是用户时间。以前人们逛街看电视，那流量就在电视上，在实体店。现在人们把时间都用在手机上，那么流量就集中在了移动互联，连 PC 都已经是过去式了。**流量是一切营销的基础，没有流量的运营玩得再溜也是自己**臆想。

我们就拿移动端看目前的流量分布状况（此为 2017 年网络数据）。

毫无疑问，腾讯是流量的王中之王，微信的日活率为 85%，手机 QQ 为 73%，在所有 APP 中遥遥领先，第三名的手机淘宝仅有 37%。头条成长也很快，月活已达 1.2 亿，在新闻方面仅次于腾讯新闻的 2.4 亿。

所有社区化应用中，QQ 空间以月活 5.96 亿排名第一，快手以 1.5 亿排名第二，注册用户也自称超过了 5 亿。

而娱乐社交软件中，腾讯的全民 K 歌也以超过 8% 的日活遥遥领先，K 歌自称注册用户 4.65 亿，其中 90 后、00 后合计占比 54%；第二名是映客直播，也已经接近 3%。

一方面我们觉得：争取用户的时间越来越难了，买流量越来越买不起了，咱们“那么优秀”“那么牛”的产品在海量信息中迅速被淹没了。

另一方面却冰火两重天：有些人上直播平台，看一个操着东北话的大妞在那唠嗑、唱歌，或者干脆就是吃东西或者什么都不做，一看就看几个小时；有些人玩《王者荣耀》，玩到后半夜都不想睡觉；老苗身边有上全民 K 歌的每年花钱成千上万，有的 K

歌网红，随便唱首歌，哪怕跟鬼哭狼嚎一样，也能收到几万 K 币；有些“做号者”，在网上东拼西凑内容，外加标题党，几分钟出一篇文章，一个小团队，每天出上百篇，能赚取百万的点击。

所以，**最关键的是获取流量的逻辑变了，消费者要的是主动参与，要的是能互动**。那种拿着教鞭，一本正经教育用户的逻辑，已经被消费者弃之如敝屣。钱花了不少，没效果甚至是反效果。

2. 流量都去哪儿了

了解了流量是什么和获取流量的逻辑，我们再来大概说一下当前的流量格局。

二三线城市的商圈型实体店，基本是一片萧条，一线城市的中心商圈稍好，但也不容乐观。去跟商场谈商户入驻，如果你是做特色餐饮的或者是儿童教育的，就会大受欢迎，最不受待见的是卖服装的。

四线及以下城市的中心商圈流量不减反增，县城及农村物价相对便宜，电商对其冲击不大，城镇化导致乡村人口向县城级别快速流动，很多县城人口几年翻番。而**小地方是熟人社会，人们“赶集”、逛街的习惯根深蒂固，融购物、社交、娱乐、八卦、围观为一体，短时间内不会有大的改变，电商下乡暂时不会有大作为**。海澜之家布局三线以下城市的中心商圈，是其成功的重要原因之一。

一二线城市社区的流量在增加，这个已经是共识了，不赘述，看看社区超市、生鲜超市的喜人状况就知道了。

而线上流量，传统的 BAT、三大门户早已经成过去式了，现在基本是腾讯一家独大，占据了移动端的大部分流量入口，也就是说消耗了我们大部分的时间。

阿里仍然占据了购物平台的最大流量，这个流量最容易变现，百度搜索则容易变现为广告。一个收摊位费、广告费，一个收广告费、公关费，所以看起来B和A貌似还跟T有一拼，实际上在跟用户沟通深度和广度方面，已经差距很大了。

其他如资讯的、网游的、社区的、直播的、健身的、知识付费的，各种五花八门的类别也分别有自己的平台。互联网由于信息流通性好，马太效应特别明显，传统的二元法则不太适用，通常都是只有第一，没有第二，用科比的话来说，“亚军就是最大的失败者”。

传统营销人的思维是找“红利”，看哪个平台流量最便宜，然后一股脑把资源都砸在有红利的地方。

现在这个方法的有效性是极低的，由于**平权效应**，平台红利的窗口期很短，能抓到红利的可能性比被雷劈到的概率大不了多少。像微信这样的大平台崛起，机会窗口期已经非常长了，但几千万的运营者，能够抓到流量红利的也是有数的几个。

打着流量红利旗号的“馅饼”基本都是“陷阱”。

在大环境的平权效应下，线上线下以及传统媒体的流量成本已经相当了。前几天一个企业老板来我们益合公司聊，现在通过微信和电商的获客成本是一两百块，自己前段时间在《新民晚报》投放广告，获客成本也是100多块。

如果你在某个信息平台上，无法获得低成本流量，那你换个信息平台照样不行。淹死你的不是哪个泳池，而是你根本就不会游泳。

3. 流量比赛：平台第二，参与第一

对于营销人而言，平台流量当然还是要买的，只要目标人群契合，买哪家平台并不重要，关键是自带流量。

这些年产生的新名词很多，比如“体验”，比如“自带流量”，都是强调让用户参与到你的推广中去。无论是直播，还是游戏，抑或是网络 K 歌，哪怕是广场舞，**凡是能够自带流量属性、能够自动自发推广的，都需要用户的主动参与在里面**。

作为一个喜欢京剧但没空去票房的戏迷，老苗偶尔会在全民 K 歌唱戏，来听的人不少，评论的人也热闹，居然还有忠实粉丝。不是因为我唱得多好，而是因为唱的有可圈可点之处，也有很多不足之处，别人能听、能评论、能互动、能探讨，就参与进来了。如果那些戏友们只是为了听好戏，就直接听大师们的唱片去了。

这是一个看新闻也要发弹幕的时代，这是个营销 = 传播的时代，用户强烈要求参与到传播中去，对于无法参与的内容他们一概无感。

没有用户参与和互动的传播内容就是行尸走肉，很不幸，这样的行尸走肉每天都在市场上批量生产出来：自恋的产品、自说自话的品牌主张、没有沟通感的包装、自嗨的推广活动。还不如“做号者”东拼西凑的伪原创内容更能吸引关注。

从现在开始，检视下你的营销内容：“4P 皆传播”，你的每个“P”是如何传播的，用户在里面扮演什么角色，是怎么参与进来的，你和他们如何互动，**传播中主客易位，这才是流量的关键**。

六、自带流量就是自带话题，在与敌人斗争中成长

“向那些疯狂的家伙们致敬。他们我行我素、离经叛道、惹是生非；他们与世人格格不入；他们从不同的角度看待事物；他们不喜欢墨守成规，而且对现状不屑一顾。你可以援引他们的观点，或否决他们的意见，可以赞美或诋毁他们，但你唯独不能忽视他们。因为他们会改变这个世界，推动人类的进步。也许在有些人眼中他们是疯子，但我们却视他们为天才。”

“如果有必要，我会用生前最后一口气、不惜花光苹果400亿美元银行存款中的每一分钱，以正视听。我要搞垮安卓，因为它是剽窃品。我愿与它打热核战。”

这是本书中第二次引用这段气势磅礴的战斗檄文，现在读起来依然让人热血沸腾。乔布斯出品，果然精品。

1. “撕得好，再撕响些”

开撕不是什么新事物。

最早熟练应用的是娱乐界名人，明星互撕，粉丝互撕，狗仔队跟明星撕：如果你看到周迅赵薇屡传不合，井柏然和鹿晗的粉丝在对战，某经纪人和某八卦协会对簿公堂，很可能只是他们的“开撕”营销。泰勒·斯威夫特，《福布斯》评的“百大名人榜”榜首、“全球权势女性榜”上最年轻的一位，成名的过程就是一路开撕的过程，前男友们、水果姐、艾薇儿、卡戴珊们，都曾经惨遭她的“互动”。

其他名人喜欢撕的也不在少数，小崔跟司马南的网上骂战就是一场大戏，罗永浩“放荡不羁爱撕的一生”，王思聪跟冯小刚的对损也是很别开生面。

如果追溯下历史，我们会发现民国时期的文化人包括一些大家，也有很多开撕高手，冰心的《我们太太的客厅》被人解读是用来映射林徽因，胡适与辜鸿铭的北大舌战，都是大家风范的撕。当然集大成者还是鲁迅先生，撕林语堂、撕周作人、撕胡适、撕郭沫若、撕梁实秋、撕梅兰芳等，要是没挨过鲁迅的骂，都不好意思说自己是名人。

开撕是个技术活，撕得好，绝不是两败俱伤，而是开创双赢。

但企业做营销在这方面要落后得多。咱中国人做生意讲究的是和气生财，不愿招惹人，一团和气。但这个观念在“营销 = 传播”的年代，却是个大大的误区。

和气生财，是“小商圈思维”，有一定的使用局限。它的底层逻辑是在有限的客流范围内，尽量争取更多客户的信任和好感。

但当我们面对大众，面对互联网的时候，我们有着几乎无限多的信息和几乎无限多的客流，一团和气往往意味着你面目模糊，无法在人群中留下印记，无法在众多信息中脱颖而出。

敲黑板，重温本书之前的知识点——树敌法则：

你一定要有敌人，如果你不去旗帜鲜明地反对你的敌人，你的立场就显得不那么鲜明，立场不鲜明，你的品牌个性、形象都会是模糊的。

找出你的非顾客、找出竞争对手，跟他们划清界限，向他们宣战，甚至是摆出鱼死网破的姿态，更有利于俘获你目标群体的“芳心”。

2. 且看教科书式开撕，撕出风格撕出水平

一些在品牌传播上颇有心得的企业，往往也擅长开撕。

百事可乐早年靠着撕可口可乐上位，早已经写入营销教材，蒙牛早期也是撕伊利起家，国内加多宝和王老吉这几年的混战，都吸引了足够的注意力，当年的3Q大战则让360名声大噪。看个小案例：

几家卖女装的“淘宝神店”，掀起了一场波澜壮阔的互撕战，主角分别是戎美、D家、美女家的大衣柜、茉莉雅集。

它们的方式是在店铺上发布长长的檄文，应该是淘宝史上的一项壮举了吧。

从设计撕到原料来源，从买同行产品预售撕到抄袭文案，从蛇皮袋装绒线再撕到对方人品，最后戎美老板把自己北大毕业证书都晒出来了，撕到这份上，也算是超凡脱俗，骨骼清奇了。

最后的结果居然是皆大欢喜，各家店铺关注度访问量都大幅提高，粉丝数量也大增，戎美的粉丝数量居然从120多万增加到270多万，相对于其他几家店来说，戎美更懂得其中的诀窍。

如果我们不是很排斥“撕”这个听上去很粗俗的词汇，而是把它理解为，在传播中**对异议的反对、批评、抨击和争论**，我们会发现，“撕”在高明的营销中几乎无处不在。

本篇开头的乔布斯发言绝对是个中翘楚，他属于能撕出情怀

的顶尖高手。

而有些则撕得比较隐蔽，比如“无印良品”。

很明显，无印良品是反品牌化的，它倡导的是这样的消费哲学：拿掉商标、用最简朴的包装、尽可能少的颜色，简单到只剩素材和产品功能本身。这无疑是在打脸那些拿品牌做标签、身份象征、挖掘各种内涵的品牌商和认同这种理念的消费者。

“游击营销”创始人，营销兼广告大师莱文森说：“**培养一些强敌，即一些在重大问题上与你观点不一样的敌人。你会在一些基本理念上与他展开殊死斗争，但你和你的敌人都会在斗争中获益匪浅**。”“ 你的竞争对手扮演的角色就是迫使你变得更好。”

而在**互联网环境下，会撕的优势被进一步放大**。

所有能够引爆网络的内容背后，都是基于两拨人甚至多拨人的对抗，只有正方没有反方的辩论赛，群众们是不买账的。

论坛上的地域贴一向都是热点，老戏骨和小鲜肉的对抗也不会缺少话题，宗庆后怼两句马云，也被看成是互联网经济跟传统经济的对台戏。

今日头条有互动度这个标准来判断自媒体作者的头条号指数，包括点击、评论、转发、收藏、参与的人数越多，今日头条就会提升该篇文章的推荐力度。

我们经常说互联网时代要“自带流量”，那到底什么才是真正的自带流量呢？除了已有品牌基础和市场认知的品牌，那些新进入市场的产品、新品牌、新的 IP，要怎样才能做到自带流量呢？

答案就是**自带话题，有正面有反面，有支持者有敌人，自己去评论别人，也留下槽点供人消遣。要让人“有东西可撕”**。

矛盾是事物发展的源泉和动力，现代哲学讲矛盾，中国传统文化讲阴阳，**你的产品或品牌或其他营销内容，如果只有光鲜的一面，就是死水一潭**。

3. 如何科学地撕：几点关于开撕的注意事项

传统企业老板和营销人首先是不敢撕，总想着高大上，正能量，讨好所有人，“一团和气”，“新闻联播体”；其次是不会撕，以为撕就是骂骂竞争对手之类，那就太低端了，开撕还是很有技术含量的活。

第一树敌要准，不要老想着你的竞争对手，那还是“小商圈思维”。**正确的树敌法则是寻找理念不一致的人和事物**。

百事可乐的敌人应该是可口可乐，而可口可乐的敌人不能是百事可乐，而是可乐所代表文化的另一面，以及可乐品类的替代者们。

我们回看下戎美和美女家的几个淘品牌的大战，为什么戎美能胜得一筹。

戎美一向擅长撕，基本不走和气生财路线，对顾客也这样，经常在网上骂花上万块买奢侈品牌衣服傻，嫌自家贵的顾客穷。这次其他几个品牌攻击戎美，是因为戎美抄了他们的版，买了他们的产品自己做预售。

也就是说，他们选的敌人是不尊重设计、不尊重知识产权的人，这个敌人选错了，戎美很无感，戎美的顾客也无感，因为他们本来就是走模仿路线的。

戎美攻击的却是对方高价、材质可疑，这些都是此类品牌消费者最关心的要素，可谓刀刀见肉。

第二，**不要轻易树敌，但一定要挑大个的**。这事跟打仗不一样，打仗是挑软的捏，开撕要挑硬的下手。

还是莱文森：“**不要在无关紧要的琐事上树立小敌，要培养**

强敌。”梁实秋先生的话：“无骂不如己者。”

营销 = 传播，在传播中，优势和劣势是换位的，人们天生同情弱者，**弱者在传播中处在更有利的位置，赢了是英雄，输了是悲情英雄**。

第三是要遵从“刘皇叔法则”。

三国中，刘备有一番极为高屋建瓴的话：“今与吾水火相敌者，曹操也。操以急，吾以宽；操以暴，吾以仁；操以谲，吾以忠。每与操相反，事乃可成！”

“每与操相反，事乃可成”，这八个字是开撕的精髓，即“全方位无死角式”撕，是成功的重要保障，我们就叫它“刘皇叔法则”吧。凡是敌人反对的，我们就支持；凡是敌人支持的，我们就反对。

只求立场鲜明，绝不中庸客观。

第四个技巧是战场选择，一定要在理念层面，显得比较高端，而且更有威力。

名不正则言不顺，开撕大战的背后，往往都是话语权的竞争。如果对方采用低端手法，你用高端打击，能很快获得优势。

不去攻击对方的人品、动机、长相、出身、产品本身、质量问题等，这都属于低端手法。

七、去练习，否则你挖来所有杜蕾斯小编也做不好内容

杜蕾斯的内容营销非常值得称道，但也非常“招人恨”：

几乎所有的自媒体小编都被领导逼着学习过杜蕾斯的内容营销，最近这个学习又扩大化了，不但自媒体小编要学，企业市场部人人都要学，连总监也要被老板逼着学。

从双微兴起之时，杜蕾斯就开始走在了老司机的道路上，越行越远。

借势马伊琍“且行且珍惜”的：“有我，且行且安全”。

借势王健林“一个亿小目标”的：“一个亿真的不多”。

不多列举了，杜蕾斯已经在老司机的路上一骑绝尘了。但在这个人人学习杜蕾斯的时代，杜蕾斯的“学生们”能够做到在互联网上呼风唤雨的却几乎没有，至少老苗一个都没看到。

同样的经典案例还有海尔的“80 万蓝 V 总教头”、江小白，也是只能被模仿，无法被超越。你就是挖来它们的小编，内容做得看上去如出一辙，照样无法获得足够关注。

这里面一定有什么不为人知的事情。

1. “知道很多道理，却仍然过不好这一生”

理论知识也好，别人成功经验也好，学习和利用知识最难的是什么？

两点：**一是别人成功经验背后的真正的规律，二是真正摸清自己的现状，所有学到的知识都是各方面条件已知情况下的应用，而实际情况是，我们对自己现状的认识却存在各种各样的差异**。

同样是信奉和熟练掌握“定位理论”的营销人，对于同样的产品，可能做的“定位”会千差万别，是因为对已知条件的认知存在不同。

所以，你的互联网内容营销没做好，板子先不要打到小编身上，先要问问领导：互联网内容营销成功背后的规律是什么？我们自己现在的状况是什么？我们在哪里？通过互联网内容营销，我们要到哪里去？谁是我们的敌人？谁是我们的朋友？

如果这些都没搞清，指望底下的人出个10万+热文，搞个热点活动，就把互联网内容营销做起来，实在是“用战术的勤奋掩盖战略的懒惰”，“用部下的勤奋掩盖领导的懒惰”。

一切玩法的改变都是从互联网开始的，从手机和电脑占用了我们更多时间开始的。

传统的套路是这样的：

过春节了，老板给市场部下令，你们给搞个借势的品牌推广。市场部给出方案：××品牌祝全国各族人民鸡年大吉，买××就选××品牌。然后配几篇软文，再搞个终端促销“百万红包等你拿”之类的活动。这就算是线上线下相结合、空中地面相结合了。

然而杜蕾斯的玩法却是这样的：

“与其与1.6亿人瓜分两亿，不如拿起杜杜，今晚两个人瓜分三亿。”

看到本质区别没有？如果没有，再继续。

以前企业找个形象代言人，需要代言人有很高知名度，形象正面，找来之后基本就是拍拍广告片，出席一两场活动。央视广告一打，招商，终端形象上、包装上都是明星头像，消费者买买买。

现在找代言人，需要的是代言人粉丝有黏度，挨骂不要紧，骂得越多越红，但一定要有足够的铁粉。更高明的企业，老板就是代言人：雷军、董明珠、宗庆后、任正非、马云、刘强东这些优秀企业家都跑出来给自己的企业站台，每个明星企业家都到处抛头露面。

还没看出？那再继续！

以前成功的品牌形象都非常高端、正面、积极，宝洁、可乐等品牌营销写到教科书里供人膜拜，奔驰、宝马、沃尔沃等汽车品牌形象，要么诉求“驾驶的乐趣”、要么诉求“安全”“舒适”等，总之都是很正确的“社会共识”。

现在成功的品牌，有多少人喜欢就有多少人恨，还要有很多人对此无动于衷，根本不感兴趣。

这些年成功的品牌或者产品，都是有话题性的甚至是争议性的，江小白也好，小茗同学也好，卫龙辣条也好，都是自带话题。

2. 只有动作才能产生结果

互联网营销的信息碎片也好、渠道碎片也好、内容为王也好，都是浮在表面的现象，而更加底层的逻辑是：消费者参与进来了，“群众发动起来了”。

所以你必须要有话题，没话题群众是没法参与的。

所以你的品牌要更像人，因为人们更喜欢谈论人而不是事情，更不是相对冰冷的产品。

所以你要说人话，不能太高端脱了大众，否则群众没法一起愉快地玩耍。

这跟传统的灌输式营销、从企业到市场的单向式营销，底层逻辑发生了根本变化。所以说互联网不只是带来一个或者一系列的营销工具，当然也没有改变营销的本质，它改变的是营销的一个底层逻辑，把很多营销大前提改变了。

我们一直在畅想未来的C2B，希望我们以后得到的产品和服务是能够完全从消费者出发的，这种状况什么时候能够真正实现，现在还无法预测。

但品牌的C2B却在眼下实实在在地发生，是真真正正到来了，然而更多人却浑然不知。

品牌塑造过去是企业的事情，顶多再花钱买些媒体，做做广告和公关，而现在的品牌塑造需要的是企业、KOL（关键意见领袖）、吃瓜群众三方合力，共唱一场戏，如果把传统的媒体和销售商再算上，就是五方合作，前三个是主角，后两个是配角。

行为学大师米尔格拉姆提出了伟大的**“六度分隔理论”**，简单说，你和任何一个陌生人之间所间隔的人不会超过六个。也就是说最多通过六个人，你就能认识地球上任何一个人。同理，**任何一个营销信息，从你传递给地球上任何人，其中的环节也不会超过六个。**

演员就是这些演员，逻辑就是这样的逻辑，听起来有无限的想象空间，但现实却是很残酷的。

老苗之前讲过，互联网内容的传播链分为启推、裂变、扩散、热搜四个阶段，而实际上，绝大部分互联网的营销内容都到达不了裂变阶段，启推过后就无疾而终了。

我们去看《引爆点》、去看《疯传》这样的著名畅销书，我们知道了关键人物法则、知道了环境法则、知道了社交币，但对我们自己的营销好像并没有太大帮助。

头些年，“深度分销”对大量的企业快速发展起到了重要作用，但如何能够让企业做好“深度分销”呢？讲“深度分销”的重要性和意义？讲深度分销的营销逻辑？这些都有用，但好像效果也不明显。

这个世界上，**只有动作才能产生结果，所以想要得到更好的结果，需要强化的和刻意练习的是动作，而不是理念和方法**。

本章小结

1）渠道为王时代的根本特征是：一是有效的信息渠道相对有限，顶级的信息渠道如央视更是稀缺；二是信息渠道是单向的，对待营销信息，多数消费者只有选择接受或者不接受，很难进行反馈；三是购买行为商圈化，大部分消费行为发生在固定商圈之内，其进入其他商圈进行消费的成本较高，这使得终端话语权变得无限大。

2）内容为王时代的根本特征是：一是信息泛滥，产品众多，注意力是最为稀缺的资源；二是如果你有好的内容，各种大大小小的渠道都会依附到你的身边，形成富集效应；三是不同内容偏好形成不同社群，这是社群经济和粉丝营销的基础；四是面对产品和品牌信息，消费者具有畅通的反馈和与其他用户交流的渠道。

3）传统营销是“渠道为王”时代下的灌输式营销，互联网的营销是“内容为王”时代下的互动式营销。

4）互联网内容营销的六要素：品牌人格化、行为立场化、谈资对手化、建立统一战线、设置强大驱动力、传播原创观点。

5）品牌形象人格化，要注意两件事：一是打造不完美；二是贴标签——形象标签、行为标签、态度标签、能力标签、性格标签。

6）立场营销三定律：一是学会正确灌鸡汤；二是要会“救驾护驾”；三是打造粉丝梦。

7）争夺互联网话语权的五个要点：大众传播你不能讲道理，而是做情绪；如果你一定要讲道理，可以建立小的社群；你一定要站到大众的立场；你可以是吐槽，但一定要正能量，至少不能全是负能量；切忌讨好所有人，你一定要有敌人，最好跟敌人能撕起来。

8）有驱动力的互联网传播内容都满足了这四个要点：一是满足安全需求和社交需求；二是满足阅读者检视需求；三是要让阅读者看到良好的自己，四是可以调动阅读者的情绪和本能。

9）这是一个看新闻也要发弹幕的时代，这是个营销=传播的时代，用户强烈要求参与到传播中去，对于无法参与的内容他们一概无感。

10）科学“树敌”注意事项：一是正确的树敌法则是寻找理念不一致的人和事物；二是不要轻易树敌，但一定要挑大个的；三是“全方位无死角式”，是成功的重要保障；四是开撕的战场选择，一定要在理念层面，显得比较高端，而且更有威力。

第五章 

在产品中设计按钮，是营销动作的第一步

产品是品牌的载体，是企业跟消费者沟通的主要道具。营销的真正按钮都在消费者心中，而启动它仍然依靠“4P”以及“4P”下的各个营销元素。第一步当然是在产品中设计，产品中的按钮能够触发消费者心中的按钮，能够引起“共振”，永远都是营销中至关重要的事情。营销未动，产品先行，本章将以案例来讲述，新环境下如何在产品中设计营销按钮。

一、不是大单品不行了，是你的大单品不行了

这么说会得罪不少人。

以前国内市场的绝大部分消费品企业，包括跨国公司，开发新产品都非常简单：多数属于撞大运，大树底下捡兔子。如果开发了或者山寨了个产品，碰巧很能解决消费者的问题（或者叫需求或叫矛盾，叶茂中称之为冲突），而这个问题又能被你准确描述出，那新品已经成功百分之八十了。

比如营养快线解决的是年轻人睡懒觉总是吃不上早餐的问

题；旺仔牛奶解决的是，孩子需要加餐，又要营养又满足孩子口味，还便于携带的问题；六个核桃、特仑苏都是撞上了北方市场春节伴手礼的机会；王老吉解决的是上火问题，中国人对上火的认知非常强，对应场景极多，头些年只要翻来覆去薅住“上火”基本都能成功，所以凉茶能诞生几个大单品。当然，有定位专家非要说喝自己家凉茶，特别“顺”，只能说自己玩得开心就好。

剩下的就是铺终端，砸广告，肯定能够成功，而且是很大的成功，经常有大单品冒出来。因为我们这么大的市场，几乎就没有小单品，产品上市要么大火，要么很快挂掉。

然而这一切貌似不好使了，原来一唱就灵的大单品（还有拳头产品、明星产品、王牌产品、尖刀产品等一系列的 N 多叫法，不一一列举）都在下降。而且，市场已经好些年没再冒出动辄销售百亿的大单品了。

可乐、康师傅冰红茶、营养快线、旺仔牛奶都在下滑，红牛、加多宝和脉动也有疲态。

其他行业情况也相近：宝洁的几大单品止不住地往下掉，珀莱雅的补水大单品也在下滑，其他联合利华、丸美、立白等企业日子也不算好；服装行业最惨：头些年火爆的快时尚品牌集体下滑，GAP、ZARA、HM 等无一幸免；福建男装板块，九牧王、七匹狼、利郎、劲霸，几个单品专家，这几年加起来销量还不及一个海澜之家。

很多中小企业的老板和营销人员都有大企业“崇拜症”：大企业有钱、有品牌、有渠道，要人有人要枪有枪，他们的大单品都不好使了，我们岂不是更没戏了？

1. 集中力量做大单品的逻辑没有变，变得是产品按钮

真相总是跟我们的直觉相反，消费品市场虽然总体增长缓

慢，但容量并没有减少，而是略有增加，那些大佬们掉下来的销量，偏偏大都让小品牌拿走了。

一个去年刚起步的蛋黄酥，就做做垂直电商，没有任何广告，月销量做到一千多万，且增长迅猛。

一个看上去非常小的品类——龟苓膏，某品牌仅仅依靠销售工作，在没有品牌推广下，年年保持百分之几十的增长，目前已经接近两个亿的市场份额。

当然还有一直擅长出新品的农夫，咱就不多说了。

所以每当听到有人说起，某个大品牌的单品又在下滑，老苗都不厚道地暗自开心：因为这些渠道为王时代的代表产品的衰落，意味着更多有创新基因产品的崛起。

先明确一点，**集中力量做大单品的逻辑并没有变：**单品更容易突破市场，集中资源更有效率，一个单品销售 10 亿的产品大于 100 个单品销售 1000 万的产品，还有“1 厘米宽，1000 米深”等老生常谈就不赘述了。**但如何做大单品的关键行为却发生了根本性变化**。

2. 人人都是非主流，小众强需求产品自成大单品

“一台春晚满足全国人民”的产品逻辑已经不适用了，记得某果冻的广告语是：“休闲娱乐来一个，游山玩水来一个，朋友聚会来一个……”，这种设置 N 多消费者，设置 N 多消费场景的产品和沟通方式将变得越来越低效。

整个社会的碎片化，导致了所谓的“大众”消费者，几乎不复存在：**很多人都希望自己有区别于主流社会或文化的地方。在当今社会，人人都是“非主流”**。

而针对小众，如何做大单品呢？答案是**把“需求”做强**。

本来人们都不刷牙也过得好好的，卖牙膏的让人觉得不刷牙

是不可忍受的；本来大家都穿差不多的衣服，现在多数人觉得撞衫是不可忍受的，老苗这样的奇葩觉得衣服上能看到 logo 是不可忍受的；本来有些产品畅销几十年，大家都用得好好的，年轻人突然跳出来说，这是老爸老妈们才用的产品，自己是难以忍受的。这就是某些需求被增强了。

我们按照人群多寡和需求强弱，可以把市场分成四个象限。

“大众强需求”的市场，只能通过垄断维持，技术垄断、流量垄断或行政垄断，比如微软操作系统、天猫、中石油中石化，否则将会变成小众强需求。牛奶行业的发展就是一个从大众逐渐分散成不同小众的过程，从原来单一的巴氏奶到现在的五花八门的各种奶制品，目前还不够，还会继续细分下去。

最不稳定的**“大众弱需求”**市场，极易向小众强需求转化：多数快速消费品需求黏性并不高，极易转换品牌，这导致市场维护成本太高。**立足小众，退守利基市场，看似收缩，实际易守难攻，产品更加获利**。统一这两年的产品策略就是主动往小众强需求转化，重利润而不是重市场占有率。

日子过得比较滋润的农夫则一向如此，新产品概念经常让人眼前一亮，雅客的陈总说：“企业做产品，就是给自己做内裤，要多准备几条。养生堂内裤比较多，扒下一条还有一条。有些企业只有一条内裤，市场不好，这条一掉，就光着了。”

“小众强需求”最稳定，但也不能高枕无忧，因为市场几乎可以无限细分，并不是说细分到极致就是变成个人定制，不能细分下去了。实际上**不同的划分维度产生不同细分市场，这是道排列组合题，而不是简单的加减法。几乎有无限可能**。

游戏市场大到难以想象，不光游戏本身，还延伸至文化、体育、休闲、饮食、服装等各个产业，现在还远远没有全部开发出来。犹太人以前说，女人孩子的钱最好赚，那是还因为当时游戏还没发展成产业。在老苗看来，打游戏的是一类细分人群，但在打游戏的人看来，他们又可以进一步细分：玩《王者荣耀》的和lol的不是一类人，专业玩家、发烧友、普通爱好者和偶尔玩玩的又有很大不同。

“小众弱需求”并不适合生产企业去做成大单品，除非你发现把需求变强的方法。当然，渠道品牌可以在这方面做整合，形成长尾系列产品组合。

3. 生理需求是有限的，心理需求是无限的

现代大单品的玩法还有个重大转变：不光追求实用的功能主义，还要有满足心理需求的个性主义。

以前我们做产品，主流是很强调产品的实用价值：能补脑、能提神、禁拉又禁拽、禁蹬又禁踹、能养颜美容等；现在的市场，尤其是年轻人市场，**要玩情绪，不光要实的，更要虚的。不光是传播要做出情绪，产品设计中就要把情绪体现出来**：你可以炫酷狂炸天，也可以小资文青艺术范儿，哪怕高颜值看着爽也行，总之要满足小众目标人群的情绪宣泄。

看看这几年，针对年轻人比较成功的几个单品，茶π也好，小茗同学也好，或者是卫龙辣条，都不是强调产品多美味、添加多少营养物质、有这样那样的功能，更多做的是与目标受众的共鸣。消费者爽了，企业才能爽，不管是生理的爽还是心理的爽都可以。

4. 别试图讨所有人欢心

做小众产品一定既要经得起别人叫好，还要经得起别人骂娘；不但要让一些人眼前一亮，还要让更多人眼前一黑。

以前大众时代我们做新产品，通常是选择总分最高的，但现在我们应该选择单科成绩最好的。

例如：两个产品拿去找100个人做测试，一个产品100个人都打了8分，总分800分；另一个产品10个人打了10分，其余90个人打了0分，总分100分。以往的逻辑都是选择800分的，取总分高的，而现在的逻辑是取总分低而少数人打分极高的产品。

少数人的高度认可大于多数人的普通认可，这是现在做大单品最重要的逻辑。

头两年大家提倡互联网思维，说要做极致产品，据说是把产品体验做到极致，这是瞎扯。产品做到极致、匠心，意味着成本的大幅上升，是反工业化的，是社会效率的大大下降，只可能在极小范围内存在。**真正的极致产品，是用大部分受众的不甚认可，来换取小众的极致认可。**

极致认可产生产品黏性、产生产品溢价、产生品牌沟通基础，进而形成传播能量，这是一个新品成功最重要的窍门。当然有个前提是，一个老板敢于开发大多数人不喜欢的产品，据我所知，这样的老板不算多。

以上三个变化，就是新环境下做大单品的基础逻辑，下面我们根据这个逻辑来结合行业或者具体案例继续看怎么应用。

二、零食“撩”消费者的按钮在哪里

近些年，食品行业流行一个听上去很光鲜的词叫“休闲食品”，由于在行业内耳濡目染，老苗也深受其影响。

大约四五年前，某老板刚收购了一家食品企业，老苗给做战略咨询，期间探讨向休闲食品转型。该老板就问：“苗老师，这休闲食品是个什么？”

于是，老苗不无得意地以资深专业人士的身份解释了什么叫“休闲食品”，捎带显摆了一通休闲食品的发展历程、现状和趋势。

该老板恍然大悟：“哦，就是零食啊！”

听了这句话，老苗当时就想找个地缝钻进去。就是零食啊！是啊，太正确了！正确得让我无言以对，可我为什么要说休闲食品呢？相对于“零食”一词来说，“休闲食品”几个字既没有增加它的内涵也没有扩大它的外延，更关键的是，它压根不是消费者语言，消费者不会说自己去“上街买包休闲食品”，而是说“买点零食”。

我们这些号称营销的专业人士，居然放着有那么广泛认知基础的消费者语言——“零食”不用，而是生造一个名词叫作“休闲食品”，然后在行业内大肆宣传，把本来明白的事情搞复杂，真是丢人丢到家了。（注：通行规则是按照产品门类或者工艺等工业语言来区分行业，比如乳制品、烘焙食品、饮料、糖果，而既不属于工业语言又不是消费者语言的“休闲食品”一词在行业内流行，也算奇葩一朵了。）

1. 人类史，就是一部关于“吃”的历史

还是回到最本质的消费行为研究，人们消费代餐品、功能食品的目的较为单纯，消费场景也相对固定，而“零食”的消费动机复杂多样，场景也是五花八门。

人类是少有的**“不饿也要吃东西的”动物**，我们就从人类固有行为模式来下手，对零食做个解剖，看看它到底该是个什么样，该是什么味。

再次重申消费行为模式的一个基本理念：**人类有上百万年的进化史，进入文明才几千年，我们的行为模式多数都是在那上百**

万年中形成的。

在进化中的绝大部分时间，饥饿都是影响人类安全的首要因素。因此，当人能够吃上东西的时候，交感神经抑制，副交感神经兴奋，大脑分泌多巴胺和内啡肽，心情宁静、放松，幸福感增强。

人类进入到文明社会，饥饿已经不再是影响安全的最大因素，但“吃”能让人获得多层次的愉悦，作为生物本能保存下来。

再看一下我们所处的前所未有的时代：一个 13 亿人的大国，几十年高速发展，所有人都被裹挟着奋力前行。

同时我们也面临着前所未有的焦虑：高房价、通货膨胀、养老生育、上学入托、医患关系、食品安全、办公室政治、夫妻关系等，互联网的蓬勃发展，使各种各样的负面信息扑面而来，安全感进一步被削减。社会信仰体系缺失，让我们已无法在精神层面寻找到安全感。

于是，人们不约而同回到了最初的动物本能——吃。

群体焦虑的时代，就是吃货遍地的时代。人们对零食的买买买、吃吃吃，不是充饥、不是营养，更不是强身健体延年益寿，他们需要的仅仅是“吃”，不是口腹之欲，而是情感上的宣泄和表达。这才是近些年零食发展的实质。

食品的味道和情绪的关系，人们早就深有体会。

我们中国人传统上会这样形容自己的心情：“五味杂陈”“酸楚”“甜蜜”等，而现在的年轻人会说“辣心”“辣眼睛”。现代

科学则通过大量的行为实验详解了食物与情绪间的关系，如表 5－1。（建议做食品的看官们收藏此表，很有实用价值）

表 5－1　食物与情绪的关系

情绪	对应食物或口味
愤怒	肉类或肉类感
悲伤	甜、咖啡因
寂寞感	米面类
压力大和企图心强	脆食、咸、洋葱味
性挫折	饼干面包
渴求慰藉	刺激性口味
疲惫	辣、咸
妒忌	堆满食物

零食热点从最早的糖果饼干到膨化食品、面包，再到坚果炒货、豆制品，以及这些年开始流行的肉类零食，品类变化的背后，埋藏着消费者情绪宣泄需求与产品口味之间的密切关系。一个零食是否具有强大生命力，在于是否能够解决或缓解消费者的情绪冲突。

重口味战胜小清新，辣、咸取代酸、甜成为主流，多层次口味压倒单一口味，这些表面的零食发展规律，背后都有深刻变化的社会环境及人文变化因素。

因此我们看到，被称为“垃圾食品”多年的膨化食品一直表现优异，辣条能迅速成为网红食品，肉类零食成为时下新宠；辣成为当下第一口味，“麻”这个之前不上“五味”的非主流被越来越多人接受。这就是时下社会人文环境导致人心理及情绪的压力冲突，折射到零食上的反映。

从这个角度讲，所有的食品都可以称为零食，吃不同的食物能够带来不同产品体验。然而嘴巴的欲望和情感的需求是无限的，所以带壳的坚果比果仁卖得好，没肉的鸭脖子比肉多的鸭腿卖得好。有人说，“一只鸭子，除了肉不值钱，其他哪儿都值钱”。这就是把情绪、口欲、聊以慰藉捆绑在一起了。

光是情绪捆绑还不够，做零食还有个高级的玩法：做游戏——即时激励游戏。

爱吃零食的小伙伴大多有这样的经验，吃瓜子越吃越上瘾，哪怕早已经吃够了，看到瓜子还是忍不住伸手：嗑——吐壳——咀嚼——咽下——再嗑，周而复始，根本停不下来。

如果真给你一大把瓜子仁，你反倒没这么有瘾了。

要只是觉得嗑瓜子更能消磨时间，那就很表面了。我们来看著名的“斯金纳箱”行为实验系列中的一个。

把饥饿的小白鼠关到一个只有杠杆的箱子里，小白鼠一压动杠杆，就会有一点食物掉到箱子里。小白鼠逐渐就会养成动杠杆取食物的习惯。这不难理解，跟巴甫洛夫的条件反射实验道理是差不多的。

有意思的是，等小白鼠这个习惯被养成并逐渐固化之后，后面再往箱子里直接投放食物，小白鼠仍然倾向于“压动杠杆——取食物”的活动。除非在很饥饿的状态下，小白鼠会选择吃现成的食物，饥饿稍有缓解，小白鼠就又去动杠杆了。

行为学家的研究结果是：对小白鼠来说，获得食物和压动杠杆之间存在激励关系，通过压动杠杆获得食物要比“不劳而获”

更有“成就感”，经过了自己的劳动（压杠杆），获取食物的瞬间，大脑会分泌多巴胺（快乐激素），使“鼠”幸福满满。

而人类嗑瓜子的道理是一样的，嗑开瓜子，立即吃到瓜子仁，即时得到成果，获得正面激励。反复地刺激，可以让人连续吃几个小时的瓜子而不厌烦。

啃鸭脖子也是如此。

2. 情绪冲突和激励游戏才是零食的营销按钮

老苗曾在本书“让消费行为容易发生的四个方法”部分中提到一个极为重要的方法：“正确的激励”，并讲过霍普金斯大师普及人类刷牙行为的贡献，其中也用了这个方法。

牙膏中加入让人觉得舒爽的物质，使得刷牙行为变成能够被即时激励的行为，从而影响了全人类，形成了一个违背本能的行为习惯。

其他地方的人到上海，经常会诧异上海人（江浙一带都比较普遍）吃大闸蟹之夸张。

吃蟹的专业工具就有锤、镦、钳、铲、匙、叉、刮、针 8 种，号称蟹八件，堪比外科手术医生的工具箱。一只蟹的各个部位，零零碎碎边边角角，都一点点打开，抠出点蟹肉，慢慢吃下去了，然后继续进行下一个部位的精细解剖。

一只蟹吃两个小时以下都不好意思跟人打招呼，老苗隔壁小区有一老爷子，一杯黄酒一只蟹吃一下午，几乎天天如此。据说，判断地道上海人的标准是，看他吃过的蟹壳，能否再拼成一只外观完好的蟹。除非身在其中，真的很难理解，这就是即时激励游戏的力量。

现在的生活节奏快了，拉开架势用三个小时吃一只蟹对绝大部分人而言不现实，然而追求这种即时激励游戏的零食却席卷而来。

周黑鸭和绝味，以鸭脖子横扫江湖，仅仅几年时间，在国内有限的区域内，取得二十几亿元的营收。经常看到一些没有吃零食习惯的人一脸懵圈，“一个鸭脖子，有什么好吃的？又没肉！”

吃货的世界你真的不懂，如果有很多肉，鸭脖子就没那么受欢迎了。那种做了些努力，才把一丝丝肉吃到嘴里的快感是难以言状的，即时激励游戏的力量让他们欲罢不能。

同样，广东的无穷也偷偷下了一盘很大的棋，这个不显山露水的品牌，用“盐焗鸡翅”做主打，仅仅在几个省份，据称就做了50多亿元的年销售额。如果你对比着吃无穷和其他品牌的鸡翅，你就会发现它跟其他家最大的不同是：“肉有嚼劲，更难撕下来”，好吧，剩下的你懂的。

所以零食行业的资深人士会说：“带壳的胜过没壳的，有骨的强过没骨的，有劲的好过酥烂的。”

在行业待久了，听到了太多“休闲食品”要“健康化”“营养化”“美味化”“时尚化”等大词，最近这些年又流行说“互联网化”了，这些都是正确的空话，没有任何指导意义。

作为食品，追求口感的愉悦当然是第一要务。但零食不只是做好吃那么简单，也不是空泛的“好玩有趣新奇”，更不是所谓“互联网思维”的“卖萌犯二耍贱”。吃零食的动机与消磨时光有关，但不是根本性的原因，还是要回到人类吃的本能，回到用吃来解决消费者的情绪冲突，回到通过激励来引起消费者更大的愉悦。

可乐的昵称瓶和张君雅小妹妹成功之后，打着“互联网思维”旗号在产品和表现形式上追求“新奇特”的零食越来越多。

各种“傻、白、甜、萌、呆、二”充斥在包装及推广展示上，但这种“新奇特”如果不能与目标消费者的情绪冲突进行对接，就变成了隔靴搔痒，除了刚开始能吸引点消费者眼球外，很快就会被弃之如敝屣。

“小茗同学”表达了年轻人在茶饮用方式上的存在感，可乐的“昵称瓶”体现了国际大品牌突然俯下身来与消费者沟通的亲切感。你的零食如何跟消费者情绪互动呢？能否解决或缓解消费者的情绪冲突呢？能否用激励游戏让消费者停不下来呢？还是像某些演员的小品那样，贴一堆网络流行语在身上呢？

三、生产型企业做品牌的按钮在哪里

经常听人吐槽：

之前养个孩子，给口吃的就行了，一不留神孩子长老高了，都能去放羊了。

可现在不行了，教育从娃娃抓起，英语从娃娃抓起，智商情商都要从娃娃抓起，长大还要娶媳妇买房子。

做企业的也吐槽：

以前，你只要生产出东西，各种行业展会一摆，你就供不应求。后来，竞争开始激烈了，你只要做做广告就行，再后来是把经销商伺候好，把终端伺候好就行了。

现在，好像怎么都不太行。出口难做，国内市场更难做，大把的产能过剩。做营销？产品概念、渠道设计、终端执行、市场推广、品牌打造，现在又有互联网和电商，千头万绪，愁死宝宝了！

1. 生产型企业，也不全是“只会生孩子，不会养孩子”

什么叫生产型企业，这也没个官方定义。通常，业内把具备生产优势但欠缺营销能力的企业叫作生产型企业。也就是会“生孩子”，但不太会“养孩子”的那些企业。

大部分的外贸型企业、OEM 企业当然是，而多数做国内市场的，每年开两个行业会议，靠着有些老代理商一直在经销的，或者靠着刷脸伺候几个大客户的，都算是生产型企业。

生产型企业苦啊！没有话语权，命根子捏在下游手里，利润薄还被压榨。

下游的大爷说翻脸就翻脸，原材料说涨价就涨价，工人说不干就不干，设备说落伍就落伍。

转型，必须的！见过无数老板痛下决心了，可是，各位看官，您见过几个转型成功的呢？

一个生产型企业要转型，需要过产品关、渠道关、人才关、品牌关，这些都不难，**唯一难的是生产型老板理念的转变**。

老苗就从我们操作过的一个成功案例，来看生产型企业转型需要经过哪些关口，需要老板做哪些理念改变。

鹿得集团是一家以外贸为主的医疗器械生产企业，其血压表全球市场占有率第一，听诊器占有率第二，雾化器、电子血压计等产品也做得不错，日子过得还是挺滋润的。

接下来，本节男一号鹿得的项老板闪亮登场。

很明显，拥有主角光环的项总显然不能满足于“一个做外贸的”“做贴牌的”，建设属于自己的品牌是他的夙愿。经过几次尝试未果之后，我们开始了和鹿得的合作。

同所有的外贸型企业做国内市场一样，我们首先要解决的是这样的问题：

鹿得有血压表、听诊器、电子血压计、雾化器等几十种产品，我们选择哪些产品做突破，还是集体上阵？

针对国内市场的产品，是在固有产品中做选择，形成产品组合？还是根据我们对国内市场的专业分析，结合鹿得固有的产品优势，形成新的产品组合？如果是后者，产品的方向是什么？

我们希望鹿得的品牌在消费者心智中占有怎样的地位？这样的地位是如何帮助鹿得提升销量和利润的？

医疗器械的销售渠道有医院、药房、器械店、商超、电商、社区等，哪些渠道是我们的首选？

和做出口不同，国内的销售渠道链条很长，我们选择哪个渠道环节作为主攻方向？

看到这儿，可能诸位觉得很面熟：这是外贸型的企业做国内市场、加工型企业向品牌型企业转变都必须要过的一道槛。

产品如何组合？品牌如何打造？渠道如何选择？价格如何设计？然后是终端建设、传播等。

很多叶公好龙的老板听到这儿基本就打退堂鼓了。

做个市场还这么复杂！我产品这么好（远销五大洲四大洋），技术这么牛（FDA欧盟标准省优部优国优），国内没做开就是因为没销售渠道；你只需要把我现在的产品找经销商给卖出去，您不是认识很多经销商吗？认识很多××系统（××系统可能是商超、医院、药房、餐饮）采购吗？让他们帮我们卖不就行了。

如果有老板跟我们聊到这儿，老苗立马就带兄弟们闪人了：道不同不相为谋。

招商并不难，益合也经常帮客户开招商会，上千人规模、过亿成交额的订货会我们也常组织。可你当经销商傻啊，你连自己家产品组合、品牌定位、销售政策都掰扯不明白，还指望经销商给你卖啊！

幸运的是，我们的男主角项总虽然对国内市场不甚了解，但眼光却很独到，支持我们进行产品、品牌和渠道的重新梳理规划。老苗认为：没有规划好的产品以赊销的方式进入大型零售系统，属于自曝短板。因此叫停了当时两家大型药店系统的铺货，项总也（咬牙）表示了支持。

医疗器械市场非常庞大，我们发现鹿得的医疗器械基本都是一、二类的，更加适合在消费者日常保健中的检测或者康复中使用，不像三类的器械那样有很强的专业性。

在诸多产品品类中，电子血压计引起了我们的关注。当时国内电子血压计市场的年成长率在20%以上，且基数已经相当庞大，而且在品牌竞争中，欧姆龙一枝独秀，占据了60%以上的市场份额。

大市场品类、高增长、第一品牌垄断，这里存在着强烈的机会市场的特征，而恰恰鹿得的电子血压计在消费者最关注的属性——准确度上有很强的优势，是国内第一个通过ESH认证的电子血压计产品（有兴趣的看官可以查查，这是个很权威的认证）。

于是我们得出了这样的营销策略：**通过抓住电子血压计的品类机会，以电子血压计产品为切入点，进入国内家庭医疗器械行业，并基于新的市场需求（如雾霾导致的呼吸系统康复类产品），逐渐延伸相关高科技电子类医疗器械产品**。

强势品类跟进策略，成了此时鹿得的关键营销按钮。

在品牌表现上，由于血压、电子类健康监测产品都是来自现代西医体系，这些健康理念也是来自西方。同时鹿得在血压表领域的全球领先地位，也为鹿得品牌提供了强有力的背书。

我们给鹿得的国内品牌命名为“西恩”，英文名叫“scian”，把“科学”一词的英文发音“science”谐音化，名称简洁，塑造了“高科技、现代、专业、舶来”的感觉。

在营销投入上，我们前期集中力量把资源投入到了经销商环节，通过渠道的顶层设计，明确跟经销商的责权利，充分调动了渠道的积极性。我们又挑选部分较大零售商直接发展成为经销商，缩短了渠道链，提高了运营效率。

经过几年的运作，在完全没有广告投入的情况下，西恩的电子血压计已成国内领导品牌之一，沿着既定的策略，新的西恩产品也在陆续推上市场，西恩品牌在国内市场站稳了脚跟。2015年，鹿得医疗成功在新三板上市，目前即将登陆A股主板，其国内市场的优异表现也是密不可分。

2. 你以为的“好产品”可能只是“半成品”

通过鹿得的案例，我们再来看生产型企业做营销的几个槛。

通常人们认为：生产型的企业产品不错，能够在海外竞争中立足，或者被大品牌看中做OEM，往往产品本身、技术、生产、品控等方面过硬，可能在某些方面行业领先甚至全球领先。在国内市场做不好，往往是因为缺少销售网络。

这是绝大部分生产型企业转型中都会掉入的“陷阱”，也是企业无法成功转型的最普遍原因：**生产型企业最根本的问题，恰恰就是产品！**

肯定有人不服：明明我们的产品在国际市场上都得到了认可，证书一堆荣誉一把，凭什么认为我们产品不行呢？

不得不承认的是，多数的生产型企业在生产、品控、技术、研发等方面有很多可称道之处，但这只是一个从制造业角度衡量的产品，产品的各项参数领先、物美价廉、荣誉等身，但在产品定位、消费者使用场景、产品与销售渠道的复合度、品牌形象、信息传递与目标消费者的契合度上，却是一片空白或是模糊不清。

从市场营销的角度，目前多数生产型企业拿来开拓市场的产品，只能算作无定位、无形象、沟通不清晰、场景不明确的“半成品”。

这样的半成品，在开拓国际市场或给人做贴牌时，由合作伙伴做了，他们是真正的品牌运营商。

而当你直接面对市场时，只是一个工厂角度的“半成品”，自然就四处碰壁了。

这是生产型企业做市场的核心问题，一旦这个解决了，其他都迎刃而解。

难点是老板理念的转变，不讳疾忌医，不急功近利。抛弃原来的贸易型思维，摆脱固有的路径依赖和思维模式。原来成功的经验，往往是转型最大的阻碍。

不要老幻想某个“大商”过来买自己多少产品，可以帮自己销售多少。扎扎实实从营销 4P 一个一个做，能够把生产做好的老板一定是聪明人，能够在竞争激烈的国际市场有所作为的，更能在国内市场做好，鹿得的项老板就是证明。前段时间跟项总聊起，他说正开发一款新产品，从产品理念、品类趋势、消费者利益等各个方面，都分析得井井有条，完全是一副市场专家的模样，对此，老苗深感钦佩，对这个新品也信心十足。

而另外一个很明显的“问题”——生产型企业没有销售网络、没有销售团队。这其实是个伪命题，市场还没开始做，当然没有国内的销售网络。这不是问题，而是当下的现状。

如果有“江湖术士”跑来跟你说，要集中多少资源来建立营销网络，那基本就是个大忽悠。如果再有甚者，说自己在某某渠道系统有“关系”，可以获得十分优惠的条件，那基本就是“骗费用”“骗铺底货”或者其他销售条件的。

产品的营销策划一旦做好，再把和渠道之间的顶层设计做好，建立销售网络是水到渠成的事：鹿得医疗的五个销售人员，在没投入一分钱广告的前提下，用一年的时间，建立了一个有一两百家经销商、几千家药房、医疗器械专卖店的销售网络，一个医疗器械展也签约了十几家客户。

过了产品关，再过渠道关。完成了这些，恭喜你：生产型企业的前期升级也就基本完成了。后面还面临着跟其他国内企业同样的问题，品牌打造、产品升级、渠道优化、消费者沟通，一个个按钮按下来，一步步升级，营销的乐趣就在这里。

四、产品如何“模仿型创新”

国内做产品喜欢模仿，说不好听的叫山寨，说好听的叫“模仿型创新”，有人成功多数人失落，这里面有多少的窍门，按钮如何设计呢？

先看艾瑞里教授在《怪诞行为学》中讲的一个例子：

在澳大利亚的一个小镇上，曾经有两间经营衬衫的服装店。第一家服装店经营欧洲风格衬衫，第二家服装店则经营北美风格衬衫，两家店价格不相上下，营业额也不分上下。

后来，又有第三家服装店也开张了，它同样也经营欧洲风格衬衫，但是价格却比第一家店贵不少。自然，第三家店门可罗雀，但是第一家店的营业额却大幅增长。人家比较了两家店之后，毫无悬念地选择了第一家店的商品。

同时，第二家的北美风格衬衫店也受到影响，生意则比先前少多了。人们都以为第三家店迟早都会垮掉的，但令人百思不得其解的是：这家店一直存在了好久。直到有一天，第一家店和第三家店同时转让，人们才发现，这两家店的老板是同一个人。第三家店的存在，正是为了给第一家店做“诱饵”的。

1. 市场热点：“有人吃蜜糖有人吃砒霜”的游戏

我们的行业展会一直都开得如火如荼。

三月份开始，在成都有糖酒会，在深圳有医疗器械展，广州有广交会，随后有上海的美博会、孕婴童展之类；搞服装的最狠，三月份就开始整秋冬的发布会了。

行业展会看什么？看“新品”、看“趋势”、看动态，据说大的展会都是行业风向标。

但一般人看来，这个行业展会就是“赶大集”“轧闹猛”，产品喜欢一窝蜂地上。做饮料的头几年看到六个核桃火了，展会上就全是核桃饮料，后来是椰汁饮料，最近又都是乳酸菌饮料；做化妆品的头几年就是各种补水，近些年就是各种面膜。企业要根据这个推新品，经销商根据这个选产品，往往会亏得一塌糊涂。

一个食品经销商朋友说，糖酒会是风向标的意思就是，会上什么产品热就不能选什么，这么多年老忍不住跟风，结果跟一个亏一个。

市场有热点，往往会有一两个风头正劲的品牌，这时候贸然跟进，很容易做了热点品牌的“诱饵”。

不光是出新品，做产品线规划时，企业老板和营销经理人也容易掉入这样的陷阱：当企业发现竞争对手有一款产品销量非常之好，往往就会一时心痒也开发一款类似品，用相对低的价格去骚扰对手。

在消费者看来这就是个山寨品，当然企业会自认为叫“模仿型创新”，给它取个好听的名字比如叫阻击型产品或者战斗型产品，还有的叫作侧翼型产品、掩护型产品等，不一而足。美其名曰“蹭市场”或者叫“傍大款”，但这种做法，很多时候会适得其反，分析如下。

我们假设某细分行业有三个主要竞争企业，分别为甲乙丙，其中甲的主品项为 A，乙的主品项为 B，丙的主品项为 C。在市场趋势和推广的双重作用下，假设 A 品项增长趋势良好，开始对 B 品项和 C 品项形成冲击，此时乙企业推出 A 品项的类似品 A－1，丙企业推出 A 品项的类似品 A－2，试图去抢夺 A 产品的市场，其结果可能是无形之中给 A 品项做了“诱饵”，导致了消费者的选择进一步向 A 品项集中，反倒对 B、C 品项形成更大冲击。

所以我们看到市场上，大多的类似模仿品并没有取得预想的效果，很快就消停了。统一的老坛酸菜做成功了，康师傅花了那么大力气推“陈坛酸菜”，不光给统一做了嫁衣，而且受到最大伤害的是它的王牌经典“红烧牛肉面”。

2. “模仿型创新”的正确姿势

既然直接跟进不合适，那么该如何设置阻击型产品呢？

还是看上面甲乙丙三家企业。正常状况下，如果甲企业的 A 产品做火了，乙丙企业通常的正确做法是不理它，然后乙企业做 B＋（升级品）、B－（类似品、低价品），丙企业做 C＋、C－，这就是江湖上久负盛名的“左右互搏”之术，自己打自己，自己给自己做诱饵，吸引更多关注。**所谓的阻击型产品或者侧翼型产品是在自己产品线基础上设阻击，要有“主场优势”，跑到人家地盘上乱枪打一通，很容易被揍得生活不能自理。**

我们看跨国公司宝洁、箭牌、玛氏之类，很少看到竞品某品项卖火了，自己立马追一个的事情。都是看到别人火了，自己加强一个，别人又火了，自己再加强一个，最后自己品项做得无比强大，且几乎无懈可击，而原来那个火了的竞品则很可能热闹一阵就过去了，自己则一路坚挺。不是因为这些跨国公司品格高，不屑山寨，而是因为这样做最有效。

所以统一的老坛酸菜火了之后，康师傅最恰当的应对是推“砂锅牛肉面”“番茄牛腩面”；要实在觉得酸辣口味有前途，就搞“酸辣牛肉面”“酸菜牛肉面”之类，跟着搞陈坛酸菜，就被统一带沟里去了。

如果实在眼馋竞品的市场表现，或者说竞品的这个品项将是大势所趋，不跟不行，那该如何呢？还是以上文三家企业举例，如果甲企业的A产品火了，且不跟不行，乙丙企业怎么办？

第一个方法是推出a（细分化的A品项），用专业化跟A竞争，当然这要研究一下选定的细分市场是否有利可图，以及能否抓得住。第二个方法是推出A+、A++，做A的升级品。

“最好的防守是进攻，最好的进攻是防守”，这是营销战的辩证法。吸引敌人到自己地盘来对决，多数情况下，防守战比进攻战更有效率，战果更大；但看到敌人有机可乘，不去捞一把那是傻瓜行为。但哪儿是“馅饼”，哪儿是“陷阱”，识别起来可着实不易。

戏说下多年前饮料江湖那点事儿。

当年，统一的鲜橙多火了（A），稀释果汁饮料大势所趋，不跟不行，众江湖大佬纷纷摩拳擦掌，高招、庸招、奇招、昏招迭出，市场热闹非凡。康师傅推鲜的每日C（是个简单相似品，A－，负分），一直惨淡经营，几近死掉。可口可乐推酷儿（a），细分市场选择有问题，很快死了，可口可乐一咬牙一瞪眼，推出美汁源果粒橙（A＋），“有果粒更有货”，卖爆掉了，一举挤掉鲜橙多坐上了稀释果汁的头把交椅。养生堂说，我也弄个A＋，有三种水果的，喝前还要“摇一摇”，成了。百事沉不住气了，“我也做有果粒的”，搞了个纯果乐鲜果粒（美汁源的相似品，一个A＋－），不行。“不是我们无能，是敌人太狡猾了”，可口可乐惹不起，惹养生堂吧，我也搞多种水果，于是果缤纷（哎，又一个A＋－）上市了，还是不行。娃哈哈自仗有渠道优势，经常借此“欺负”养生堂，推出了四种水果的，你三种我四种，压你一头吧（自以为是个A＋＋，其实是个模仿品，A＋－），很快阵亡。娃哈哈转念一想，这里面太乱了，扯呼，我不趟这浑水了，既然你果汁能相互兑，我为什么不在果汁里面兑点别的——我兑牛奶，于是乎营养快线（利用水平创新组合，牛奶＋果汁形成全新的品项B，老苗认为是饮料界近十几年来最牛的营销创新）横空出世，好家伙！居然被它整了100多个亿出来，之后又推出发酵奶的营养快线（B＋），针对儿童的爽歪歪、乳娃娃（b，b＋），一套左右互搏打得飞沙走石，功力日渐深厚，当上了饮料江湖的“总瓢把子”。

万变不离其宗，还是要回到消费行为模式。在“诱饵效应”和“马太效应”的双重作用下，“山寨品”无法跟“正品”正面竞争，哪怕你山寨的品质比正品还高，广大人民群众还是把票投向“李逵”而不是“李鬼”。在信息越来越透明的情况下，流入四线以下及偏远农村获取市场份额的成本也大幅提高，此路也逐渐不再通畅。

所谓的创新多数是“旧元素新组合”，尤其对于小企业来说，借鉴别人的成功创新元素是成功率更高的选择。但怎么借鉴是个技术活，如何利用消费者心里已经形成的认知？如何在产品之中设置新的按钮？是“左右互搏”，还是往高处走，做升级品？还是往细处走，做专业品？还是那句话，“运用之妙，存乎一心”。

五、火爆的辣条和益生菌带给我们的启示

这两年，食品行业是冰火两重天。

一方面是传统大鳄、小鳄以及他们跟随者的纷纷下滑，一片哀号，咱就不再提人家名字了。

另一方面是一些创新型产品，以迅雷不及掩耳之势在市场上站住，快速获取市场份额，成了一代网红。餐饮界的麻辣小龙虾，大上海魔性的“咸蛋黄肉松青团”，“喜茶”更是开一家火一家排队长达十个小时才能买到……

其中最有意思的是辣条，开了挂一样，从“垃圾产品”的“光荣代表”迅速蹿成了“食品界第一网红”。其他还有蜂窝煤蛋糕、创意料理糯米蛋，那脑洞开得，“辣心”“辣眼睛”。

他们凭什么会“红”，我们能不能也这么“红”呢？

这一节，老苗就来带各位看看网红产品爆发背后的逻辑。

1. 做辣条的厂家那么多，凭什么卫龙就火了

熟悉辣条的比较多，咱拿它做例子吧。

如果在食品行业说到声名狼藉，辣条说第二，没人敢说第一：“垃圾食品”“黑心作坊”“校园小卖部食品”，各种标签贴得牢牢的，以至于做辣条的企业都不好意思说自己是做“辣条”

的，而是说做“面筋熟食”的。

没想到，忽如一夜春风来，咸鱼不光是翻身了，都开始跃龙门了。

这不得不提的一家企业，那就是卫龙。

卫龙 2015 年才上线的天猫店面，在淘宝的自然搜索率达到了 40% 到 50%，微博日互动话题最高达到 10 多万。打开卫龙的旗舰店，近百个单品中，动辄就是几十万的销量，几万条的互动评论，让那些花了很多钱买坑位、做直通车、聚划算，却销量不尽如人意的品牌各种羡慕嫉妒恨。

在“第一食品网红”的带动下，辣条品类据称也做到了 500 亿的市场规模，光河南每年的产值就达到 300 亿。

而就在不算远的 2014 年底，由于受到负面信息、国家整治等影响，辣条“行业”还一片狼藉呢，整个行业从 2000 多家厂家，倒闭和被整治到仅剩 500 多家，市场也供大于求，惨淡无比。

至于卫龙带领辣条产业“咸鱼跃龙门”的故事，看官们可以到网上搜索，资料和段子齐飞，不亦乐乎，比咱这儿讲的有意思多了。老苗这里就来撕一下，如何才能成为一个网红产品，看官们也可以检核下自己手里的产品，有没有成为“网红”的潜质。

2. 成为“网红”产品的六大关键词

关键词一：“脑洞”

这一年多来，卫龙走红的过程，就是一路脑洞大开的过程。从最初为辣条洗白，到与暴走漫画的合作，微博段子手的炒作，天猫网站的发货事件，网络上的恶搞系列视频，苹果风，再到“国际奢侈品”。

卫龙秉承着不辣瞎眼不罢休的无厘头精神，与网上年轻人愉快地玩耍着，受众也一再被吸引，主动参与到辣条的口碑传播中，根本停不下来。

无脑洞，不网红，在这个想象力和创造力的年代，不搞点让人觉得匪夷所思的事情，出门都不好意思跟人打招呼。

关键词二："认知基础"

对于85后、90后而言，辣条伴随着几乎所有人的记忆，认知强大接受度高。

辣条不单单是美味零食，还有他们童年的记忆、校园的时光、儿时小伙伴以及父母对自己的管教，这个认知基础被唤醒，就容易迸发出强大的市场能量。

由于辣条"不健康"的理念深入人心，多数人在童年时候吃辣条是遭到压抑的，而这种压抑会随着自己独立和辣条本身形象的提升得到释放，再次转化为市场的能量。

关键词三："混搭"

首先是产品属性上的混搭。辣条在口味上的混搭创新是在原来辣中加入了甜味，使得辣条的味觉层次丰富起来了。另一个网红食品——咸蛋黄肉松青团，则是一改传统青团的小清新，把重口味混搭进了青团。

这种手法在以往营销中也经常应用，电脑混搭进了手机成了苹果，维生素混搭进了糖果成了雅客V9，只不过要做个网红，现在要求你的混搭必须更出位。

然后是形象上的混搭：苹果是令很多人景仰的，但如果你是手机品牌，各方面模仿苹果，即便你已经做到声称"东半球最好"，还是摆脱不了"山寨货"嫌疑。但如果你是个休闲零食，各方面模仿苹果，就会让人眼前一亮。

选好模仿对象很重要，以前人们讲究"食品就有个食品的样

子，衣服有衣服的样子，电器有电器的样子”，而网红产品的思维恰恰相反，不想做厨子的司机不是好裁缝，各种混搭玩得不亦乐乎。

关键词四：“推手”

卫龙蹿红，暴走漫画和微博段子手起到了至关重要的作用。

“来包辣条压压惊”，“来包辣条静静”“怒吃十包辣条”等网络流行语皆是来自这些推手，他们不但是内容制造者，而且也是推广的枢纽。

暴走漫画为卫龙辣条创造的“蠢贱形象”与夸张的“自傲”形成了强烈的冲突点，成为互联网上一个重要的谈资。其创意的主线则是把辣条的普通跟消费体验的夸张形成对比，形成戏剧性，引起80后、90后的情感共鸣。

除了流行语，还有各种奇葩炒作，也离不开这些推手。旗舰店被黑事件“耍”了无数人，形象上的“苹果风”让人惊艳，外教吃辣条、“国际奢侈品”给互联网添加了很多谈资。

这让老苗想到雅客陈老板的一番话：“雅客愿意把品牌建设完全交给像益合这样的团队，因为外脑公司一定会比企业自己更加了解市场的变化、更加会做消费者的沟通。”这不仅又让人神往麦迪逊大街的辉煌年代，广告人、创意人、营销人都在第三方工作，源源不断提供创意和专业服务，而生产商专注于做好产品，无数伟大品牌和伟大公司如可口可乐、耐克、李维斯、万宝路、奥美、麦肯等都在那个时代、在这种美妙分工下走向了辉煌。

而近几十年，生产企业自己开始品牌运营，并导入了成熟的品牌管理制，裁判下场踢球的畸形状况成了常态，企业跟服务方成了互骂对方是“傻瓜”的“甲方乙方”。

从雅客陈老板的表态，从卫龙的操作，以及市场上不少有远见卓识企业的步伐，我们似乎看到，在内容为王的时代下，更专业的内容分工正在形成。

关键词五："黏度"

如果不是卫龙变成网红，可能很多人都不知道，这家企业在2010年就请了一线明星赵薇做形象代言人，随后又请了当红花旦杨幂做代言。然而这些代言人形象都被一个带着头套的王尼玛秒杀了。

形象代言人是典型的"渠道为王"时代的做法，利用明星效应，快速形成一个品牌形象，然后利用大广告、大铺货迅速实现形象和产品跟消费者的双重见面，这个方法现在还有用，但成本已经很高，而且在使用方法上发生了变化。

渠道为王下的内容诉求讲究"锐利"——刀锋般的锐利，跑马圈地嘛，渠道资源为王嘛，一个让人记住的、印象深刻的画面、广告语、形象都极为关键。

但现在的玩法变了，诉求不是讲究锐利，而是黏性。一个信息过来，进入消费者脑子要像糨糊一样黏住，挥之不去。信息不再单纯，而是有故事，有曲折，有前因后果，受众愿意转述，能够成为话题。

如何做黏度，还是回去看看卫龙的段子手们的精心创作吧。

关键词六："渠道黑洞"

渠道黑洞，就是指那些收取各种费用或攫取利润，但不提供渠道核心价值的渠道商或者零售商。对于大多数中小企业来说，大型超市都属于渠道黑洞；对于缺乏推广能力的小企业而言，一些只负责配送，但却拿着经销利润的经销商也是渠道黑洞；而渡过了红利期的淘宝，目前平台费用极高，流量超贵，可能是最大的渠道黑洞。

对于线下渠道，辣条企业普遍没有采用所谓“通路精耕”或“直控终端”等渠道模式，而是相对粗放的代理制，甚至有些是大代理制。地面推广职能通过有经销能力的代理商运作，线下的渠道黑洞得以避免了。

而作为“网红”，电子商务是不可避免的，目前网上的流量之贵已到了大半企业都亏损的地步，单纯的电子商务变成“天下最难做的生意”了。

卫龙却独辟蹊径，不但成功避开了渠道黑洞，还通过天猫的平台把自己从传播上的网红变成了销量上的网红。方法看似很简单，却是很多企业不敢想的，**那就是减少站内推广，做互联网推广，做站外引流。这看似更曲折的道路，在卫龙“好内容”的催动下，却把引流价格做到了更低。**

3. 除了“热潮型”的网红，还有深耕细作的“大蛋糕”

当然作为网红产品，大部分属于热潮型的，从商业规律上看是兴也快衰也快。但它的优点也十分明显，即市场启动成本低，成功率高，爆发迅速，能够为企业快速带来利润和关注。同时，一些产品品类，有很深的认知基础，更符合市场趋势，前景则更加美妙。

没错，老苗接下来要说“益生菌”类产品。

先说几个靠谱或不靠谱的数据及现象。

近几年，养乐多在国内市场宣称年销售做了 100 多亿，多了多少呢？据老苗从“内部”得到的“路边社”消息是，光养乐多品牌某一年做了 180 多亿，广州那边两个工厂品牌叫“益力多”，每天的平均出货量在 300 万瓶左右，看官们可以自己加。

养乐多这么厉害，实际上在中国只能算区域品牌，由于冷链配送，距离有限，只有华东、华南、华北、华中的部分区域能买得到。

近两年，光明、伊利、蒙牛几大乳品企业旗下，成长最快的品类是常温酸奶。整个品类前年增长率为116%，去年的增长率为95%，品类容量超过了100亿，2017年的数据还没出来，据说也会很惊人。

婴幼儿益生菌市场是合生元教育起来的，合生元主力去做“卖奶粉”这个更有前途的职业了，头些年，他们家益生菌大概有4亿左右的年销售额，2017年突然暴涨，已经有七八个亿的销售额。目前在这个品类里，韩美药业的“妈咪爱”是真正的老大，超过了儿童健胃消食片，成了婴幼儿调理肠胃的第一用药。

我们十几年前服务的乐力钙，现在已经延伸到各种营养补充剂，乐力的益生菌单品目前做到了全网领先。老苗认识一个淘品牌卖益生菌的，专做酸奶发酵剂，年销量居然能做到七八千万。

又有市场研究机构称，2017年，全球益生菌产业有420亿美元。到底有多少，老苗反正没概念，就是感觉非常多吧。

4. 一个关于“吃”的尖锐矛盾

数据都是过去式，有时候能代表一些意义，有时候又没有意义，我们还是从人性和消费者行为模式来分析其背后的本质。

这几年，多数房地产商不好做了，老苗碰到一个房地产企业做转型，该老板说：“我现在投资的方向只有两个，一个是医药，一个是食品；因为人们房子买好后就不买了，但看病是永远要看的，吃是要永远吃的。我们要做的是永远的朝阳产业。”

这听上去好正确，好有前瞻性，一副很洞察商业本质的样子。可这话，用来煽动员工或“递投名状”没什么问题。真要拿这个做公司战略，没什么用，因为它完全就是正确的废话。

吃穿住行、生育工作、教育医疗，都永远有需求，但光知道需求是没用的，真正有用的是你知道需求中的矛盾，有矛盾才会有动力，有动力才能有按钮，你的产品和服务要能解决这种矛盾，才会有真正的未来。

咱说食品，改革开放快四十年了，目前咱们能吃的东西琳琅满目、五花八门，该吃的吃，不该吃的也吃。作为一个幸福的公民，日益增长的吃的需求和相对落后的食物供给之间的矛盾，还有，但已经很小了。您还要一头扎进去让他们变着花样地吃，成本越来越高。所以做食品的觉得越来越难做。

对于一个向往“吃”的人来说，满世界食物诱惑和非常有限的肠胃承载能力的矛盾，摄入很多食物但无法消耗以至于堆积脂肪甚至造成其他身体疾病的矛盾，才是当下最尖锐的、最不可调和的矛盾。

而我们目前绝大多数食品企业，都把目光集中在让消费者变着法多吃上，更美味、更营养、更刺激、更健康、更好玩，这都是想做加法。但很少企业想着做减法，想着如何让人少摄入、多代谢、快代谢、不造成肠胃和身体负担。

或许您说，我们是做食品的，不是做健身的、运动器械的、医疗的，让消费者吃是我们的神圣职责所在啊。

但同样做吃的，有减法的意识和没减法意识，效果是不一样的，老苗曾经撕过，鸭脖子为什么能卖好，大闸蟹为什么有吃头，嗑瓜子能上瘾吃瓜子仁就不行，这就是减法意识。

张悟本说："把吃出来的病再吃回去！"惹得上亿百姓追随，消费者是有这样的需求的。当然老苗不是让您卖茄子卖绿豆汤，咱回到今天的主角——益生菌。

微生物是大自然中最默默无闻但无比重要的生物群体，除了能让我们生病、死亡之外，还有很多的作用。

而我们所讲的益生菌在食品中最大的作用就是"发酵"，通过补充益生菌群，在肠道内分解食物，调理人的肠胃，让人吃多了也不至于不舒服，通过发酵，把食物变得更好消化。有些益生菌还能生成一些酶，用时髦的说法叫酵素，对人的消化也能起到帮助作用。

益生菌是目前发现的少有的通过摄入而增强人代谢、消耗的产品，对于需要不停吃和身体负担不了的矛盾，益生菌是目前最好的解决方法之一。所以我们看到能够调理肠胃的养乐多疯狂增长，能够消食解腻的普洱茶从"老年茶"到被年轻人广泛接受。

5. 益生菌大热背后的按钮

每类产品火爆的背后，都是对消费矛盾的解决，都是对消费者心理和行为冲突的缓解。而多数品类的失败，则往往是来源企业自身的自恋。老苗曾经说过：一个打着概念但不能解决实际矛盾，侮辱消费者智商的产品品类，市场信息越来越透明，这样的产品也马上进入穷途末路。

老苗曾协助一家豆奶企业铺餐饮终端，在谈早餐型餐饮店时非常顺利，而普通的餐饮店则比较抵触，越大的餐饮抵触越大。调查其原因大致如下：

首先餐饮老板觉得，豆奶不像一般的饮料，它是有点充饥作

用的，客人喝了一瓶豆奶，赚了两块钱，说不定就少吃一个菜，不划算。(洞察消费行为，给这哥们点赞)

更厉害的是，有人提出，豆奶是有些胀气的，饭吃过后有胀腹感，会影响对饭菜的评价。(严重怀疑这哥们看过老苗撕营销)

不少老板表示，能让人胃口大开、越喝越饿的饮料，是他们最想要的，但目前并没有这样的饮料。还有人说，能护理肠胃，避免吃多了或者喝多了上吐下泻的饮料自己需要，能让人酒量大增的自己需要。有些对益生菌有了解的老板会提到养乐多，但限于当前规格，并不适合在餐饮推广。

这都是赤裸裸的终端矛盾和消费矛盾啊！所以**市场不是越来越难做，而是大多数人找错了矛盾**。

益生菌能解决的还远不止这些：**想吃但代谢负担过重的矛盾，遍布在当今社会的方方面面**。

小孩子长身体，家长总是各种担心营养不够，再加上美食的诱惑如此之多，大人尚无从抵御何况孩子。肠胃问题是家长最普遍关心的孩子三大问题之一。

老人，从短缺时代过来的人总觉得享受就是吃点好的，但人老了消化能力下降，更何况吃多了积累下来还容易得各种“富贵病”。脑白金成功很大原因在于其倡导“睡眠好、肠道好”的理念，引起广大中老年消费者的共鸣。

中年人，三餐不准时的有多少？疲于应酬的有多少？为事业喝坏了多少胃？

青年女性，不说了，目前养乐多除了儿童外，这是第二大消费群体。

如果您找一个益生菌方面的专家聊聊，他会告诉你各种已经证实和未尽证实的益生菌功能：调理肠胃、抑制病菌、抗癌、减肥、抗过敏、抗抑郁等。老苗曾和一位微生物专家探讨，该教授兴奋地向我展示了很多益生菌的前沿研究成果，最后断言，微生物对于人体作用的研究，将会和基因工程一样伟大而有革命意义。（我等非专业人士姑且听之）

实际上，传统食品中对益生菌的利用是非常广泛的，酱油、醋、酒、酱、腐乳、豆汁、腊肉、臭豆腐、泡菜、红茶、乌龙茶、普洱茶等都跟微生物有关，连馒头、面包也是发酵过的，这点东方人显然比西方人走得早，应用得多。

益生菌有着广泛的认知基础和应用基础，只是这个认知和应用都处在比较原始的状态："晒足 180 天"就是好酱油，酒要放置多少年，普洱要几年陈，经常搞得神乎其神。

但真正科学的认知并不能仅止于此。在国际上，人们认识到红酒的酿造就是微生物发酵过程。在探析内部的科学道理之后，他们做出了新的工艺，通过筛选和培育微生物，创造更适宜的发酵条件，发展出了新式红酒。这些以澳洲和美洲为主产地的红酒，迅速在口味和功效成分上超过传统的法国红酒，成本也极其低廉，除了品牌和文化暂时逊色外，以低价高质优势使得法国红酒节节败退。

在国内，很多有前瞻性的企业也在尝试进入益生菌领域，或者把益生菌与固有产品做水平组合，进行产品创新。除了经常见到的益生菌乳饮料、酸奶，还有发酵果汁、益生菌冰激凌、益生菌果冻、益生菌棉花糖等。可惜的是，在产品设计上，更多考虑的是功能叠加或者是概念噱头，而围绕解决消费者根本矛盾的产品设计少之又少。

宣扬了一大段的益生菌，了解老苗的人会知道，老苗真正想讲的并不是益生菌，而是告诉企业主和营销人、产品人：**需求不**

会凭空而来，台风不会无端刮起，抓住市场中的矛盾冲突，把您的产品置于矛盾焦点中，设置按钮在产品之中，不用等台风，您就是台风！

再次重申：**当前食品市场，无尽的口腹之欲和有限身体的矛盾，才是最激烈、最尖锐的矛盾。不是市场难做了，而是加法思维永远无法解决减法市场的矛盾冲突！**

六、为什么四家福建男装，不抵一个海澜之家

海澜之家在商业上的成功，一直是“变态”般的存在。服装被吐槽没“设计感”，形象被人称为“土”，广告被人称为“low”，但仍然无法阻碍它逆天的成长。本文就从营销按钮的角度，来看海澜之家都设置了什么按钮，让它如此成功。

头些年火爆的“快时尚”品牌 ZARA 和 H&M，虽然背着山寨的恶名，但其设计团队的能力也是有目共睹的。他们背后是强大的“设计师 + 买手 + 市场分析师”的团队，该团队与专卖店衔接紧密，所以能快速把握市场动向，绝不是简单抄袭和交罚款那么简单。

显然，福建男装是走了这条道路，“设计师 + 买手”的产品开发理念，帮助福建男装品牌获得成功。虽然，其服装设计也遭到不少诟病，但其产品的设计感还是很强的，至少能够反映出企业对设计的重视。

而海澜之家无疑是另一个极端，它压根儿就是没设计！上网去查查海澜之家的评价，三大关键词：“土”“低端”“丑”。

但这不妨碍海澜之家令人咋舌的销售，逆市飞扬的业绩以及开新店的速度，这两年，无论收入、市值还是利润，比四家福建

男装上市公司的总和还要多。

这就跟广场舞神曲一样，人们一边嘴里说它“俗”，一方面一听到它的节奏，就忍不住跟着唱起来，甚至跳起来。

1. 第一个按钮：设计师品牌 VS 基本款

熟悉国外大牌服装的人都知道，国际品牌一般都是设计师品牌，就是用创始设计师名字作为品牌名，比如我们耳熟能详的范思哲、迪奥、巴宝莉、古琦等。这反映了设计在服装品牌中极为重要的作用，甚至有人提出，设计文化及实力是服装品牌能够崛起的铁律。

海澜之家很坦白，人家对标的是优衣库，走得就不是设计师品牌路线，而是基本款路线。

如果说设计师款对应的是市场个性化、自我标签化的需求，那么基本款对应的就是**穿衣基本需求**和**反标签化需求**。

“一件衣服而已，穿的舒适、样子过得去、品牌过得去就行，我无需用它来彰显自己的与众不同，无需用设计理念来表达自己的生活态度、审美趣味。”

这是一个非常重大的市场需求，尤其是对中年及以上男人而言：乔布斯永远是精心设计的没有设计感的黑色套头衫和牛仔裤（拗口吗？确实如此），很多名人比如比尔·盖茨、任正非、宗庆后、陈可辛等总是白衬衫。然而这个大需求被个性、时尚等掩盖了。而优衣库、海澜之家们又把它挖掘出来了。

基本路径不同，得到的结果自然不同，立足基本款，超市式售卖，是海澜之家的第一个成功因素。

没有什么外在的东西是所谓“铁律”，真正的铁律只有满足需求。

这是海澜之家最早的按钮，是产品的按钮也是定位的按钮。

2. 第二个按钮：用广告解决冲突

海澜之家最早广为人知源于它神一样的广告：“男人一年逛两次海澜之家，每次都有新选择”，“海澜之家，男人的衣柜”。大概从 2003 年，海澜之家刚刚改名叫作“海澜之家”就开始了，一播就播了十几年，比“收礼只收脑白金”还有生命力。

网上关于这个广告语的梗也不少，可见传播力之强：

“男人一年逛两次海澜之家，一次买，一次退”；

“男人一年逛两次海澜之家，太贵了，多了逛不起”；

“男人一年逛两次海澜之家，每次土出新花样”。

这个广告是叶茂中的大作，堪称经典，作为当时叶大师团队中的一员，老苗就给看官们解读下这个听上去俗不拉叽的广告经典在哪里。

通常服装企业会这样去做定位：希望自己成为某个品类的代表。比如夹克专家、商务休闲男装、西裤专家等。

而以基本款为主要特色的海澜之家，显然不具备成为某个品类专家的基因。

但叶茂中带领大家开了另外的脑洞，**从解决男人买衣服的矛盾冲突入手**：

我们知道，男人跟女人不一样，绝大多数人不喜欢逛街，让他逛个街跟要他命一样。买衣服，挑样式挑材质看品牌，眼花缭乱更是烦，但是，男人也不能光着啊，也要穿衣服啊，不逛街怎么买衣服呢？

海澜之家给了你这样的解决方案：**自选式服装超市，一年逛两次就行了，都是基本款，穿上至少没什么错，牌子也不小，品**

质还算能保证。不用逛街了，不用挑衣服了，不用怕穿错衣服了，贴心不贴心？厚道不厚道？

跟脑白金的广告同出一辙：定位于礼品的产品海了去了，为什么脑白金这么深入人心？

这个广告不是它定位有多好，而是实实在在解决了老百姓的问题：咱们普通老百姓，逢年过节还真不知道送什么好，愁死了，到超市一看，脑白金三字直往脑海里蹦，算了，别费心了，就它了。一个矛盾就这么解决了！

解决冲突解决矛盾，是海澜之家第二阶段的按钮。

3. 第三个按钮：渠道的垂直整合

表面看，大部分福建男装和海澜之家都是采用专卖店终端形式的，实则有很大不同。

福建男装多是**大代理制下的专卖店形式**，招商、再招商，订货再订货，货品库存在代理商和终端处，品牌商没风险。同时下游的管理也由代理商承担了，厂家管理负担很轻。

而海澜之家的专卖店是**品牌加盟形式，加盟店承担的只是店租和运营费用，产品卖不掉可以退货到上游供应商。日常的管理由海澜之家提供**，标准也相当苛刻。

同时海澜之家对上游供应商，也不支付全款，供应商也要对退货负责。由于海澜之家的采购量巨大且基本款容易再售卖，供应商也能够接受这样的条件。

在整个供应链中，海澜之家扮演了**供应链“链主”**的角色，真正打通上下游，能够更好利用整合资源，渠道内部博弈少，效率高。

反观近些年大部分鞋服企业，长期压货给代理商、再压货给终端，最后代理商和终端赚的钱都变成了库存，严重的库存货够卖好几年。

服装行业是号称受电商冲击最严重的行业，一方面服装的产品属性更适合电商销售，而最致命的原因则是服装行业长期以来高库存、渠道低效。电商只是压死骆驼的最后一根稻草而已。

供应链的垂直整合，也是海澜之家在所谓的“电商冲击”下不但不受影响，还能保持高速增长原因。

这第三个按钮，是海澜之家从高知名度高销量到逐渐做大做强的按钮。关于渠道按钮设计，我们在下一章专门讲述。

4. 第四个按钮：还是重复了多次的流量规律

有人说，海澜之家是服装界的“小米”，但以老苗看，海澜之家更像是服装界的 vivo 和 oppo。

流量是任何生意的本质因素。

福建男装品牌的流量怎么来？广告，大手笔的广告。我们知道闽商的胆子大有魄力是出名的，敢大投广告，也是他们成功的法门。央视五套，曾被称为晋江台，几乎一半的广告收入来自福建鞋服企业。

广告一投，代理商有信心、终端有信心，消费者觉得是大品牌。

海澜之家的广告投放量也不小，但它的引流却不单单依靠传统广告。

海澜之家是最早重视互联网传播的服装企业之一，在线上的投入非常大，不管你上网搜索关键词也好，还是看跟服装相关的热点话题也好，海澜之家总能占据你不小的屏幕。据称百度图片搜索“海澜之家”，前八十页都是广告，还不带重样的。

这还不是重点，重点是线下，我们知道海澜之家的门店布局主要在三四线城市：三四线城市的商圈特点是集中，不用费劲选址，就是找商业中心，价格当然贵，但是有流量且难以被抢走，也难以被线上抢走。这个局面短时间内不会改变。

看起来贵，实际最便宜。

如果你比较下海澜之家和一些福建男装的专卖店，你会发现它的选址特点：一是基本都在商业中心，二是面积够大，符合男装自选超市的定位。相比而言，福建男装专卖店的位置就要差好多。

我们整天打着灯笼寻找流量红利，从线上找到线下，岂不知目前国内市场，三四线城市的中心商圈可能存在着最大的流量红利。

这是第四个按钮，是在流量越来越贵的今天，海澜之家作为最传统的服装行业，仍然能够在互联网时代继续成长的按钮。

每当有品牌做成功，总是会冒出一大堆的解读者。但海澜之家的成功却关注者鲜，大概是现在的人们觉得它太传统，不够互联网，不够热点吧。

其实，不管是传统的也好，新兴事物也好，衡量其能否成功的标准是不变的：**模式是否高效，产品是否有竞争力，沟通是否深入人心**。至于关键手段，则是要寻找和启动不同阶段的营销按钮甚至商业按钮，如此而已。马云有无数鸡汤，老苗认为最有营养的还是这碗：

“中国不是实体经济不行了，而是你的实体经济不行了。”

本章小结

1）做“大单品”逻辑的三个转变：变化一，小众强需求产品自成大单品；变化二，关注心理需求才有前途；变化三，别试图讨所有人欢心。

2）吃零食的动机与消磨时光有关，但不是根本性的原因，还是要回到人类吃的本能，回到用吃来解决消费者的情绪冲突，回到通过激励来引起消费者更大的愉悦。

3）从市场营销的角度，目前多数生产型企业拿来开拓市场的产品，只能算作无定位、无形象、沟通不清晰、场景不明确的“半成品”。

4）“模仿型创新”有讲究，否则再像的李鬼也被李逵打得满地找牙。

5）成为“网红”单品的六大关键词：开脑洞、认知基础、混搭、推手、黏度、渠道黑洞。

6）当前食品市场，无尽的口腹之欲和有限身体的矛盾，是最激烈、最尖锐的矛盾。做减法思维是启动市场的有效按钮。

7）需求不会凭空而来，台风不会无端刮起，抓住市场中的矛盾冲突，把你的产品置于矛盾焦点中，不用等台风，你就是台风！

8）在不同阶段启动不同的营销按钮，海澜之家是这方面的成功典范。根据不同市场状况，按先后次序分别启动了：产品设计按钮、广告解决冲突按钮、渠道垂直整合按钮和流量打造按钮。

第六章 

营销链按钮：顶层设计和终端驱动再造模型

◎ 为什么说“去中间环节”是营销诺言

在中国市场做营销，必须要发挥“统一战线”的力量。营销统一战线中，最主要就是经销商和零售商。长期以来，品牌商把经销商当客户，把“统战对象”搞成了“斗争对象”，渠道博弈严重，内耗低效。渠道的顶层设计和终端驱动再造模型则是整合营销链，使之发挥最大效率的关键按钮。

前些年，大型零售终端崛起的时候，它们也倡导过，让生产厂家绕过经销商直接供应零售终端。号召“渠道扁平化”，这样就有更多的利润，或者更多资源来做推广，也有不少厂家上当。

受此风潮影响，不少企业和一些“高级”职业经理人搞过渠道扁平化运动，打了不少鸡血，留了不少鸡毛。

最近这些年，电商起来了，也开始这样吆喝：去中间环节，厂家网上直销，消费者获得实惠，厂家多获利润。

连菜场旁边的卖衣服卖鞋的小店，也经常打出一块大牌子，上书“厂家直销”，也能让人趋之若鹜。

中间商是什么？中介、经纪，反正几千年来，中间商这个角色就没被重视过，甚至是遭到鄙视、仇视的。士农工商，商是排在最末尾的，有时候还是贱民，商人的孩子都不能参加科举。

人们的认知中，承认一个商品的生产成本，但不承认它的流通成本、展示成本、品牌成本、信任成本。常在酒桌上听“懂行”的人说：“这个酒300块，里面有100块是广告，20块是包装，经销商和酒店又挣去100，厂家自己挣50，这个酒的成本也就30块。”闻者一片唏嘘，痛斥当下的无良商人。老苗总是听得胸口一闷，老有把酒瓶子砸过去的冲动。

没经销商和酒店，您去酒厂直接去打酒？没包装，这酒您能拿来招待客人？您敢不敢买都难说？

我们提出发展市场经济已经二十多年了，很多人对中间商的认知，还停留在农耕社会。真是赤裸裸的反智。

中间商的地位和价值一直没有得到市场认可，经销商群体的自我价值认知也不够。很多经销商干得很大，仍然有低人一等的感觉，觉得自己一定要有个生产型的实体才能叫“企业家”，否则永远是个“商人”“生意人”“做买卖的”。

我们先普及一下关于经销商的基础知识。

请翻开科特勒大师的《营销管理》，看渠道管理这一章，你一定会看到一张图，这是一张让中间商泪流满面的图：“我们不是投机分子，不是寄生虫，我们是创造价值的!”

让我们牢牢记住这张图的名称——“分销商经济效果图”。如图6-1所示。

图6-1显示，利用中间商是实现经济效益的主要源泉。(a) 部分显示了三个生产者，每个生产者都利用直销分别接触三个顾客，这个系统要求9次交易联系。(b) 部分显示了三个生产者通过一个分销商，和3个顾客发生联系，这个系统只要求6次

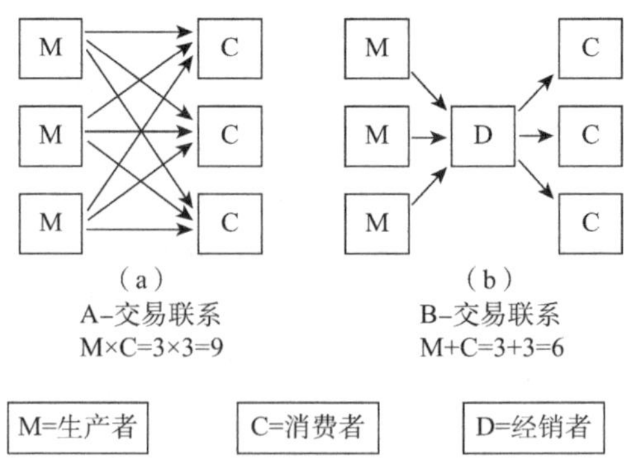

图 6-1　分销商经济效果

交易联系。这样，由于中间商的存在，必须进行的工作量减少了。而且顾客越多，生产方越多，中间商的价值就越大。

任何正规的经典营销书籍，关于渠道的内容，都首先是这张图。各位父老乡亲，它是渠道存在的基本价值啊！

在复杂的市场环境中，由于中间商的存在，交易环节是减少的，而不是增多的。交易成本是降低的，而不是增加的，也就是说你剥掉合理的中间环节，消费者拿到手里的商品价格只会更高而不会降低。

这虽然反直觉，但它是营销的常识。

◎ 没有中间商，东西只会更贵

你不信？看看那些做直销（传销）的产品，价格多数都是很贵的。

上海的苹果 5 块一斤，到老苗山东老家的果园去摘五毛钱一斤。你让山东的果农自己摘了苹果跑到上海来卖，说不定五十块一斤，他还赔本。

你说，他可以在网上卖，就能便宜，双方都获益。一看这就是被电商给忽悠得够呛。那老苗就来撕撕电商的渠道扁平化。

近些年，食品行业电商最火的是三只松鼠、百草味、良品铺子等休闲食品，自 2013 年起，以百草味、三只松鼠、良品铺子为代表的休闲食品电商年均销售额开始了数以亿计的增长，增长率一度突破 460%。

然而在“好想你”收购“百草味”事件中，却披露了这样的数据：

在这起休闲食品电商并购第一案中，双方公布的审计报告披露了百草味近三年的销售业绩，其主要成本支出为平台推广费用、平台佣金及快递费，这三项占据了销售成本的 69.8%。

百草味在电商渠道主要通过京东、天猫、1 号店进行销售，其在 2013 年、2014 年及 2015 年前三季度的营业收入分别为 2.29 亿元、6.12 亿元和 8.15 亿元；净利润分别为 -10.47 万元、-645.79万元和 1423.53 万元。

颇具意味的是，百草味在 2010 年关掉了线下全部 140 多家店铺，全面转型电商。在 2014 年亏了 600 多万后，又开始在线下发展了 40 多家经销商，并铺设了大量的线下门店，这才实现了 2015 年的盈利。

这就是所谓电商渠道扁平化的典型现象。

再者说，如果你是在一个市场化程度较高的行业，哪有什么多余的渠道环节让你去扁平？

企业是逐利的，怎会允许一个不创造价值的渠道成员存在。每个渠道成员都有自己的价值所在，你减一个，成本就会增加一些。

实际上，**中间商的作用还远非减少交易环节那么简单，他们往往还提供：信息收集整理、促销推广、谈判、订货、移库甚至**

承担资金风险等作用。为什么提供这么多价值的中间商，一直被唱衰甚至抹黑，很多企业要去之而后快呢？

消费者的直觉认知是基础原因，这个我们在上面已经讲过了。而真正起决定性作用的是那些有意和无意的“骗子们”，他们利用人们的认知误区，抹黑中间商，但各自干着各自的勾当。

做传销的只有去掉中间环节，下线不断发展下线的模式才能成立，才能把低端得不能再低端的营销方式包装成“事业”，从而诱骗那些做白日梦的人们。

◎ 一场别有用心的“去中间化”运动

前些年，大型零售商在倡导渠道扁平化，一旦他们的终端销量起来，就原形毕露了，各种进场费、条码费、陈列费、DM 费，接踵而至，逐年升高。这些年有点消停了，是因为一个更大的“平台商”诞生了。

现在的大型电商企业，他们也管自己叫平台商，号称不挣差价。

事实上，他们才懒得挣表面的差价呢，挣那个累死累活还要帮你卖货。他们挣得比表面的差价狠多了，还要旱涝保收：你企业入驻，花钱；入驻之后要推广，花钱；打广告，花钱；支付也要通过我。至于你在我平台上是死是活，关我什么事！上面提到的百草味就是血淋淋的例子。

不挣差价，收平台费，钱挣得又多又光鲜又稳当。

相对于传统的中间商来说，这种平台式的中间商，带给企业的负担更重，价值却更小。但由于形成了平台垄断，很多企业又绕不过去，苦不堪言。

经销商不必妄自菲薄，你们是实现商业“经济效益的主要源泉”（科特勒语），你们为市场奉献了真正的价值，一定可以获得市场的回报和认可。只是，在营销环境的变化下，需要做一些手法上的改变而已。

而品牌商要经营好，一定要充分调动中间商的资源和积极性。绝不是简单地凭直觉拍脑门，搞个渠道扁平化。渠道信心受挫，渠道体系混乱都很难恢复，扁平化的陷阱一旦掉入就很难爬出来了。

一、告别渠道内耗，提升渠道效率

资历深的经销商一定还记得“渠道为王”的幸福日子，就像短缺年代，销售科长很爽而采购很苦一样；不幸的是，现在完全反过来了，采购是“大爷”，卖东西的是“孙子”，很多企业的销售人员必须靠长期打鸡血才能保持工作状态，这首先是供需关系改变的原因。这个属于时代原因，说了也没用。

我们来聊聊真正关系到中间商命运的话题——现如今，中间商的价值究竟体现在哪几个方面呢？

1. 中间商叫经销商才更准确

中间商价值首先体现在他们减少了交易总次数，提高了社会效益，更关键和更具体的价值则是如下几个。（详见科特勒《营销管理》“设计营销渠道”一章）

（1）信息：你所经销区域内顾客、竞品、上下游产业等一切相关市场信息；

（2）促销：这里的促销是广义的，指一切所经销区域的关于该产品的推广拓展活动；

（3）谈判：跟上下游，尤其是下游零售商或二批商的业务谈判，以期达成最终协议。

请记住以上三条，另外还有六条，分别是：订货、融资、承担风险、占有实体、付款和所有权转移。

中国的文字博大精深，老苗觉得“经销商”一词特精准，国外都是叫渠道商、中间商、代理商之类，“经销”二字非常准确地反映了该营销链的价值所在。具体就反映在以上九条当中，尤其是前三条市场价值和职能里。

一个产品的经营销售就是经销商的根本职能所在，而品牌商或者叫作生产商，做的就该是生产好的产品、打造品牌；一旦双方的某一方手伸得过长，或者想推掉自己的责任，问题就来了。

说到底，这些年，经销商搞得很逼仄，生存空间越来越小，主要是因为价值职能混乱造成的，一直被品牌商和零售商牵着鼻子走。也就是人们常说的“责权利”不清，这种混乱有人为的、有自然灾害、有被别有用心的企业利用、也有无心之失。水一浑，经销商的“鱼”就被人给摸走了。

2. 一部让人扼腕的经销商沦陷史

咱先掰一掰这些年的混乱事，看是如何把经销商弄到今天尴尬田地的。

第一桩：品牌商画大饼，经销商自废武功，堕落为配送商，竞争能力下降。

经销商的九项价值职能中，前三项是核心职能，价值更高但难度更大。很多经销商不明就里，喜欢避难就易，对别人要攫取这个价值毫不设防。

很多品牌商（主要是国际品牌）又处心积虑要把这部分价值抓在自己手里，今天搞个体系，明天上个系统，后天整个运动，一来二去，信息、促销、谈判三项核心价值全被品牌商拿走了。于是，经销商就变成了砧板上的肉了。

你缺乏了核心价值，品牌商随时可以替换你，你想要不被替换，那就要“听话”，说白了就是被压榨。一切都是套路啊！

第二桩：品牌商过河拆桥，经销商一地鸡毛。

这种情况，国内品牌商多。前期招商和开拓市场时，这好那也好，诱人的空间和销售政策。经销商受此诱惑，甩开膀子大干，品牌商也努力配合，但一边帮你干，一边渗透上面提到的三项基本价值职能。

一旦市场走向正轨，他们三项职能掌握得差不多了，脸就变了。提价、减少投入、压指标、缩减销售区域（通常叫“削藩”）接踵而来，老苗曾听到某企业营销高管厚颜无耻地说：“我们厂家就是靠过河拆桥做起来的。”商业欺凌被说得这么冠冕堂皇，也是很让人无语。

第三桩：零售话语权增大，用武装到牙齿的专业套路盘剥经销商。

经销商们一定忘不了前几年市场大肆宣扬“终端为王”，说得惨烈点叫作“血拼终端”。大型终端们，用自己的客流量作为诱饵，吸引大量的品牌商和经销商入驻，在里面互相撕咬，场面惨不忍睹。

超市、卖场、餐饮、药房等大型终端，他们既是零售商也是平台商，**平台商的本质特点是打造客户流量吸引供应商，但不对销售负责**。不管你卖不卖，我都收平台费，卖好卖不好是你的事，你卖不好我还让你下架，重新换个品牌再剥削一把。

陷阱长得总是像馅饼，受巨大客流量的蒙蔽，居然很少有人怀疑这样的商业逻辑。其实供应商完全可以不用理会，衡量终端价值自有其商业准则，如何布局终端是最有价值的。

这种光拿人钱财不替人消灾的商业模式，目前已经遭到了报应，可新的更凶狠的平台商又出现了。

第四桩，电商平台快速发展，经销商喊“冬天来了”。

电商的快速发展，让现在的经销商更有危机感。好多品牌商都转战线上，开始搞“去中间环节”了。经销商自己也搞个网店，弄个旗舰店，要么销量做不起来，要么销量起来了利润没了。很多经销商都感觉危如累卵。

3. 创造自己的核心价值是经销商的关键按钮

不少经销商朋友经常会问“如何夹缝中求生存”的问题，老苗都会告诉他，**“夹缝中求生存”是个伪命题，任何的商业环节都处在其他两个环节之间**，不能因此就说是在“夹缝”中。**目前经销商进退失据的状况，主要是经销商自己核心价值丢失导致的。在商言商，你没有核心价值，你的职能太容易替代，自然就只有任人宰割的份**。

另外不可否认的是，很多经销商有投机心态，最后也是自食恶果。有不少人指望傍上某个品牌，抓住一个新品，自己跟着就做起来了，这个逻辑在当前已经不通了。通过信息不对等盈利的可能性变小了，真正能够给经销商带来长远发展和利润的，一定是他的价值，尤其是核心价值。

老苗看到有企业跟经销商忽悠“选择比努力更重要”就气不打一处来：**只有努力才能提高自己的核心价值职能，有核心价值，你会有大把选择，没有核心价值，有好选择也轮不到你，轮到你最后还是被抢走。经销商什么都能丢，只有核心价值必须牢**

牢掌握在手里。

从内部来看，经销商的窘迫主要源自对自己核心价值认识不清，或者在与品牌商和零售商的博弈中，不断上当受骗，最后优势尽失。而从格局上看，品牌商、经销商、零售商结构松散，很容易形成博弈格局，而经销商往往专业度较低，而且数量庞大分散，大部分情况下在博弈中处于下风。

麦克康门把传统渠道描述为："高度松散的网络，其中制造商、批发商和零售商松散地连接在一起，相互之间进行不亲密地讨价还价，对于销售条件各执己见，互不相让，所以各自为政，各行其是。"

事实上，由生产者、经销商、零售商组成渠道系统，很容易上演"**公用品悲剧**"。每个成员都在追求自己利润的最大化，即使以损害系统的整体利益也在所不惜，没有一个渠道成员对其他成员拥有全部或足够的控制权。

科特勒认为，亚洲市场的分销水平是十分低下的，而我国分销水平的低下则是触目惊心的。一方面过高的分销成本、低效和内耗，导致企业经营成本大幅提高，竞争力下降；另一方面高渠道成本迫使企业普遍制定更高的产品零售价格，使得中国消费者不得不接受低性价比的商品。低效甚至无效的分销还导致众多有创新精神的产品无法进入市场或是过早夭折；低效的分销也使得制造商和经销商在面对大型零售商时，屡处下风，备受压榨；更严重的是由于企业在分销上投入太多资源和精力，以至于忽视更加重要的产品创新和品牌打造，甚至忽视了品质管控，一再酿成悲剧。

消除这种根本差异的手段是进一步整合，使渠道成员之间有更多的共同利益，消除为追求各自利益造成的冲突，避免渠道系统和品牌遭遇"公用品"悲剧。**整合的方式可分为垂直整合和水**

平整合，即建立垂直营销系统和水平营销系统。欧美国家渠道的高效，和其整合的营销系统密切相关。在他们的消费品销售中，垂直营销系统已经成为占主导方式的分销形式，占全部市场的70% ~80%，另有相当数量的水平营销系统，传统低效松散的经销系统已经非常少见。

二、渠道管理的按钮，就在顶层设计之中

十几年前，达利开始做饮料，业内一片看衰。

达利是做糕点饼干起家的，在渠道管理上又特别粗放，当时大概十几个销售人员，却有十几亿的销售额。用经销商的话来说，达利的业务就知道“压指标、催款、压货”。而饮料行业，都是可乐、娃哈哈、康师傅等“大咖”，渠道管理工作精细而又落地。很多人预测达利会在这上面栽跟头。

现在网上还能查到当时业内人士对达利的预测：“光会打广告是不行的”“饮料不是这么玩的”等，一个看好的分析都没有。老苗当时跟业内人士包括一些媒体探讨过这事：通过渠道操作手法来判断太表象了，从品类发展和市场接受趋势上看，我是看好达利的。当然在那种环境下，老苗的这种论调是被认为“理想化的”。

结果大家都懂的，达利抽了很多人的脸。

1. 当年跨行碾压的达利们，到底做了什么

表面来看，达利的饮料还是一如既往的“粗放”，几百人做上百亿的销售，经销商还是说达利的业务只会“压指标、催款、压货”，而且达利当时找的经销商也多不是做饮料的所谓“专业”

经销商。

相对那些仅仅渠道手法上不符合“常规”就看衰者，达利的格局明显高很多，深谙渠道运作之本质。

他们是从渠道的顶层设计入手，让经销商承担了主要的区域推广职能，同时给了经销商更大的激励，给经销商设定更高的门槛和更高的指标，引入的大量的非饮料经销商（很多所谓饮料专业经销商其实已经沦落为配送商，手里虽有大品牌但并没有真正的竞争力，对达利而言也没有太多价值）。纲举目张，经销商的潜力被释放了出来，一些原本“不会”做饮料的经销商也开始会做饮料了。

说起来也简单，不跟其他大型饮料企业邯郸学步，企业干企业该干的事，出好的产品，打造品牌，做消费者沟通，不越俎代庖，让经销商干经销商该干的事，区域的经营就交给经销商做，但给经销商设很高的标准。厂商之间责权利特别清晰，经销商的能动性调动起来了，企业自己也省心。

可能很多人觉得老苗在胡扯，那么牛的康师傅做通路精耕，更牛的可口可乐做了直营终端，都很成功啊，照你这么说是错的?

别急着反驳，要记得这个关键点：企业当年做通路精耕和直营终端成功有两大前提。

第一是经销商不专业。当时的经销商普遍是“坐商”，是不具备市场经营能力的，品牌商先动手做起来，至少示范给他们看。而一旦经销商懂了“经销”，企业来运营区域市场的成本一定比经销商高很多，而且多数企业在专业上比经销商也要差。

第二是人员成本低。找个刚毕业的大学生，给他打打鸡血，让他为自己身处的大公司骄傲，然后每个月 800 块，让他骑自行车每天必须铺出多少货，否则自己放家里喝。这样的日子永远不可能再有了。

当然企业打的另外小算盘是，把经销商的核心职能拿来，以后这个经销商就任我宰割了。

在营销界，最极端的例子并不是可口可乐和康师傅，而是九十年代的保健品。

1996 年，三株号称做了 80 亿元的销售额，但他们的经销商是“医药公司”，几乎什么都不干，企业必须自己来。所以三株在全国有 600 多家分公司，15 万营销人员，人均年销售也就 5 万多元，但在那个时候已经非常爽了，换现在只有死路一条。

再说一个更高明的——贵阳“老干妈”。号称不懂营销不识字的“国民女神”陶华碧，在渠道运作上做得很高很透。

在大家都在倡导“渠道精耕”的时候，她还在一五一十地坚持着大区域代理制度，与很多企业做大了就“削藩”相反，老干妈做大了后，对于做得好的经销商，还会扩大他的市场区域，让经销商管理经销商。老干妈只有非常少的销售人员，在这方面投入的精力和资源极低，市场管理基本都是经销商做。

用老干妈经销商的话来说：“经销商去管理市场，比厂家经理更要尽心、合理，而且绝不会投机倒把。最关键的是，他懂得如何协调分销商内部的矛盾。”

令许多企业汗颜的是，看似粗放的老干妈渠道模式，市场工作却做得极为细致，终端表现也非常强势，老干妈辣酱做个特价，终端都忙不迭地送堆头、送 DM。良性的渠道运营，支持着老干妈几十亿的销售业绩和快速增长。企业也有更多精力去做产品创新、品牌建设、规划发展战略等本来该企业去做的事。

2. 渠道整合的几种方式

好，三类案例撕完，总结一下。

康师傅、可口可乐、三株、红桃K们的渠道顶层设计，是基于经销商不专业或者不作为的大前提，抓住了当时人力成本极低的机遇，用强硬的执行和“人海”战术完成了本该渠道商做的推广职能，并由此建立了对渠道商的话语权，是特殊市场阶段的非常之举，取得了非常之效，所以后人邯郸学步，基本是掉沟里的，因为市场环境变了。

达利的成功虽然在当时的人们看来不同寻常，其实是最按常理出牌的，即“上帝的归上帝，撒旦的归撒旦”，厂家做好厂家的，经销商做好经销商的，责权利清晰，万物自有其属，顺其规律而成功。当然，借助自己品牌的强大，达利的“高标准严要求”也让经销商们压力很大（达利上市后，渠道经营有些变化，后期效果如何，拭目以待）。

“老干妈”直接就“羽化成仙”了，她的渠道运营有一个专业名词，说不定陶华碧本人都不知道，叫作“垂直营销系统”。想具体从专业上了解可翻阅《营销管理》。老苗在这儿做简单梳理。

垂直营销系统这些年迅速发展，并成为欧美渠道发展的主流，是得益于它解决了一个根本矛盾。上篇我们讲过，生产商、渠道商、零售商，是三个独立的经营体，松散组合，矛盾众多，三者反复博弈，产生了大量内耗，品牌和整个渠道系统容易陷入“公用品悲剧”。

而垂直营销系统是，生产商和渠道商甚至零售商组成统一的联合体，联合体可以是紧密的公司式，也可以是管理式，也可以再松散点，采用合同式。

一旦这个垂直系统形成，则厂家和渠道商就有了更多的共同利益。老干妈的大代理经销商逐渐变成老干妈的“分公司”了，其渠道效率自然大幅度提升。

也许，老干妈的垂直营销系统是凭着对渠道运营本质的把握无心插柳。真正有意而为，并做得比较彻底的垂直营销系统则是格力和娃哈哈的“分销联合体”，高效的渠道一直是两家大咖企业在各自领域内执牛耳者的核心竞争力之一。

可惜这种垂直整合在国内市场太少了，多数的企业还在跟经销商博弈、斗心眼、挖坑，满满的套路。渠道效率的低效和内耗触目惊心。

另外一种整合方式叫“水平营销系统”，是两个或两个以上资源缺乏但能够互补的公司结盟，共同行动，产生协同作用，来更好行使渠道职能，也称为“共生营销”。联合者不一定是渠道成员，可以是行业内的，也可以是行业外的，甚至可以是竞争对手，联合的方式可以是契约式，也可以共同成立公司运营。这种方式在国内更为少见。

3. 启动渠道按钮，需要记住这四步

好，通过上面几个案例的总结，我们再把渠道按钮——看似“高大上”的渠道顶层设计来梳理一下。

前提是你的渠道目标、根据产品匹配度的适销渠道已经选择好。

第一步是选择渠道级数和定义渠道性质。通常消费品类是产、批、零的二级结构，保质期短、运输成本偏高、特别小众的，倾向于减少渠道级数，反之则可以在较难覆盖区域增加渠道级数，变为产、批、二批、零的三级渠道结构。而大宗物品、工业品等，往往是产、批的一级结构，有些则是直销。

渠道性质是指选择专业型经销商还是大众型的？是密集分销还是集中专营？开放渠道还是封闭渠道？如果各种渠道组合，重点又是哪种？各个渠道扮演的角色又是怎样的？

第二步是制定销售政策。一说“销售政策”，很多经销商和销售人员都很兴奋，各种返利、折扣、进货奖励、进店奖励、铺货、费用支持等，如数家珍。这些都叫作“销售激励”，不是销售政策，是“末”，“本”是销售政策，销售政策不清晰，繁多的销售激励只会越搞越乱。

销售政策是用来界定厂家和中间商责权利的，我们上文提到过的中间商九大价值职能，要在哪些地方体现？从中获得什么样的利益？**销售政策是界定渠道成员责权利的根本大纲，而体现销售政策的最主要载体是经销合同**。

老苗这么多年发现，很多经销商对合同连看都不看，只关心后面几个数字：“今年多少指标?”“多少返点?”“多少费用?”这是很有问题的，以后的厂商矛盾往往都来源于此。当然这也跟很多厂家把合同做的都是空话有关系。厂商之间尤其是经销商一定要学会签合同，签明确，不光签经销合同，每出现新的情况都要签补充协议，明晰责权利。

跟销售政策匹配的是价格体系，这是第三步。**一张价格体系表就是一张渠道利益分配图**。因此，一个产品定价绝不是针对消费者定一个可接受的市场零售价那么简单。定价还决定了有多少利益分配以及如何分配。渠道利益分配也是不能孤立存在的，它必须与各渠道成员的责任和义务相对应，**价格体系跟销售政策是一体的、密不可分的**。

第四步是确定整合方向。厂商关系出现矛盾往往是在合作到一定阶段之后，早期一致利益较多，而在松散合作中，越到后期利益分歧越大。等到出现较大厂商矛盾再收拾就有些晚了。所以早期合作的时候，要把后期可能更深入的合作明确，形成双方的更多利益，**不能画饼，要形成书面协议**。如有可能，逐渐建立水平或者垂直的营销系统。

看似“高大上”的顶层设计其实就是这些平实的内容。一个科学的顶层设计要达到如下要求：

（1）**厂商间责权利清晰**。

（2）**充分调动渠道商的积极性**。

（3）**能充分利用渠道商资源**。

（4）**有利可图**。

（5）**保持连贯性，双方的共同利益越来越多，而不是逐渐变成博弈格局**。

之后才是，渠道评估和管理，管理中有激励和惩罚，很多人乐此不疲的返利、铺底、各种奖励等都是在这里，其实，如果渠道的顶层设计一旦通畅，哪需要这么繁花似锦的“销售激励”啊，看看达利和老干妈就知道了。

在中国做实业，团队建设、市场营销和厂商联盟则是三大法宝。不要把“统战对象”搞成营销对象，少一些钩心斗角，互相挖坑，建立科学的渠道顶层设计，才能充分发挥“统一战线”的威力。

三、终端障眼法

终端是消费者跟产品“短兵相接”的地方，通常商家最重视，所以也是商家给消费者挖坑挖的最多的地方。

消费者步入终端，或是目的性购物或闲逛，背后有着复杂的心理动机，行为学家认为，购物给人带来的感觉，像食物和性一样愉悦而复杂，期待、向往、快感、糟心、后悔，五味杂陈。一本跟《营销管理》一样厚的《消费者行为学》就是在阐述这些内容，而终端的迷魂阵就是从这些感觉入手的。

常见的终端障眼法到底有哪些？它们又是如何在消费环节起作用的？我们一一道来。

1. 障眼法屠龙拳：创造“虚拟所有权”

“虚拟所有权”是终端最常用的套路之一，这在第一章中我们有提及。

所谓虚拟所有权就是让顾客在尚未购买产品时候，产生“已经拥有”的感觉。其中有两大威力，一是人在“将得到未得到”之际，体内相应激素水平会达到最高，能最大限度撩起人的“购买欲望”；二是如果消费者此时想放弃购买，会产生“损失厌恶感”，会非常不爽，人们为规避这种不爽，往往自己就会找理由劝说自己购买。

行为学家艾瑞里说，虚拟所有权是广告业的主要动因，霍普金斯大师提倡广告要强调消费者拥有产品后的感受。同样，终端对虚拟所有权的应用也非常普遍。

试吃、试用、试穿、试驾，还有先使用后付款等终端手段，多数都是虚拟所有权的运用。一旦你产生了已经成为产品主人的感觉，那种念头就很难割舍下，为了维持住这种快感并避免“损失厌恶感”，人们往往就会做出购买行为或者继续保持关注。

除了这种直接应用，还有对虚拟所有权的变相应用。

纽约巴鲁克学院的市场研究员在研究中发现：当麦当劳在菜单上增加健康食品时，比如蔬菜沙拉之类，反而会引起巨无霸销量的暴涨。为了找出原因，这些研究人员设计了快餐菜单，模拟开设了一家餐厅。来这儿吃饭的人需要从提供的菜单上选择一道菜，其中一半人拿到的是标准套餐，比如法式炸薯条、炸鸡块和加配菜的烤土豆，另一半拿到的除了上述的标准套餐外，还有份健康的沙拉可供选择。

吊诡的事情发生了，当菜单中多了一份健康选择的时候，人们更有可能选择最不健康、脂肪含量最高的食物；更加毁三观的是，即使人们根本没有选择健康的蔬菜沙拉，只是知道有这样的选择，那么其吃不健康食物的可能性也会大大增加。同样的情况还发生在研究人员在自动售货机上的实验，当在众多垃圾食品选项中多了低卡路里饼干的时候，被试者更可能选择热量最高的垃圾食品。

研究人员的结论是：**大脑对完成目标的可能性感到兴奋，它错把可能性当作真正完成了目标，从而在选择垃圾食品时压力小了很多，对不健康的食品产生了强烈的愿望**。

所以我们看到，**有经验的超市会把新鲜的水果蔬菜放在卖场的入口处，人们仅仅是看到这些，就会对它们产生“虚拟所有”的感觉，从而会对那些高糖高脂高热量的产品放松警惕，从而大大增加其购买零食的可能性，顾客的客单价会因此大大增加**。

在国内各大卖场纷纷陷入窘境的今天，以经营生鲜为主要特色的永辉超市却高歌猛进，不光是因为特色定位的成功，也因为生鲜产品的健康性，帮助其提高了超市的客单价。不光卖了生鲜，人们选择其他工业食品的压力也小了很多。

实际上，开放式货架也在一定程度上利用了虚拟所有权，完全敞开，让顾客觉得跟不要钱一样往购物车里扔，也能产生少许虚拟所有的感觉。

不光是终端销售中对虚拟所有权广泛应用，人员推销中也经常应用：专业销售人员做培训时，经常听到一个词叫“成交预设”，意即跟客户谈判中，要经常假设双方已经成交，从而刺激其下单欲望和激发其“损失厌恶感”。其原理也是一样的。

利用其主场优势，通过巧妙的空间设置从而促使消费者购买，或者买得更多，是终端应用最频繁的迷魂阵。

做终端销售的都知道，终端建设最关键的是陈列，每家公司都有陈列十原则或者十八原则什么的，比如黄金位置、重点突出、垂直集中、先进先出、多点陈列等，都是对终端空间的最大化、效率化利用。而对于零售商来说，能够做的事情就更多了，随便举几个例子。

你如果留意下大型商超的地板，就会发现基本都是非常小非常密的瓷砖，这会让顾客觉得自己走得太快，从而放慢脚步，于是能有更多的时间来买东西。

大型超市的收银台总是排队的，哪怕人不多，那就少开个收银台，反正要让你排队，你排的时间长了，购物机会就会增多（当然这有个限度）。商超的通道设计也很坑，你哪怕就进去买瓶水，从进超市到出来也要把整个超市走一遍，你看到的东西多了，购买机会也会增加。

在产品组合上，很多消费者印象中很常规的组合，他们往往把它们打散，比如面包牛奶鸡蛋是个常规的早餐组合，你会发现你要把超市完整走一圈才能把这“哥仨”凑齐，而很多看似不搭界的产品，却往往被乱点鸳鸯谱一下。

美国的沃尔玛首先发现，把纸尿裤和啤酒放在一起销售能提高啤酒的销量，因为美国通常是男子周末购买纸尿裤，而周末恰恰是体育赛事的高峰，啤酒则是陪伴赛事的最佳伴侣。而在我们国内买纸尿裤通常是妈妈们的事情，这方法就不管用了。我们这儿是把安全套和口香糖放在一起，效果最好，你懂的，巧克力有时候也来凑热闹。

2. 调动你的每个细胞，快点买买买

这还不是狠的，更狠的是利用人的各种感觉——视觉、嗅觉、听觉来刺激人的购买欲望，再高级点的还会点燃和利用人的情绪。

在超市的肉制品区，往往是打白光，红色的价格牌，这样微红的光照在肉制品上，看起来比较新鲜。而在卤肉区，灯光则是微黄色，各种卤制品油光泛黄，看起来非常诱人。当你实际买回家一看，会发现跟在超市看到的感觉相差很大。这是用灯光摆的迷魂阵。

音乐使用也很广，促销活动可用热闹的音乐烘托气氛，舒缓的音乐多用在餐饮终端，目的是让人放松，一般商超入口还可能放欢快的音乐。

星巴克塑造了一个“小资休闲”的形象，非常打动人心，引得无数文艺青年都有志于开个咖啡馆。可这些很有情调的咖啡馆基本都支撑不了几天，最后都倒了。当然各有各的原因，这里老苗揭示其中一个。

文艺青年开咖啡馆往往醉心于情怀，环境舒适、轻缓、有格调，让人流连忘返，但人家往那儿一坐不走你就吃不消了。如果你留意星巴克的座位就会发现，他们家座位的最大特点就是：你很难在里面坚持坐很长时间，顾客快来快走，翻台率自然就高了。情怀的外衣下，都是商业的内核。

终端还会通过味觉来让消费者产生原来不存在的欲望。当你

路过一家快餐店被炸薯条和汉堡的味道吸引时，你要知道，那些香气很可能不是店里的食物发出来的，而是通过精心设计的装置释放到人行道上的。

很多人都会有这样的体验，为什么大型超市里的烤面包会那么香，而自己一旦把面包买回家，味道跟在超市闻起来大相径庭。多数顾客不知道的是，他们在超市闻到的可能是经过强化的香精，这些化学品专门刺激他的多巴胺神经元，让他和他的钱包一起走到收银台。

在国外，营销学专门有个领域叫气味营销学：他们会让母婴用品区充满温暖舒适的味道，泳衣的销售区有椰子的味道，而女士的贴身内衣区会有“舒缓的紫丁香味”。

跟气味营销学对应的还有色彩营销学：红色让人兴奋，蓝色使人宁静，黄色凸显高贵，白色象征纯洁，橙色最有食欲感……各种色彩在包装和终端装潢中各显其能。色彩的组合，流行色的把握，对于色彩兴趣的掌控，都是终端迷魂阵的基本功夫。

3. 软硬皆施的终端迷魂阵

上面提到的通过虚拟所有权、利用终端空间以及消费者感知和情绪的手法，都叫作“硬终端建设”；**还有种叫作“软终端建设”，主要是跟人的因素有关了，分成“客情”和“推介能力”两大部分**。

优秀的客情营销要做到的是“五愿四能”，“五愿”分别是愿进货、愿补货、愿结款、愿推荐、愿配合，“四能”是能提供市场信息、能原谅供应商的偶尔过失、能在同等推广条件下考虑你的产品、能减少甚至免除你的一些终端费用。这是销售人员的日常基本工作目标。

而“推介能力”对于一些关注度较高、价值较高的产品非常重要，大一些的如房产、汽车，一般的如服装、箱包、家具、化妆品、保健品等。这就是营业员或导购员的功力所在了，跟客情工作一样，都是一个专门的庞大话题，暂不赘述。

还是那句话，**营销的根本目标是影响和改变消费行为，作为最贴近消费者的营销环节，终端存在的意义不仅仅是把产品摆在消费者面前那么简单，否则你那些银子还真是白花了。**

电商则是另外类型的终端，套路上有不同，但背后的道理仍是一致的。

四、"终端为王"的大坑，有多少埋多少

上文讲了很多终端销售的套路，终端是卖货的地方，这里的工作经常被称为"临门一脚"，极为重要。

既然如此重要，企业当然就无比重视，重视的结果就是大量的资源投放到终端上，号称"终端为王"，很多企业都提出"终端制胜""决胜终端"甚至"血拼终端"之类的激情甚至惨烈的口号。

其大概的逻辑是：既然临门一脚如此重要，那我们大家就都来射门吧。什么中场、后卫、守门员，什么生产、供应、研发、财务，能将就就将就，能凑合就凑合，前锋要紧，关键是要进球。

现在的企业对于终端建设普遍十分重视：特殊陈列、终端生动化、DM、各种活动，能做的都做了。

江湖流传着著名的"终端拜访八步骤"，很多企业恨不得做成十步骤，二十步骤，认为工作越"细致"，过程越"可控"，终端工作就会越"扎实"。

事实上，如果不真正了解终端的按钮，“终端为王”可能会变成你营销中最大的坑。

1. 冤魂无数的大坑和那些前赴后继的填坑者

这不是危言耸听。

首先，终端虽然重要，但它是显性的，一有投入马上看得到效果，好多人凭着直觉做营销，终端工作的作用被大大夸大了。

更关键的是，**一个企业的运营和营销，是整体的系统。这个系统中的关键因素可能并不是终端，过于重视终端，往往导致资源配置发生偏差**。

资源配置一错，越努力越失败。

曾祥文教授曾举过这样的例子：

某企业整体销售业绩差，但个别终端销量好。老板发现，该点促销员能干勤奋、熟悉产品、和蔼可亲，于是得出结论：业绩取决于人的素质，于是培训、换人……

这个场景是否非常熟悉？结果却几乎无一例外：

对手开出更高工资，你辛辛苦苦培训、招聘的人员全部跳槽。

关键是你还无法跟进，因为对手有利可图而你不行。

你没抓到关键因素，所以整体系统差，导致业绩差。

你只改变了促销力，但它不是关键行为，同样的促销力在更优秀的系统中能发挥更大价值，所以他们走了，你的局部努力不过为人作嫁衣而已。

再来一个更普遍的现象。

某企业新品上市几个月，市场没什么动静，有部分终端却动销良好。企业发现：该终端陈列良好，形象突出，店里主推，维护到位。于是得出一个结论：陈列是销售的生命，终端建设是营销成败的关键因素，于是，复制，全国性终端运动……

结果也很相似。

你投入了大量终端费用，销售却增加有限，利润反倒进一步下滑。真正表现好的终端并不多，即使有，往往也很快下滑，无法保持。

更糟糕的是，上山容易下山难。你的费用一旦投入就很难撤下来，高昂的人员维护成本也成了企业甩不掉的负担。

逻辑是相似的：**个别终端因为偶然因素或者判断失误，把资源投向了你，这并不能复制。因为终端会把资源投向更能产生价值的品牌。除非你一直维持着高费用，交平台费，变相贿赂终端，但这会给你造成更严重亏损，贿赂减少，销量随之崩溃。**

老苗之前举过的例子。

以前康师傅能力压统一，靠的是它的通路精耕，可口可乐战胜百事，最大的武器是直控终端。一些大的品牌商在操作终端上尝到了甜头。

于是很多后起品牌和二三线品牌也在效仿，从康师傅的通路精耕到可口可乐的101模式，无数空降到民营企业的营销高级职业经理人，挥舞起终端建设的大旗，但几乎是无一例外的失败。

营销的缺失无法通过销售的加强来弥补，二线品牌最大的缺失是与消费者的沟通弱。一个没有进入消费者心里的品牌，单单放在消费者面前去，其渠道和终端成本都非常高。

更严重和更普遍的状况是，由于跟消费者的沟通有问题，终端做得越好，曝光率越高，消费者接受度越低，产品也就死得越快。这就是传说中“不做终端等死，做终端找死”的根本原因。

再算一个让三四线品牌心凉的账。

同样一个特殊陈列，宝洁只需要做个特价就能免费获得，舒蕾可能就需要付出1000元/档，一些三线品牌可能就要2000元/档，还要补特价的价差。悲催的是，宝洁可能会增加10000元的销售额，舒蕾可能是增加5000元，而三线品牌的销售额增加则可能只有2000元甚至更少。

看似相同的战场，不同的品牌，根本就不是在同样的平台进行竞争，这非常的不公平。

所谓的终端为王，很多时候，都是大企业把你引到一个叫“终端”的开阔地，然后用一个叫“品牌”的武器，对手无寸铁（品牌）的你，进行扫射，而你毫无还手之力。

所谓的“终端为王”，只是“渠道为王”时代的一个局部特征而已。

2. 零售商变平台商是一种倒退

21世纪的头十年是以商超为代表的“现代终端”闪亮的时代。终端的资源稀缺，谁离消费者更近，谁的话语权就更大，而传统的消费品企业多数是通过经销商再到终端，基本不接触消费者。

更大的市场话语权和稀缺的资源，导致终端面对大部分供应商时非常强势，店大欺客。而且零售系统的采购多受过严格的采购训练，面对国内大部分专业程度不高的销售人员，轻松地把他们玩弄于股掌之间，最大限度地压榨了供应商，包括厂家和经销商。

日子过得太爽，难免变本加厉。

很多终端都从销售商变成了平台商，盈利模式从赚取销售利润变成收取“保护费”（各种名目的进场费、条码费、店庆费、配送费等）。

谁的品牌能够交得起更多的平台费用，谁的品牌能够面对固定商圈中的更多人群，谁就可以在这些昂贵的终端中得以销售。一些小众产品和个性产品被拒之门外。

这使得各大终端销售的产品日趋雷同，而消费者也日渐丧失了逛卖场的兴趣。

或许一些大型零售商还为此商业模式得意，但从销售商变成平台商实在是一种堕落。销售商旨在给顾客提供更多的便利、更好的体验和更大的价值，而平台商着眼于收各种“苛捐杂费”，必然导致产品同质化、平庸化，从而失去应有的价值。

KA 卖场的平台经营模式已经被证明越走越窄，而被卖场牵着不计血本投入、号称为了品牌形象的供应商，这些年已经死了一地。

而电商终端成了最新的“现代终端”，玩得比前“现代终端”更加凶狠。

先利用互联网发展红利和免费手段，电商平台迅速获得了大量的客流，建立了巨大的平台，然后这“保护费”收得比商超还要多：各种活动、各种坑位费。比传统商超更厉害的是，如果你不交推广费，你根本就没有露出的机会。

一线品牌在面对传统大型商超时还有很大话语权，但到了大电商平台这里，一样，人家说什么姿势就得什么姿势。

交了钱，至于怎么做推广、做运营？对不起，您还要自己来，我就是个收买路钱的。

于是，大多数并不擅长面对消费者进行营销的生产商，无奈走上了自己做市场推广之路。费用高昂，统一战线被瓦解，生产商单打独斗（传统模式中推广职能由中间商完成），于是流量的红利期一过，几乎所有的电商经营者都在亏损。

这些年，电商平台也在忙转型。

马云提出“新零售”的概念，框架上是“线上 + 线下 + 物流”，具体是什么？业内也都一片懵圈，不少人争相解释，阿里研究院忙着给老板“弥缝”，提出“人货场”的概念。竞争对手也说，我们不一直都在做吗？

乱花渐欲迷人眼，我们从小到大接受的教育都是“找不同”，看变化，往往会忘了，**不变的东西才往往是最本质的**。

3. 哪里才是真正有价值的终端

我们回到经典营销学，看看科特勒老爷子对零售及终端的解读。

> 零售包括将商品或服务直接销售给最终消费者，供其个人非商业性使用的过程中所涉及的一切活动。

老爷子怕人们走火入魔，特意说了下面这句。

> 至于这些商品或服务是如何出售的（个人、邮售、电话或自动售货机），或者它是在什么地方出售的（商店、街上或消费者家里，现在需要添加一个网上）则无关紧要。

大师果然是大师，早就看到和预料到，零售业态多种多样，五花八门，新形式会不断涌现。而且断定，终端类型会像产品一样，经历发展到衰退的阶段。科特勒称之为“**零售生命周期**”，并用“**零售滚动假设**”来解析了终端类型的推陈出新规律。

具体不赘述，爱学习者去翻看大师《营销管理》中“管理零售、批发和市场后勤”的内容。

还是回到老苗一直倡导的理念，营销的本质是影响和改变消费行为。终端的形式和方式远没有那么重要，更没有传说的那么邪乎。

哪里可以和顾客深度沟通，哪里有更深的消费体验，哪里可以更大限度地影响消费者，哪里才是更有价值的终端。

以顾客沟通、产品露出、利润、销量四个参数，老苗把终端划分为五类。

分别是深度终端、高值终端、销量终端、普通终端和陷阱终端，根据这五类终端特性和企业所售卖产品的特性，并结合企业自身能够投入的资源，进行前终端、后终端、核心终端和两翼终端的组合。这就是老苗倡导的新终端价值观下“全新终端驱动模型再造”。

五、科特勒说：终端的形式无关紧要，那什么是重要的

接上文，先拿科特勒老爷子的观念扯个虎皮：

终端形式无关紧要！

那什么才是最重要的呢？

答案是：终端的职能！

终端有**物流（含交易）、产品展示、信息传递、消费者教育**四大职能，终端的形式可以千变万化，甚至终端的外在形式都可以取消，比如直销，但终端的这些职能必须存在。

所以，品牌商或经销商运营终端，首先不要看形式，什么电商、商超、便利店、药房、餐饮，这都是表面的形式，而是看下面埋藏的更本质的——**职能**。

那么，这四个职能究竟哪个最重要呢？

1. 答案没那么复杂，瞬间就告诉你

缺哪个，哪个就最重要。

物质短缺时代，一定是物流和产品展示最重要；但信息大爆炸的时候，能够进行信息传递和消费者教育最重要；高关注度、高价格产品，缺的是向消费者灌输信息，信息传递重要；新品类产品，消费者教育重要；低关注度产品，通过产品的即时刺激就能引发购买，产品展示更重要。

还是回到老苗一直絮叨的那个话题：营销旨在改变和影响消费者行为。哪里可以和顾客深度沟通，哪里有更深的消费体验，哪里可以更大限度地影响消费者，哪里才是更有价值的终端。甚至一些不卖货的终端反倒是最有价值的终端（比如医院对于四大奶粉）。

那人们一直念叨的“新零售”又是什么？

搞个线上线下结合就叫新零售了？网上下单，线下拿货就叫新零售？还是线下体验，网上购买就叫新零售？“人、货、场”就是新零售？这些统统是形式，是科大爷眼中“无关紧要”的形式。

我们抛开概念的噱头，用营销的本源来分析："新零售"跟"传统零售（包括传统电商）"最本质的区别是**职能侧重点的不同，"传统零售"强调的是物流，尤其是交易，而"新零售"强调的是信息流和物流的组合**。不管是产品展示，还是信息传递、消费者教育，都可以归为信息流，新零售**强化的是对整体购买行为的影响**。

传统零售做的是销售，而新零售做的是营销。

2. 终端的五种分类之深度终端

下面主要通过深度终端的介绍，详解一下终端的信息流职能。

深度终端是以顾客与终端的接触程度做考量的。在"新零售"理念中，这是终端的制高点。

外资四大奶粉品牌在中国市场所向披靡，就因为曾经占据了针对奶粉的深度终端——医院，通过医务工作者的推荐让妈妈们深信不疑，在国产奶粉信任危机的大环境下，近乎垄断了国内高端婴幼儿配方奶粉市场。

同样，对于婴幼儿产品来说，超市无法跟母婴店竞争，就是因为母婴店作为专业终端，其与消费者的接触深度要大大强于超市。

在酒类营销中，餐饮终端因更深的接触度使其战略意义远远大于商超。

前几年，进口酒还开发出更加深度的终端——酒会：通过酒的品鉴、展示、交流来达到推广目的，通过看、听、闻、尝、问、讲等手段，调动消费者的感官、情感，使消费者的接触达到了更深的层次。

在化妆品行业，美容院终端的接触深度大于商场专柜，商场专柜大于日化店，而日化店大于超市货架。

保健品企业则开发出另一种深度的终端——会议，业内称会议营销，即把目标消费者聚集到一起，通过专家讲座、现场交流、产品展示、患者自证等方式，与消费者进行深度接触，极大引导了消费者购买。

直销企业的家庭聚会则是深度终端的另一个典型代表。

广告、公关传播，对消费行为影响的直接程度往往比不上终端的直接体验，因此在向消费者传递信息方面，有些终端具有得天独厚的优势。

早些年业内流行过一个概念——“终端媒体化运作”，其要义是把终端像媒体一样去运作，他们定义终端的首要作用是向消费者传递信息，传递切实的、令消费者感同身受的信息。这其实是增强终端跟消费者接触深度的一个方法。

现在的市场，要求品牌商在选择终端时，**首要选择能和消费者深度沟通的终端，如果没有，就去开发甚至创造能够深度接触的终端**。

养乐多是活性乳酸菌饮料，需要进行冷链配送和销售，其终端选择面相对较窄。但养乐多却创造性地发展了一类“终端”——面对面销售，在日本，有几万名“养乐多妈妈”，把养乐多直接送往千家万户，占其销量的一半以上。而在中国，养乐多的面对面营销除了有自己的直接销售队伍外，还有社区、写字楼的推广、征订和售卖，配合楼宇广告、社区广告，成了他们打开中国市场的首要利器。

3. 企业类型不同，对终端的深度需求也不同

不同类型的企业对终端沟通的深度也有不同要求。

名牌企业利用其强大的品牌号召力，能调动终端及渠道资源，同时其信息传递和消费者培养的职能更多通过品牌打造实现，这导致了名牌产品选择终端会更加重视产品展示和物流职能，**更多的产品展示意味着更多的销售机会**。

而对于大多数普通品牌来说，信息传递和消费者培养才是更加重要的，在缺乏有效信息传递的情况下，**更多的曝光率可能会使产品死得更快**。

竞争的加剧也导致产品关注度的改变，你需要更多地向消费者传递信息甚至是“洗脑”。

以前包子好吃的标准是“薄皮大馅”，当大家都是薄皮大馅的时候，你用“灌汤小笼”就能区隔，之后就要用各种口味、各种食材、各种讲究，到最后可能还需要去讲故事了。

当包子拥有这些差异点后，做包子的掌柜就需要把这些信息传递出来，甚至要教育消费者，包子铺就需要承担更多信息传递职能了。

电商终端的天生劣势是，在消费体验和实物感知方面弱于实体店。他们从建立之始就比较重视传递信息和消费者培养的职能。

早期实践者们挖空心思来弥补“体验感弱”这个劣势，从可感知甚至充满诱惑力的详情页，到动辄就“亲”的淘宝体，以及对消费者评论的应用，新时代的营销者居然把劣势转化成了优势。很多情况下，顾客在网上对产品的感知比一般的线下终端还要深刻，还要接收到更多产品和品牌信息。

电商的强大，不光因为它自己，更因为它还有个特别牛的亲戚——互联网。

以前老苗撕过，互联网对营销的本质影响，是把**营销的根子——购买行为模式**给改变了，是一场真正的革命。

购买决策的5个阶段模式中，通过网络进行信息收集，成了购买决策的主要依据之一。（购买决策5阶段：问题认识——信息收集——可供选择方案评估——购买决策——购买后行为）

以往的**“随机性购买+计划性购买”的出行购物模式**，变成了现在的**“随需而搜+搜中即拍+便利性补充”的线上加线下的复合购物模式**。

互联网在提供信息内容方面，具有得天独厚的优势，以前在线下不可能完成的任务，在网上却能搞定。比如讲述品牌故事、对竞品进行全方位对比、让消费者看一个五分钟的视频、读一篇有关消费者教育的文章、进行一次大规模的口碑传播。

由于互联网推广带来的消费需求和购买行为，更大可能流向**电子商务**，并且这种趋势会进一步加强。能够吃到互联网发展及推广的红利，也是电子商务威力巨大的原因。

然而，电商并非十全十美，上面提到它最大的天然缺陷是产品体验较差。老苗在《终端障眼法》那一节里提到的，利用空间布局、利用气味、音乐、色彩等，让消费者增强产品体验感的手段，在电商中也难以应用。

生鲜、食品等即时刺激产生消费的产品，在电商上的表现一直不尽如人意，跟电商的这个先天缺陷有很大关系。

所谓新零售，绝不是线上线下两个销售渠道的简单组合，那仍然是披着新概念外衣的传统的思维，仅仅强调了终端的物流（含交易）职能。

不了解终端的**职能本质**，不去重视终端的**信息流职能**，凭着表象做线上线下组合，绝不会有胜算：之前的O2O已经死了一地，快消品大投入转战线上的基本没有盈利的，之前的淘品牌布局线下，也大都以失败而告终。

其背后埋藏的都是同一个道理：

如果不能在信息传递和消费教育上对营销有帮助，只是单纯增加一个销售渠道，那开辟和运营一个销售渠道的成本，远远高过其新增利润。

新零售关键不是线上＋线下，而是从**物流运营到信息流和物流的复合运营，针对一个产品进行最有效率的信息流和物流的终端组合，就是新零售思维。**

线上＋线下，仅仅是它最通常的表现形式而已。

4. 除了深度终端之外，还有这四类终端

第二类终端：高值终端。价值终端是以产品的投入产出考量，盈利大的价值高，盈利小的价值低。深度终端可能是高值终端，也可能不是高值终端。比如上面提到医务终端，对于婴幼儿配方奶粉来说，是深度终端但不是高值终端。为方便对比，把高值终端和销量终端一起分析。

第三类终端：销量终端。销量终端是以产品的销量作为考量指标，指产品销量可观但利润表现一般的终端。

很多人的观点是，销量是利润的基础。老苗的观点却是，利润是销量的基础。多数情况下，没有利润的销量毫无意义，甚至是吸血鬼。很多的高价值终端都看上去非常微不足道。

箭牌非常重视小店的铺市，因为对于口香糖来说，一个士多店的价值不见得比一个大商超小多少。

近几年火爆的乳酸菌饮料在西饼屋、糕点房的销量也相当可观。

大街小巷的餐饮店，从机场车站到高速公路休息区，到处都可见劲牌身影，而一些“高大上”的星级酒店和大型商超，

却不见得能找得到，真正做到了“勿以利小而不为，勿以损小而为之”。

直销模式，销售员又是消费者又是经销商也是终端，对于做直销的企业来说，在每个终端（直销员身上）都只赚不赔。

第四类终端：普通终端。即在与消费者接触、产品露出、投入产出、销量等指标考量中，都表现平平，但还不会亏损且有一定销量的终端。对于企业来说，这类终端主要依靠市场辐射来做，进行少量的维护和脉冲式的投入。

第五类终端：陷阱终端。这类终端要么是终端费用过高，导致供应商在此亏损，要不就是销量过低，其产生的利润无法维持基本的终端维护费用。

很多陷阱终端都伪装成“馅饼终端”在等待供应商，尤以平台商（大型的卖场超市、餐饮和大型电商平台）居多。目前的终端消耗战多发生在这里，能产生销量但会导致供应商亏损的陷阱终端，杀敌一千，自伤两千。不少品牌在此损兵折将，战不数合，便败下阵来，实在是“错误的地方打了错误的战争”。

对于陷阱终端要坚决舍弃，绝不可贪恋那些“镜花水月”般的销量，更不可受人蛊惑。

“只要持续投入，费用会摊薄，销量会持续上升”，“先亏损投入几个月，后面各项指标起来，费比就会下降”，还有“我这个平台（店）销量大，会有品牌效应，会辐射周边的终端”。

这多数情况下是吃人不吐骨头的鬼话。这么多年屈死的“冤魂”中，有不少产品本来还不错，就因为选择了陷阱终端而万劫不复了。

五类终端是可以转化的，高销量终端随着费用的逐渐降低可以变成高价值终端，部分高价值、高销量或者普通终端甚至陷阱终端，都有可能通过一些品牌推广手段，使之变成深度终端。

在实际操作中，各类终端如何组合，才能实现信息流和物流运营的效率最大化，如何把普通终端，变成跟消费者深度接触的终端，请继续看下一节——《终端的终极按钮——用传播理念改造终端体系》。

六、终端的终极按钮——用传播理念改造终端体系

近些年，线上流量很贵，线下衰退之势不减，于是老苗经常被问到这样的问题：

"您看我这产品该走线上还是线下"，或者本来做线下的问"该不该走线上"，本来做电商的问"要不要做线下"。

说实话，这不是个好问题：因为这个问题是把目光集中在了终端的形式上，而不是终端的本质——职能上。

老苗在上文中提到，目前我们应该从产品属性、营销目的、物流和信息流四个方面综合考量，来进行终端业务流程的再造。

具体怎么做？请你继续看下去。

1. 需要再造的不只是孤立的"终端"

先看一个科特勒举的浅显易懂的例子。

圣经面包是具有犹太风味的高品质面包，当它摆到大卖场时，销售却很不理想。

通过研究，他们发现，美国的消费者并不把卖场当作闲逛的场所，消费者进入卖场后往往直奔计划中的商品而去（请注意，

现在中国的消费者也已出现该类趋势，卖场的沟通价值越来越低）；消费者对圣经面包这种不熟悉的品牌的注目率平均不超过十秒！而这十秒是无法打动消费者尝试一个新品牌的。

于是，营销者转而将圣经面包推向营养健康坊等可以深度沟通的终端，以及犹太人比较集中的社区店（是不需要进行太多信息沟通的终端），而最终获得了成功。

在这个案例中：

产品属性：低价值低关注特色产品。

营销目的：产品上市期，需要传递较多信息；物流要求较低；信息流要求较高。

结果：自然客流较高的大卖场不是此阶段的适销终端，而营养健康坊（信息流较大）、犹太人集中的社区店（已有市场教育）是适销终端。

再举一个身边的例子，稍微复杂点。

有过育儿经验的父母都知道，婴儿在出生的时候，经常在医院因为这样或那样的原因被喂了“第一口奶”，从而导致孩子难以接受其他口味的奶粉。

于是，不卖奶粉的医院成了奶粉最重要的终端，四大奶粉品牌靠占据该类终端在市场形成垄断地位，我们把这类终端叫作“前终端”。

其他奶粉品牌想占据市场，必须要做“转牌”，这需要非常大的信息传递才能做到。那么，以专业形象立足的母婴店就占据了非常大的优势，而电商也以能传递更多信息占有重要的一席之地，传统商超地位就弱多了。如果你到社区便利店和士多店去买婴幼儿奶粉，可能会被认为是脑子不太正常。

在这个案例中：

产品属性：极高关注度较高价值产品。

营销目的：第一口奶或转牌；物流要求低；信息流要求高。

结果：前终端——医务终端占领配方奶粉市场制高点，母婴店占据奶粉市场的半壁江山，电商尤其是海外购举足轻重，卖场占比很少，便利店则完全没有价值。

通过两个例子，可能各位看官就能瞅出点端倪：**终端为王的概念是建立在“渠道为王”时代的基础上，其背后的逻辑是集中资源一股脑放到最有效的渠道环节上；终端的流程再造则立足于产品属性、营销目的及信息流、物流的综合应用，不仅仅把终端作为一个卖货场所来看，而是一个可沟通场景，这是“内容为王”下的营销逻辑**。

还是要回到营销的本源：营销和改变消费行为。我们来重温一个之前提到过的消费行为学基础概念——购买决策5阶段模式。

问题认识——信息收集——可供选择方案评估——购买决策——购买后行为。

以前的终端讲究的是“临门一脚”“终端拦截”，希望把产品更多、更抢眼地摆在消费者面前，或者让消费者实现“品牌转移”，主要针对五阶段的第三和第四阶段，即方案评估和购买决策。

而一旦把终端定义为不光承载物流职能，还要承载更多信息流职能，那终端的格局就要发生剧烈变迁，**终端、媒体、公关、广告各类载体的边界变得日益模糊**。

前面提到的医务终端对于婴幼儿配方奶粉，即是前终端，又是最重要的宣传阵地。

2. 终端驱动再造模型的五个要素

究竟怎样才能做到终端驱动模型再造呢？

在亮大招之前，老苗需要再次强调，互联网对营销的本质影响是对消费行为的巨大改变。互联网渗入了购买决策 5 阶段模式中的所有环节。

对于一个关注度较高的产品，先百度一下，成了必不可少。这为“前终端拦截”提供了广阔天地，搜索排名、官网、论坛等都可以成为优秀的“前终端”。

我们可能因为大众点评网而入住一家从未到过的酒店、去品尝一家从未吃过的餐馆，可能因为豆瓣网的一个评论而去看某个电影，通过百度地图进入附近的一家药店。这就是终端驱动模型再造的**第一个要素——建立前终端**。

近些年，老苗服务的客户有一个共同点：不管是做网上销售还是线下销售的，全部要求提供互联网推广服务，不光要各种硬性宣传，还要求发布更多软性信息。这既是把互联网推广作为宣传工具，又是把它当做前终端进行建设。

市场营销依赖信息，能够提供最有效信息的那个载体就是最有价值的载体。如果你的受众，一天到晚捧个手机，半年不看一回电视，可你非要搞个 TVC（商业电视广告）大创意，老苗除了夸你“土豪”，别的也没话说。

终端驱动模型的**第二个要素是建立核心终端**。按照五类终端划分法，核心终端必须是深度终端，关于深度终端的价值和重要意义，已经在《终端障眼法》那节中大写特写了，就不再啰嗦了。

之前提到的进口酒的酒会，养乐多的“面对面”销售，珍奥核酸、珠海天年的会销，都是能够深度沟通的核心终端。

作为最典型的快消品，饮料的适销终端种类非常多。王老吉最初选择的核心终端则是餐饮终端，因为相对于一般的商店来说，餐饮终端跟消费者的沟通无疑要深度得多，尤其是火锅店之类的餐饮终端，还能加强其“怕上火”的产品定位。

第三个要素是“后终端”。这听起来是个新词，不妨先说明一下：通常企业会有个咨询热线，消费者有问题会打电话来咨询，或者到售卖现场去找企业代表，甚至企业会派人去上门服务，后来逐渐进化，消费者可以在官网上、在旗舰店留言，给个“好评差评”等。我们通常管这个营销环节叫“售后服务”。

从“售后服务”到“后终端”的演化，是理念的根本变化。**售后服务还是“物流”逻辑，强调的是围绕产品的服务，维修、客诉等；而“后终端”则是信息流的逻辑，强调的是品牌与消费者的互动，消费者与消费者之间的互动**。

除了传统的售后服务如电话、维修、会员制、网上留言等，也包括新兴的自媒体互动、粉丝互动和更广义的论坛互动。近些年流行的“社群经济”，除了披上了互联网的外衣，在营销的本源上，更多是承载了“后终端”的职能。

前三个要素主要是承载信息流职能，**那第四个要素则是承载另一重要职能的物流终端**。包括分类法中的高值终端、销量终端和普通终端。

前终端、后终端、核心终端，解决的是与消费者沟通的问题，是“把货铺到消费者心里”，而物流终端解决的是消费者购买便利性问题，“把货铺到消费者面前”。

前三类终端是市场的发动机，而物流终端就是市场的车轮；消费者在前三类终端中体验和接受产品，与品牌发生互动，并可能完成第一次的购买，一旦形成品牌熟悉、认知和购买习惯，消费者就可能把购买场所转向物流终端。

企业经常陷入的误区是，在自己产品尚未得到市场认可的情况下，急功近利在物流终端投入重兵，企图通过“决胜终端”“终端为王”的手法，来获取市场的胜利，到头来只能南辕北辙，掉入“血拼终端”和“终端消耗”的陷阱。

老苗曾眼睁睁看着一些企业在物流终端上的大魄力投入，投入比例达到吓人的1∶2甚至1∶1，企业主和营销人仍然勇猛地一往无前。他们天真地以为，通过巨额的投入，一旦产品的销量达到一定程度，企业投入的比例自然会下降，岂不知绝大多数物流终端都无法承载品牌信息传递的重任。

产品价值无法被消费者认可，结果是“大促大销，小促小销，不促不销”，企业将为此拼尽最后一滴血后，遭到市场的遗弃，再被曾经付出巨额费用的终端扫地出门。

企业掉入该类“终端陷阱”跟标杆企业的选择有莫大的关系，日化行业的宝洁、联合利华，食品饮料的可口可乐、康师傅，药品的杨森、史克等，都是国内企业学习的榜样。但在终端模型建设上不同的是，这些大品牌已经通过广告、公关、各种品牌推广等手段，基本完成了与消费者的沟通，他们的终端模型建设以其强大的品牌号召力为基础，所以他们更强调与顾客的见面率和直接的视觉刺激，终端划分上并没有严格的物流终端和信息流终端之分。所谓“陈列是销售的生命”，但这对一个缺乏认知度的品牌来说是不成立的。

即使是大品牌，其新产品在缺乏市场认知的情况下，也不适合大量进入普通物流终端。

2005年，由于儿童果汁饮料品类的不成熟，可口可乐花费巨资推广的新品牌“酷儿”，在中国市场一败涂地，遍布在市场各地的可口可乐公司业务员，一瓶瓶、一箱箱、一车车地给终端和渠道商退货，几个月才完成，此情此景历历在目。

还有种较为普遍的情况是，一些低关注产品，购买行为是随机性、即时性购买。这种状况，用产品本身传递信息是最有效率的。

比如，三只松鼠在网上大火后，一直后续乏力，因为对于一个零食来说，从网上传递信息驱动消费行为发生，其成本要高于线下。

网上炒故事炒概念做传播，比路边支个摊糖炒栗子，通过散发香气来吸引顾客，成本要高。所以看到三只松鼠也开始走线下了，有点晚而且效果也不太好，但路是对的，看怎么走了。

电商这两年对服装、书、化妆品、手机、小家电再到大家电等行业的线下冲击无比惨烈，并且还将进一步加剧，但在食品饮料、日化等领域，却影响甚微。阿里和京东这两个大佬都“很生气”，后果就是最近重点打造 B 端电商，主要就是针对在 C 端表现差强人意的快消品。

这是由该类产品属性决定的，它们最有效的信息传递方式是产品的现场展示。这就是老苗倡导的**终端再造的第五个要素——物流终端场景化**。

如果你的终端无法跟消费者沟通，对于消费者而言，它只是一个消费的场所；而一旦你能够在终端与消费者进行沟通，那这个终端就是一个消费场景。如果你没有广告的支持、传播的配合，而你又是一个相对较新的品牌，那你的终端建设唯一的出路就是：

运用终端驱动模型再造，把购物场所变成消费场景。

这不是文字游戏，场所只是单纯交易的地方，有商品有客流就是销售场所，而场景则是能够互动的地方，能够产生记忆甚至愿意分享的地方。它可能有游戏，可能包含有意思的内容，可能对你有帮助，可能有社交性，还可能有分享价值。废话不说，举例子。

由于迷恋美食乃人之本性，餐馆很容易变成有消费场景的终端。随便搞个有特色的菜肴，就能让人们忍不住拍照发朋友圈。如果你的餐馆有故事，比如有名人轶事、被拍摄进《舌尖上的中国》，那你的餐馆场景化程度就更高了。以前在川国演义吃火锅，里面的川剧表演让人印象深刻，算是把消费场所变成消费场景的典型代表吧。

优衣库曾推出优衣库时钟和优衣库日历，分别把美女、音乐、舞蹈和影像与优衣库的服装画像结合起来，2010 年开始玩 SNS 网络排队的游戏，然后是玩试穿活动，这一系列组合在全球范围内都堪称营销经典。

即使是商超这样典型的物流终端，也能通过一些手段让它跟消费者沟通起来。

最常用的是在包装上做“手脚”：一款普普通通的可口可乐，因为“萌系列”的包装，瞬间使得简单的终端消费场所变成了一个有沟通的消费场景。蒙牛也在优益 C 上推出主题瓶：“大排党”“小腰精”“腹二代”“圣痘士”们也受到了消费者的热捧。

在终端上能做的动作也不少。溜溜梅就很注重有“主题”的陈列，通过各种手段，来传播其“没事儿就吃溜溜梅”这个“烦人”的广告主题。甚至有次通过终端来传递“梅子就是梅花结的果”这一知识，自诩见多识广的老苗也是第一次知道：“哦，原来我们常说的‘青梅竹马’‘青梅煮酒论英雄’，说的就是它啊!”这就是物流终端的场景化。

3. 思考不要止于战术层面，请换一个维度

好，最后再总结一下老苗说了好久的“终端驱动模型再造”。如图 6－2 所示。

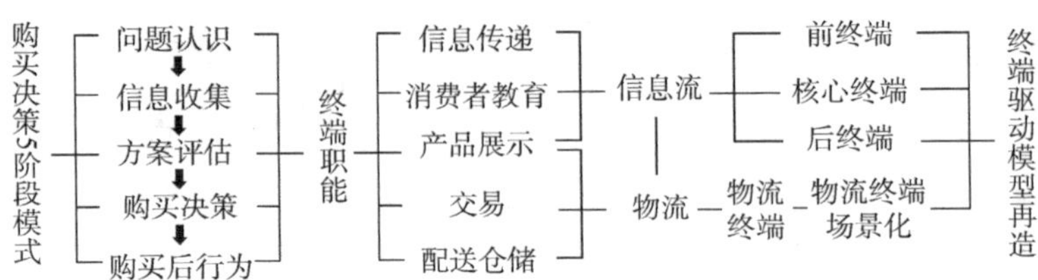

图 6－2　终端驱动模型再造

终端驱动模型再造是基于“影响和改变消费行为”的营销本源，从消费者购买行为决策 5 阶段模式入手。

终端驱动模型再造告别传统的“渠道为王”营销逻辑，从终端的职能出发来规划终端布局，同时强调信息流和物流职能。

前终端、后终端、核心终端，以信息传递职能为主，是市场的发动机，是终端建设的关键环节。

物流终端承载“把货摆到消费者面前”的职能，在信息传递到位的情况下，意味着销售机会的增加。对于消费者关注度较低、依赖即时性消费的产品，单纯依赖信息终端建设成本较高，需要做物流终端的场景化。手段可以是包装、可以是主题陈列、可以是主题推广活动、可以是跟线上的结合活动等。

如果你觉得终端的命题无解，一定是在“决胜终端”的战术层面挣扎，或在终端形式上纠结。如果你能跳将出来，换一个维度思考，从终端的本质职能出发，将之与产品属性、营销目的相结合，相信你能看到完全另外的新气象。

本章小结

1）在复杂的市场环境中，由于中间商的存在，正常情况下交易环节是减少的，而不是增多的，交易成本是降低的，而不是增加的。也就是说你剥掉合理的中间环节，消费者拿到手里的商品价格只会更高而不会降低。

2）中间商的作用还远非减少交易环节那么简单，他们往往还提供：信息收集整理、促销推广、谈判、订货、移库甚至承担资金风险等作用。

3）提高分销水平的方法是进一步整合，使渠道成员之间有更多的共同利益，消除为追求各自利益造成的冲突，避免渠道系统和品牌遭遇“公用品悲剧”。整合的方式可分为垂直整合和水平整合，即建立垂直营销系统和水平营销系统。

4）渠道的营销按钮是其顶层设计，可分四步走：第一步是选择渠道级数和定义渠道性质；第二步是制定销售政策；第三步是制定跟销售政策匹配的价格体系；第四步是确定整合方向。

5）一个科学的顶层设计要达到要求：一是厂商间责权利清晰；二是充分调动渠道商的积极性；三是能充分利用渠道商资源；四是有利可图；五是保持连贯性，双方的共同利益越来越多，而不是逐渐变成博弈格局。

6）终端障眼法分两种：硬终端建设（其中“虚拟所有权”

是终端最常用的套路之一；更狠的是利用人的各种感觉——视觉、嗅觉、听觉来刺激人的购买欲望，再高级点的还会点燃和利用人的情绪）和软终端建设（“客情”和“推介能力”）。

7）终端的营销按钮是新零售思维下的终端驱动再造模型，即用传播理念再造终端体系。

8）哪里可以和顾客深度沟通，哪里有更深的消费体验，哪里可以更大限度地影响消费者，哪里才是更有价值的终端。

9）以顾客沟通、产品露出、利润、销量四个参数，老苗把终端划分为五类：深度终端、高值终端、销量终端、普通终端和陷阱终端。

10）现在的市场，要求品牌商在选择终端时，首要选择能和消费者深度沟通的终端，如果没有，就去开发甚至创造能够深度接触的终端。

11）终端驱动再造模型的五个要素：建立前终端；建立核心终端；建立后终端；建立物流终端；物流终端场景化。

第七章 

营销人从何处来到何处去

本书最后一章，貌似跟“营销按钮”不相关，实则却有本质联系。营销是人做的，本章涉及传统营销人的思维误区、如何思维转变、如何理念转变以及职能转变。可口可乐都取消 CMO 了，国内号称 8000 万的营销人是该考虑一下该怎么走了。

一、那些年我们干过的自恋营销

加拿大的两位心理学家曾经做过一个很有趣的实验。

通过长期对马场上的赌徒进行心理分析，他们发现，一旦赌客下注，他们对自己所挑赛马获胜的信心立即大增。下注前的 30 秒，他们还犹豫不决，毫无把握；下注之后的 30 秒，他们就明显乐观起来，更有自信了。

马还是那匹马，赛场还是那个赛场，一切客观因素都没有改变。一旦“我”这个因素加进去，自恋效应就会让大脑的判断出现巨大偏差。当然，这些马的获胜概率不会有任何变化。但就是因为这匹马与“我”有关，“我”便觉得它赢定了！

这种行为，就是典型的自恋，我们生活中比比皆是。

当我们单身的时候，看到那些晒娃的人往往会嗤之以鼻：“有孩子了不起”“你们家娃管我什么事”；可一旦自己有了孩子，那就觉得“怎么俺们家娃就这么可爱呢”“咋就这么招人疼呢”，一定要跟好朋友们分享分享。

如果你是个资深彩民，你会觉得自己选的号，要比电脑随机给的号中奖概率大很多，实际上都一样。

如果你是个创意人员，你会觉得自己想出的创意比别人的好。

如果你是某球队的球迷，往往你觉得某球队获胜的概率比实际它获胜的概率会大。

同样，多数驾驶员会觉得自己开车技术比一般人好，多数厨师会觉得自己做的菜比一般厨师做的好吃。再大一点，我们会认为自己的信仰比别人的信仰高明，自己的民族比别的民族优秀，自己的地域比别的地域更好。

行为学家用研究告诉我们：我们对自己拥有的东西有着不可思议的迷恋，对于自己投入了感情和精力的事物有着高乎寻常的评价。我们通常称之为“自恋”，它是人的本能。

所以我们总是有这样的想法：我拥有的是最棒的；我的想法是最好的；我的选择是最正确的；我的贡献就是比你大。（当然有些人会有相反的表现，比如有人厌恶自己的国家，有人会觉得自己做得特别差劲，这其实是“自恋”受到伤害后的另一种体现，属于心理学的范畴了，本文不表，但本质是一样的）

行为学家曾经做过这样的实验：让一个由二十人组成的项目小组成员，评估自己在项目中的重要性，用百分比来体现。

如果每个人都是客观的话，那么所有人评价的百分比相加应该是100%。然而事实却是：每个人给自己的打分总和居然超过了400%，也就是说人们对自己贡献的评估要比实际贡献高出三倍之多，严重失真。

人的一生都是在追求自己的重要性，自恋是人的本能。那些网上的“心灵鸡汤”告诉人们“永远不要高估自己”，“高调做事、低调做人”之类是没甚用的。

正确的做法是，承认“自恋”“高估自己”是人的本能，自己要适时纠偏。对于别人高估自己的行为要有足够的宽容，并正确地鉴别。

1. 企业中常见的自恋营销

普通人“自恋”和“高估自己”没什么大的危害，甚至是必需的，它可以增强人的自豪感和幸福感，有利于自我认知。但企业老板和营销人一旦陷入自恋中，对企业来说，可能就是灾难性的。

不幸的是，市场上的自恋营销俯拾皆是，一抓一大把。

我的产品最牛！用了之后有神一样的效果！

我的技术最牛！欧盟领先、国际标准、祖传秘方、一针见效！

我的渠道最牛！全方位无死角覆盖，经销商无（yi）限（bei）忠（xi）诚（nao）！

我的品牌最牛！消费者趋之若骛，离了你我们就不能活！

我最牛！创新无限，引领潮流，千秋万载，一统江湖！

而事实上，消费者对于这些迷恋自己优势的营销手法基本无感。

某企业是做祛痘产品起家，其产品技术和效果都非常值得称道。该企业老板就十分迷恋自己的产品和技术，他经常在公司的宣传材料及对外宣传上自命“中国祛痘第一人”和“祛痘大王”。

然而这是一种臆想的说法，不光消费者不认账，连公司内部员工都不认账。公司 80、90 后的员工开始在背后调侃，管老板叫“大王”，后来干脆叫“大（dai）王”。该老板估计做梦都想不到，自己苦心经营的“高大上”“祛痘大王”的形象，还没出公司就变“山大王”了。

由于沉迷于自己的产品和技术优势，缺乏跟消费者的沟通，该品牌近些年逐渐被市场淡忘，实在可惜。

当年给柒牌做广告策划，下面这个广告创意获得了柒牌老板的高度认同。

“生活就像一场战斗，要改变命运，先改变自己。男人，就要对自己狠一点！”

这是一段非常励志的话，对于创业过来的或者正在创业的人一定深有共鸣。相信柒牌的洪总看到这个创意，一定会联想到自己多年来风风雨雨，“创业艰难百战多”，现在终于“守得云开见月明”，百感交集之下，对这个创意大加赞赏。

然而，很遗憾！我们大多数的消费者并没有这样的联想。

也许消费者在想：“男人对自己狠一点”是什么意思？是说“这个服装特别贵，掏钱的时候要狠一点吗？”搞笑的是，还真的有经销商在会议上向柒牌提出了这样的问题。

对消费者而言，能够张扬自己个性的“不走寻常路”，或者像海澜之家那样告诉他“每年去两次”，更容易让他有真切的个人经验。

果然，“狠男人”的广告没播出多久，后面中华立领的推出才真正奠定了柒牌崛起的基础。幸好，由于创意精妙，再加上李连杰的明星效应，这个广告也取得了一些传播效果，广告语还被评为广告金句。然而下面这个企业就没有这么幸运了。

2006年，在年销售额约15亿的XX奶集团总部，我们可以看到在上千亩的工厂内，矗立着风格各异的办公大楼和厂房，有“白宫”样式的，还有“故宫”样式的。

坐在“白宫”里的公司老板有着非常宏伟的规划——十年做到1000亿。他认为，自己发酵过的奶一定会替代普通的液态奶，因为无论从口味、营养还是针对中国人体质方面，自己的产品对普通液态奶都有全方位碾压的优势。在市场占有率上，XX奶已经达到乳酸菌饮料市场的76%，处于绝对的垄断地位。他的经销商都是跟他发了大财的，无比忠诚，自己随便出个政策哪怕是“打款抽奖”，经销商的订单都会雪片般飞来。当地政府也是“高瞻远瞩”，对他的企业无比支持，又将旁边一块一千多亩的地皮批给了他们，用于扩大生产，以满足未来千亿的产能。

结果是，在对自己产品、渠道、品牌、整合资源能力、个人魅力全方位自恋的高潮中，公司资金链断裂，老板入狱，企业破产重整，至今也无法东山再起。

还有一种典型的自恋现象：每当市场上有小企业推出一个创新产品取得成功后，很多大企业的心态，就像西门庆看到武大郎娶了潘金莲，心痒难耐。自己赶紧也出一个类似的产品，把“金莲抢过来”。

他们的逻辑是：“我更有实力、品牌更强、有更完善的生产布局、更强的销售渠道，所以你能做好，我就更能做好。我是开药铺的高富帅，当然能抢过你卖炊饼的三寸丁。”

这完全是一厢情愿，用雅客老板陈天奖先生的话来说：“如果这个逻辑成立，那娃哈哈可以做成功饮料中的任何产品。”

肉松饼是前几年比较火的一个品类，首先把它做成功的企业是友臣。由于友臣实力不强，因此对肉松饼“见色起意”的企业还是不少的。

但几年过后，这些跟进的企业相继铩羽而归，有的还头破血流。友臣的肉松饼是依托电子商务渠道，通过网络游戏广告推广获得成功的，“有肉的饼”恰恰满足了游戏者顾不得吃饭的代餐需求。

跟进的企业一不了解友臣成功的本质，二没有跟目标消费者做有效沟通，以为自己有渠道品牌优势就能成功，实在也是臆想得够呛。

抢市场，依仗自己的优势“霸王硬上弓”是行不通的，一定要了解消费行为模式，找到跟消费者沟通的关键点。企业老板和营销人要告别臆想营销，需要学习对目标消费者的把握，对消费者行为模式的了解。

（1）要知道自恋是人的本能，我们会在心中放大自己的优势，这个在所难免，但我们要经常纠偏。

（2）你的感知和消费者的感知经常是不一样的，建立强有力的替代经验需要从消费者的经验出发而不是自己的经验。

（3）企业做大了，老板听到的真话往往就少了，这个时候更要注意倾听来自各个方面的信息。

（4）最重要的是，改变消费行为自有其方法和规律，只要掌握好，很少的营销行为都可能产生很大的营销效果，一定不要抱着自己的优势自说自话一厢情愿，费力不讨好不说，再被讥笑为“山大王”就更不划算了。

2. 很多人，还在心安理得地说着上个世纪的话

以上的自恋营销，都是企业从自身角度出发，忽视消费行为模式导致。而还有种自恋营销，则是时代和市场环境变化下企业应对不力导致的。

谈论时代环境总觉得太远，先说一个自己亲身经历的小事给各位看官听听。

有一次，我参加某企业的开春动员会。就是春节假期后的某天，老板把企业的中高层管理人员召集来，给大家打打鸡血：年过完了，收收心吧，该干活干活该搬砖搬砖。

这次动员会由老板主讲，声情并茂讲了两个多小时。主要内容是讲述他几十年的创业史，各种励志，然后说到如今形势严峻，期望各层管理人员与公司同舟共济，共渡难关，怀着感恩的心投入工作，并起到模范带头作用。

该老板很有学识，也很有魅力，说实话，我在现场被打动了。然而接下来的剧情却十分狗血：第二天，三名被公司寄予厚望的年轻管理人员递交了辞职报告，且态度十分坚决。不带这么玩的啊，这打人专打脸啊！

一名80后的辞职人员这么跟我讲的：本来有辞职的念头，但还在犹豫；听了老板讲话，立即决定辞职，一刻都不能待了。讲的什么东西，你创业关我什么事，我能得到什么，公司形势不好，我年终奖还少发了，还让我有感恩的心，你才该有感恩的心才对。

后来，这哥们又补了一句："苗老师你不知道，天天这样，给我们洗脑，听得郁闷死了！"

这就是典型的现在年轻人的心态。

以前网上流传着一段管理"励志语录"。

"任何团队的核心骨干，都必须学会在没有鼓励，没有认可，没有帮助，没有理解，没有宽容，没有退路，只有压力的情况下，一起和团队获得胜利。成功，只有一个定义，就是对结果负责。如果你靠别人的鼓励才能发光，你最多算个灯泡。我们必须成为发动机，去影响其他人发光，你自然就是核心。”

该“鸡汤”在朋友圈迅速流传。

如果你仔细观察朋友圈就会发现，转发上述鸡汤的基本都是60后、70后，绝少80后，如果有90后绝对是珍稀动物。年轻人面对类似问题的考虑路径是这样的：一个团队，没有鼓励，没有认可，没有帮助，没有理解，没有宽容，没有退路，只有压力！这是什么团队，早点解散，本人不伺候！

对这个鸡汤的态度，能够反映出目前社会上激烈碰撞的两对理念：集体主义和个人主义、精英主义和平民主义。

我们50后、60后、70后，是从物资匮乏的年代成长过来的，受的是集体主义教育。我们想的是努力、拼搏、鲤鱼跃龙门，脱离贫穷，变成精英，成为科学家、文学家、政治家，我们接受为了集体利益牺牲个人利益。

而85后、90后及以后的00后、10后，他们从童年开始就有比较富足的生活，十岁之前可能就去了很多国家，什么都吃过见过玩过，习以为常。没有那么强非要出人头地的动力，对一些励志的、高端的内容会厌倦甚至反感，他们会对戴着虚假面具的光鲜内容进行嘲讽、扒皮，喜欢围观“没穿衣服的皇帝”；对于自己不太明白但感觉有些假的事情或者人，一律归为“装”，“撕”则是他们的最大乐趣之一。由于文化的多元性，个人主义是他们更能接受的。

老苗无意来分析理念的优劣是非，只想借此来展示营销界的一个突出问题：目前国内企业的掌舵人，基本是50后、60后、70后，协助老板制定营销战略的多数是70后部分是80后；但我们的市场已经以80后、90后、00后为主力，而且消费的潮流也是由他们主导。

品牌和产品拥有者的精英主义和集体主义的理念，与市场主导者平民主义和个人主义的理念，形成了目前中国市场最大的矛盾冲突。

很多企业老板和HR已经在管理方面深有感触，觉得现在的员工“不好管”了、“搞不懂”了。而实际上，市场上此类问题比管理中严重得多，毕竟在管理中，年轻的员工话语权还不大，是“弱势群体”；而在市场上，对不起，他们是强势群体，而你才是弱势群体。

如果你还没感受到，对不起，那你一定是陷入了另一种意义的“自恋型营销”。

3. 不是他们的语言，说再多也白费

在平日的生活中自恋一下，或许还无伤大雅，最多落个鸡同鸭讲的窘境；但在真刀真枪的市场上继续自恋，失去的就不只是一两个下属那么简单了。

一朋友向老苗吐槽某火腿肠广告：

一对母女对话，女儿叫妈，问“我的×××火腿肠呢”；妈答应道，你的×××火腿肠正在微波炉里加热呢，两分钟就好，然后嗔责女儿：“吃了二十年还吃不够”。

朋友的原话是听了就想吐，以后打死不买，全家谁都不能买，还打电话找他们厂家要求换个广告创意，“太令人反胃了，什么玩意吃二十年还能吃不够？”

这就是理念的不同。老一代物资短缺年代过来的人会觉得，一个火腿肠能够被人连续吃二十年就是产品品质好的象征，但对不起，这家企业真的是臆想了，对物质富足时代的人来说，除非是基本物品油盐酱醋米面，强调一个东西连续被吃二十年本身就是件很倒胃口的事。

十几年前，我们开经销商大会，邀请函是这样写的：

实践在发展，认识在深化，创新永无止境！有些时候，错过一次机会，就会错过一个时代！潮起潮落，云卷云舒，谁持彩练当空舞？××，总想走在最前面！

这在当时的经销商看来是很有煽动力的，觉得你的会议肯定大气上档次，可如果是对现在的年轻创业者这样说，就是不说人话了。

他们可能会“标题党”一下，“史上最没节操创业大会，你是来啊还是来啊”；也可能直接就写“能邀请你就不错了，也没空做设计，别端着别装，能来赶紧的”。

当然也不一定气质这么低俗，也可以是“世界不止眼前的苟且，还有诗和远方”的文艺范儿；也可以是直白地告诉你“为什么有人讲话特别‘撩’，而你却只有乏味，来，参加我们的当众演讲的训练营”。

不管是哪种风格，能打动他们的必须是属于他们的语言，属于他们的沟通方式。

很可惜，目前我们非常多老一代营销人在沟通方式的使用上，还沉浸在精英主义和集体主义的观念中。

“国货当自强”“中国人的骄傲”的国家民族牌，“更营养更健康更多选择”，这种从短缺时代过来的人觉得更诱人的产品利益，“行业领先、引导潮流、产业航空母舰”之类的精英主义诉求，目前仍充斥在广告、企业宣传资料、展会展示、产品包装中，让一些消费者避之不及。

还有的企业则走向了另外的极端，自从可口可乐的“昵称瓶”和“张君雅小妹妹”火了之后，“卖萌”和“犯二”在食品行业中大肆流行：卖酸菜的叫“翠花”，卖薯片的叫“土豆兄弟”，做坚果的叫“歪果仁”。而实际产品内容和设计都跟之前没多大变化，就是起了个网络化的名字，找了一堆网络流行语放到产品宣传资料上而已。

有企业老板曾经问我，对食品界这种普遍“卖萌犯二”怎么看，老苗的回答是：“您觉得这几年春晚上，满嘴网络流行语的小品好看吗？”

其实，任何时代的主流都不会讨厌高端大气上档次，现在年轻人不喜的是假“高大上”和过多“高大上”带来的压力。只要你够真诚，少务虚，传统的产品、企业、品牌还是能够获得年轻人的青睐的。年轻的小鲜肉讨人喜欢，有魅力的中年大叔也很有市场。杜绝高大全，把自己的企业和品牌立体化展示，才是跟年轻人有效沟通的不二法门。

老苗之前讲过，人的行为模式是几十万年进化形成的结果，不会因近些年巨大环境变化就会有彻底颠覆。而现在年轻人的行为，恰恰是人类最本质的行为模式面对新环境的反应而已。

这就更需要企业和品牌掌握消费行为模式，理解新的社会环境带给消费者的行为变化，放弃自我迷恋，用最真实的、年轻人认同的营销方式打动他们。

二、不好意思，反智现象大量充斥在我们的营销中

说完自恋，我们再说另一个思维大坑——“反智”。有个段子挺火的。

昨天晚上我为了增加学识，误加入一个博士群里。见到有一人提问：一滴水从很高很高的地方自由落体下来，砸到人会不会砸伤？或砸死？

群里一下就热闹起来，各种公式，各种假设，各种阻力，重力，加速度的讨论，足足讨论了近一个小时。

这时，我默默地问了一句：你们没有淋过雨吗？

群里，突然死一般的寂静......

然后，然后我就被踢出群了。

接下来就是评论人员秀智商的时候了：博士不会“理论联系实际”“多读书容易变书呆子”“学那么多文化没什么用”，甚至有人借此抨击教育体制，居然还有人提“知行合一”！

1. 反智，不是傻就是坏，或者又傻又坏

不知各位看官看了上面这个段子是什么感觉，作为一个文化程度不高，但一直很努力学习和尽量保持独立思考的人，老苗是看了之后眼前有点发黑，继而觉得有些难过，我难过的不是这个“黑段子”的无知和恶意，而是发现居然有那么多人认同。

反智大致分为两种：一种是对“知识”的轻视，对实用主义的崇拜；另一种是对知识分子（尤其是没有“成功”的）的“嘲弄”，对权威和权力者的盲从，有钱有权就是“爸爸”。大量的逻辑混乱存在于反智者的言论中，表现还真是形形色色。

×××硕士毕业，还不是去打工，一个月才挣五六千元；某某还去国外读书回来，照样回家待业。

李某某小学都没读完，先干包工头再干房地产，现在是大老板了。

读完 MBA，终于把公司开倒闭了。

茅于轼说公租房不建厕所，这是拿穷人不当人，故意激起民愤！

吃碘盐可以防辐射，赶紧去买！什么？不靠谱？万一是真的呢！

某某某是伟大领袖，某某某是大师，你有什么资格评价！

我走过的桥比你走过的路多，吃的盐比你吃的饭多，你不就读过几年书。

前些年北大毕业生卖猪肉，也让舆论及反智者高潮了一段时间；小时候，农村老家说得最多的段子，就是以前“知青”们在庄里的糗事，不辨韭麦啦，坐在井沿打水啦。传统的谚语中还有“秀才造反，三年不成”，岂不知中国几千年的开国皇帝基本都是相当于秀才及以上文化程度。

在很多人那里，“大老粗”是一种自豪的称谓，是用一种优越感，来评价一切认真的、自己不太懂的行为是“装”。一些没怎么读过书的人，自称上的是“社会大学”，并号称更加有用。

“反智”是一种文化现象，在历史上源远流长，其他国家也大量存在。而我们反智的大肆流行，还受我们以往的运动影响，也因为很多时候，利益获得总是跟知识无关，甚至是负相关。

“胆子大就能成功”的年代，有获得知识欲望的人可能在读书，可能因为掌握较多讯息或是退路较多而没有下海，因此并没有“知识改变命运”。

人们有个认知误区，觉得60后及以前的人，商业上成功的都是知识水平低的，知识水平高反倒影响了成功。这其实是个直觉，文化水平低的人基数大，而成功跟文化水平不相关，成功者的绝对数一定是低文化水平多，但相对数，并不多。

有知识的会独立思考的人，趋炎附势的可能性相对较低。这样，有知识有文化跟成功的关系，从无关到了差不多是负相关了。

成功导向的不健康，导致了反智现象的大肆流行。

还有些是因为反对以文凭为目标的应试教育，恨屋及乌也捎带着反对教育带来的知识，“连孩子带洗澡水一块泼出去”。

社会学上的“反智”现象，咱就蜻蜓点水地撕这几句，其实是个蛮有意思的话题，有兴趣者可以翻阅些资料。我们接下来聊聊企业经营中尤其是营销里的反智现象。

2. 对于一个企业来说，反智意味着自废武功

因为认识不少企业老板，知道一些他们的疾苦和艰难，同时也极为认可这一阶层为中国经济和民生做出的杰出贡献，因此老苗对于企业老板都是十分敬重的。但只有一种是例外，那就是倡导成功学的。

看上去平和淡定的老苗有两大看不惯，一是成功学，一个是传销。年轻时候曾经把一个讲成功学的“老师”从台上轰下来过。

成功学中有句话叫“要成功先发疯，头脑简单往前冲”，“你不成功不是因为你不够聪明，而是你不够笨”，这可能是企业界最常见的“反智”现象了。

第二种“反智”现象是“营销专业无用论”，号称是“市场一线经验最重要”“人脉最重要”，国内号称有8000万营销人员（把销售人员算作营销人员是我们的特色），精读过《营销管理》的却极少，可能只有百分之一甚至千分之一吧。事实上，我们碰到的绝大部分营销问题，你都可以在《营销管理》中找到答案，而市场上形形色色的各种营销理论，里面正确的部分也都可以在《营销管理》中找到相关依据。

第三种是成功路径依赖。这几十年中国企业成功多数都是靠发展红利获得，外贸红利、广告红利、土地红利、渠道红利、政

策红利等。

“台风来了，猪都能上天”，不是什么新思维，而是由来已久的红利思维。而这种红利思维也恰恰是众多“反智”思维的基础：“既然我成功的根本原因是抓住了机会（或者是搞定了某人），那还要学习那么多市场营销干什么，还要那么多人去独立思考做什么，只需要按照我说的往前冲就行了！”

这些年的中国营销基本就是“广告 + 招商 + 终端建设”，简单说就是做执行，不需要你那么“智”，你“智”了我更不好管。

但这一切，都在发生根本性的改变，所有红利的基础都是“信息不对称”，你知道别人不知道，或者说你也不知道但是你干了。

现在信息越来越通畅，信息不对称仍然在大量出现，但时效性在大大缩短。

电视广告的红利期有二十几年，百度搜索和商超的红利期估计没超过十年，电商平台的红利期只有五六年，而自媒体的红利期只有三两年。

新的机会一直都会有，“台风也会经常刮”，有可能更大更常见，但可惜的是，由于时效性越来越短，通过获取红利而成功已经不能成为企业的主要路径。

企业要做的是掌握企业运营和市场运作的科学规律，以此指导市场，不应再反智，而是要“倡智”。作为老板，鼓励员工独立思考，甚至和自己有不同意见，将会使自己受益无穷。

《罗辑思维》里讲过一句话，老苗觉得很好：“很多人经常会问，未来会发生哪些变化，但很少有人问，未来有哪些事物是不变的。”那些不变的往往更能反映事物的本质，而变化的通常仅仅是表面现象。“倡智”应该从掌握最本质的规律做起。

3. 真正的“智”，让你真正地了解这个世界

之前有个很好的公众号叫“李叫兽”，它的一期文章中提了一个特别好的问题：“为什么我们害怕蛇而不害怕插座？”

这非常符合老苗一直提倡的“消费行为模式营销”，人类的大部分行为模式是在野外时期形成的，我们看到“蛇”就觉得有危险，已经植入了人类的本能，变成了重要的行为模式，绝不是理性思考的结果；而危险程度相当甚至更高的“插座”并不能带来这样的感觉。

这样的例子很多，坐飞机很安全，但人坐飞机就容易有不安感，因为野外时期，人类形成了“高空有危险”的行为模式。同样，我们看到一片绿野，就会觉得心旷神怡，看到太多的高楼大厦、车水马龙就会觉得压抑，因为在几百万年原始人时期，绿野代表着会有充沛的水和食物，我们会因此心安。

广告里有个非常有名的“3B 法则”，美女、婴儿、动物是容易引起人注意和好感的元素，这背后有很强的行为学原理。比如说婴儿，由于人的发育周期非常长，在好几年间，人都需要照顾才能生存，在长期高生育但物质匮乏、高婴儿死亡率的发展过程中，长得可爱得到更多照顾，是活下来的重要保障。因此婴幼儿时期，长得可爱成了一个被保存下来的强大基因。而一看到婴儿可爱的脸，立即心生爱怜，体内激素水平都会发生变化，已经植入人身体中，形成了固化的“行为模式”。

做广告的知道，以前设计很吃香，文案很憋屈；而现在却反过来了，在这个人人追求 10 万 + 的年代，好文案极为抢手。上面提到的“李叫兽”，就是以教人写文案开始树立自己专业形象的。

广告界有句老话：**一个人的相貌比他的名字更容易记忆**。因

此，在渠道为王的年代，一个信息单纯、让人容易记住的画面是最为重要的。但这句话还有后半部分，**“一个人的名字比他的相貌更加容易传播”**，而这后半部分，在内容为王的今天，充分发挥了出来。

我们看到的变化是，广告公司以前设计牛，现在文案更牛；但背后不变的道理是，画面更容易让人产生印象，而文字更容易形成口碑传播。

如果我们只是看到了变化，就会觉得这个世界变化太快了，无所适从，如果探索出背后的道理，我们就能更快适应变化及时做出正确的调整，甚至能预判未来。

这就是“智”的力量。

4. 你以为的营销，真的是营销吗

某一年央视的年度经济人物评选，当时获奖的有看上去还有点稚嫩的马化腾。在马化腾领完奖项之后，CCTV 安排了一个十分微妙的环节：让多年后成为“江湖大佬”的马化腾向当时已经是“江湖大佬”的张瑞敏推销 QQ。

于是，这位日后成功俘获近十亿网民，建立全球最大社交帝国的商业奇才，使出浑身解数，饱含深情地向张总推销了 QQ。

张瑞敏十分感动，然后拒绝了他。台上的马化腾显得非常尴尬。

时至今日，腾讯的市值已经是海尔的几十倍，这段视频又被拿出来了。于是，一个崭新的“当年你对我爱搭不理，今天我让你高攀不起”的逆袭故事，又在网络上“鸡汤”了，这次轮到张瑞敏“尴尬”了。

当然，老苗是不灌鸡汤的，咱撕点别的。

首先，张瑞敏接受不接受 QQ，跟海尔是否互联网化完全是两个概念，张瑞敏作为个人，凭偏好、习惯来决定是否用 QQ 包括现在的微信，完全是私人化的选择，无关傲慢、无关落后保守，更没什么尴尬不尴尬。实际上海尔的互联网推广做得非常成功，海尔的微博和社群都是成功的典范。就像老苗从不买苹果的产品，却十分推崇苹果的营销。

其次，如果看官熟悉老苗一直给大家叨叨的“创新扩散”理论，你就会知道，对于 QQ 这样的产品，张瑞敏应该是保守者。他不应该是 QQ 营销的对象，而是营销上要注意摒弃的对象，营销资源如果使用在这个群体上面，会造成极大的浪费。

再次，张瑞敏先生有句名言，没有成功的企业，只有时代的企业。海尔早年的成功是，腾讯现在的成功也是。

现在的时代有个颠覆性的变化，就是原来那些“意见领袖”，那些站在舞台中央聚光灯下万众瞩目的人，影响面越来越小，而新的意见领袖，正在多样化和分众化；我们甚至可以判断，如果当初马化腾向张瑞敏推广 QQ 成功，对于 QQ 可能是灭顶之灾。

最后是老苗要重点撕的，为什么会安排“马化腾向张瑞敏推销”这样的环节，纯粹是看热闹不嫌事大吗？

营销是企业最重要的基本能力之一，在很多人眼里，营销就是卖货啊：

一样东西，我卖不掉，而你能卖掉，你就比我牛。

某人本来不想买东西，你让他买了，你就牛。

和尚本来不需要梳子，你让他买了，你就牛。

有人想买个鱼钩，你最后让他买了一艘船，你就是销售之神。

马化腾现场游说张瑞敏，按“常理”应该是台上的巧舌如簧，施展各种套路，台下的沉着应对，或机智看穿，或不小心着了道，这样才能碰撞出火花，就像董明珠跟雷军的赌局一样，被人民群众喜闻乐见。

不少企业招聘营销人员，都喜欢让被应聘者现场向主考官推销个东西，来表现其营销才能，还有夸张的是让应聘者跑到大街上找陌生人推销。

很多的销售培训课程则是教“如何把梳子卖给和尚”“把冰卖给因纽特人”，告诉人们“脸皮要厚”“下手要狠”，再夸张点就让人到大街上见人就搭讪、套近乎，或者站在电线杆子底下喊“我的病有救了”，美其名曰提升“心理素质”。

这是很多人心目中的营销。

令人失望的是，视频中的马化腾并没按照“常理”出牌，没有任何的销售套路，而是一五一十地卖力介绍着自己的产品：

“QQ 是即时通信的一个产品。即时通信是互联网环境下，人们沟通联络非常方便的一个新的通信方式，正如电话和 E - MALL 一样，大家可以用于朋友、私人之间的交流。即时通信 QQ 同样可以用于工作中，用于同事之间，在公司内部进行交流，公司可以实施一种非常扁平化和人性化的管理。”

张瑞敏也没“语重心长”地对晚辈进行勉励，而是很平和地表示“现在还没有打动我”，一场推销电视直播秀就这样无疾而终。

然而，这才是真正的营销，而不是看似热闹的推销。马化腾没办法也不需要让张瑞敏接受 QQ，就像老苗不需要让老家全村人关注“老苗撕营销”一样。营销者需要的是创造价值给你的受众，而不是不管对方需要与否，利用人情、套路等，让对方购买你的产品。

营销是企业最重要的基本能力，而推销不是，德鲁克大师的总结最为一针见血：

某些推销工作总是需要的，然而，营销的目的就是要使推销成为多余。营销的目的在于深刻地认识和了解顾客，从而使产品和服务完全适合它们的需要而形成产品的自我销售。

5. 把营销当推销，是一种勤奋式的懒惰

由于从信息不对称时代走来，很多企业都尝到过推销的甜头，曾经投入少见效快。

在企业状况和市场环境发生改变，原来的推销工作逐渐变得起效甚微时，很多企业不是把目光瞄向能创造价值的营销，而是幻想把推销技能进一步提高甚至神化。

“梳子都可以卖给和尚，我的产品又不差（自认为），哪怕我的业务团队具备一半‘把梳子卖给和尚’的能力，我就卖疯了。”

这样的逻辑，是偏执导致的走火入魔。

马云说：谁讲怎么把梳子卖给和尚，我就直接把他开了。

把梳子卖给和尚是欺骗，阿里要有正确的价值观，所以不能这么干。

有人会说：“小孩子才分对错，大人只谈利益。”实际上，马云抵制它不光是因为价值观，更因为“把梳子卖给和尚”背后是巨大的“坑”，聪明如马云者绝不会跳。

第一，营销的基本规律，开发一个老顾客的成本是维系一个新顾客的 N 倍，N 大概在 3 到 10 之间。“卖梳子给和尚”的忽悠本性，决定了跟绝大部分顾客是“一锤子买卖”，所以这买卖乍一看很占便宜，长期下来很吃亏。

第二，信息不对称的状况越来越少，那么多企业想把梳子卖给和尚，你让和尚情何以堪？随着上当和尚的增多，你的成交机会越来越少，成交成本越来越高。

第三，把梳子卖给和尚，对个人的依赖度非常高，非常难以复制。而事实上，真正的谈判高手少之又少，大部分人不具备成为谈判高手的潜质，培训也没用。

一群人打完鸡血，群情激昂，出了公司走向市场，该不会还是不会。“人海战术”从多年前的“最便宜”变成了今天的“最贵”。

第四，公司用“把梳子卖给和尚”做导向，可能会培养出几个业务高手，但很可惜，你将为人作嫁衣。

因为你很快就会发现，这些高手们纷纷跳到“卖香炉”“卖袈裟”“卖钵盂”的公司。他们发现，卖这些给和尚比卖梳子给和尚容易多了，能卖得更多，更有成就感。创造的价值更多，当然获取的报酬也更多。

让你觉得气愤的是，他们还会返水，回头来揭露你卖梳子给和尚的欺骗行径。

误把推销当营销，误把套路当法门，资源配置错误，越努力越不幸。

年长些的营销人应该了解，当年保健品行业培养了很多优秀的营销人员，如今分布在各行各业，坚守者反而很少。

之前举过的两个案例：

第一个：

某企业整体销售差，但个别终端好。老板发现，该点促销员勤奋能干，熟悉产品和蔼可亲，于是得出结论：业绩取决于人的素质，于是培训，换人……

结果却几乎无一例外：对手开出更高工资，你辛辛苦苦培训招聘的人员全部跳槽。

第二个：

新品上市表现平平，然而个别终端出色，企业发现：该终端陈列良好，形象突出，店里主推，维护到位。于是，陈列是销售的生命，强化终端建设，全国性推广复制……

结果往往是：投入了大量终端费用，销售增加有限，利润进一步下滑。高昂的终端费用成为企业甩不掉的负担。

原因都是相似的，**营销的缺失无法通过推销的加强来弥补。整体系统差，没抓到关键行为，局部越努力，结局越糟糕**。

这就像从冷兵器年代过来的军队，看到对手用了洋枪洋炮，甚至是飞机航母，不是通过提高科技迎头赶上，而是去苦练刀枪不入、头顶开砖、胸口碎大石。费力不说，到了战场被人轻易秒杀。

新兴行业在这方面要好得多，熟悉电商业务的都知道，电商的运营中一直在弱化客服的推销职能，而强化页面设计、文案和活动对销售的拉动，这两年更强调站外的引流。

而传统企业大多数是从信息不对称年代过来，尝到过推销“短平快”的甜头，“只有推销没有营销”，或者“误把推销当营销”的观念非常普遍。

在推销的作用不再彰显之后，更多人把目光瞄向了推销的变态升级版——“把梳子卖给和尚”。当然结局是惨淡的。

培训公司喜欢讲“把梳子卖给和尚”，因为很多老板喜欢听。

把梳子卖给和尚，里面隐含的逻辑是：**“你不要管我产品是否符合市场需求，连梳子都能卖给和尚，‘只要思想不滑坡，办法总比困难多’。”**

用战术的勤奋来掩盖战略的懒惰，于是，企业成功地把压力甩给了销售人员。企业和培训公司皆大欢喜。

这门功夫，看似讨巧，实则高成本低回报，为人作嫁衣且有欺骗嫌疑。一旦使用，又丢面子又丢里子。《神雕侠侣》中裘千尺对公孙止说：“我二十年前就已说过，你公孙家这门功夫难练易破，不练也罢。”

哈哈，不练也罢！看起来，还是葵花宝典靠谱些。

三、拿个猪蹄就能换来钱粮满仓？别傻了，转型吧

战国时候有个人叫淳于髡，是个思想家、政治家兼段子手，齐国人。一个很牛的人，却连个正儿八经的名字都没流传下来。

髡是一种刑罚，割胡子，淳于髡的意思就是，那个姓淳于被割了胡子的小子。估计是这哥们哪天玩大了，但罪不至死，而且他实在是有才，割了这小子的胡子，略施惩戒而已。

当然作为史上最牛的段子手，就是被整成淳于膑、淳于宫，也本色不改，这不机会来了。

有次楚国攻打齐国，齐威王让他到赵国搬救兵（知道围魏救赵的故事吧？那是齐国在帮赵国，齐赵是战国时代的一对好基友），带的礼物是黄金百斤，驷马车十辆。

淳于髡听后仰天大笑，笑得非常夸张，把系帽子的带子都笑断了。那时候的君子是非常注重仪容仪表的，尤其是帽子有很强象征意义。孔子的大弟子子路是跟人搏斗中死掉的，临死前要正一正自己的帽子才肯就死。

把系帽子的带子笑断，如果搁现在，其夸张程度相当于一个人在你面前笑得满地打滚。

齐威王强耐着性子说：“先生你什么意思啊？是不是嫌带的

礼物太少啊?"

淳于髡说:"哪敢笑大王您啊。今天我打东边来,看到一个人,正在那儿祷告,祈祷自己高地上的粮食大丰收,洼地的庄稼装满车,家里五谷仓满,到处都是粮食,自己迅速逆袭变富有。可他的祭品却只有一个猪蹄和一杯勾兑过的白酒。'所持者狭而所欲者奢'啊,拿个猪蹄就希望自己钱粮满仓,虽然他长得丑,但是他想得美啊,我是笑那个人呢!"

1. 治标不治本的盲目学习,学得越努力,死得越快

几年前的快消品行业,可口可乐的直控终端模式、康师傅的通路精耕模式、娃哈哈的分销联合体,都一度是行业标杆,引得无数企业学习模仿。

很多二三线品牌企业不惜重金从以上标杆企业挖来高级职业经理人,试图在自己企业也搞出个"分销联合体"或者可口可乐的"101 模式"来。也有不少咨询公司,从这些企业学来套路,变着花样兜售这些所谓的"营销体系",追随者也甚多。

在这些学习者看来,这就是可口可乐、娃哈哈、康师傅们的独门秘籍、葵花宝典,只要引刀自宫,照着练,自然能千秋万载一统江湖。

悲催的是,所有跟进模仿这些"营销体系"的,几乎都只有一个下场——劳民伤财!甚至因此导致销售网络和维护团队过于庞大,企业经营都难以维系。

北方某方便面巨头,后来也做饮料,一直学习康师傅好榜样。曾挖来康师傅某子公司总经理,据称除百万年薪外,还用在北京的一套高档公寓作为绩效激励。

可惜这位来自台湾的资深经理人,久经考验的市场专家,半年不到就黯然离去。

很多人把这归为“空降兵”的水土不服，理念不合，直接就给弄到企业文化那么高的层面上去了。但事实上，指望挖个销售高管就能给自己建立一个合适的营销体系，指望搞个通路精耕、直控终端就能赢得市场，正是典型的“所持者狭而所欲者奢”。

2. 没有大品牌的话语权，只学会了说大品牌的话

或许你说，这不对啊，老苗你上边不是还说某企业挖康师傅高管，下了血本吗？

好吧，那咱再换个姿势解释。

叶茂中说过：**一个企业需要两个经销商，一个负责把产品摆到消费者面前，一个负责把产品放到消费者心里。**

那些被奉为至宝的所谓“营销体系”不管是“通路精耕”还是“101 模式”，其实都是更有效地把产品摆到消费者面前的工具，顶多让你摆得更好而已。可口可乐也好，娃哈哈也好，都是在消费者心里有的品牌，他们这么玩儿，自然效果好。

二三线品牌最缺的又是什么？最缺的是跟消费者的沟通。别跟我说把产品陈列了就是跟消费者沟通，不去追，在美女面前晃多少次都得不到。缺乏消费者沟通的品牌一股脑堆在消费者面前，说不定会适得其反。

意中人的表白才叫表白，看不上的人表白只能叫“骚扰”。

营销的缺失无法通过销售的加强来弥补。一个没有进入消费者心里的品牌，即使仅仅放在消费者面前，其成本也是非常高的。

大的终端有各种费用，一线品牌的费用很低而产出很高，二三线品牌费用高却产出很低。小终端虽然没有“抢劫费”，但同

样成本很高，如果你的产品没有被“铺到消费者心里”，那大面积地进入小终端就会很难看，定人定点定事定区域定路线的终端管理，会付出高昂的销售管理成本。与此同时，由于营销工作的滞后，单店产出会很低，销售管理成本无法分摊。

更严重和更普遍的状况是，如果跟消费者的沟通有问题，终端做得越好，曝光率越高，产品也就死得越快。

看似相同的战场，不同的品牌其实在不一样的同台上竞争。严格讲，这连竞争都不算，是大品牌对二三线品牌的屠杀。

话语权是掌握在胜利者手里的。老苗阴谋论一把：**大品牌倡导渠道为王决胜终端，是利用二三线品牌“拿个猪蹄就想钱粮满仓”的心理，把他们引到一个开阔地，然后端着品牌的冲锋枪，对这些手无寸铁的品牌进行扫射，而它们毫无还手之力**。反正渠道商和零售商也喜欢厂家这么做，乐得帮腔。

很多人会说这样做是为了“赔钱赚吆喝”“为了建设品牌先亏损”之类的，这要不是自欺欺人，要不是被零售商忽悠“瘸了”。**品牌是靠赚钱做起来的，不是靠亏钱做起来的**。

老一些的营销人都知道，当年脑黄金倒掉，表面看是巨人大厦导致了资金链断裂，而更本质的原因是脑黄金、巨不肥的终端“三大战役”失败。吃了亏的史玉柱再做脑白金就聪明多了，戴个墨镜走进社区，整天跟目标消费者打交道，消费者沟通做得特别好，又成就了脑白金的成功。

2017 年，雅客的“长白甘泉”上市。从产品命名对资源的占领，到获得各种国际大奖的瓶型设计，再到合适的价格策略以及“早晨第一杯水”的场景沟通，雅客对消费者沟通的重视非同一般，有图有真相。但在渠道上，却选择先区域重点突破，实在是把这事看得太透彻了。

不要指望做点渠道和终端建设，就能代替跟消费者的沟通，那跟拿个猪蹄就希望自己家钱粮满仓没什么区别。

把货铺到消费者面前很重要，但更重要的是铺到消费者心里。如果说营销是战争，千万别选错了战场。战场在消费者心里，不是在渠道上，更不是在终端上，否则被人拿冲锋枪当靶子练了，岂不冤哉？

四、独立思考很难，真的很难

“没有中间商赚差价，卖家多卖钱，买家少花钱”

“终端是企业的生命，掌握了终端就掌握了消费者”

“客情第一”“爆品思维”

“定位就是把头发拔光，剩一根在风中飘摇”

“三招搞定你的客户”

“先做人，后做事”

“人品比能力更重要”

“离开平台，你什么都不是”

“传统企业不转型必死”

—— 你是否听到过这些话，并觉得它们说得很有道理？

“吃盐防辐射”，至于为什么，有那么重要吗？

“转基因食品有害”，为什么？太复杂了，记住它有害就行了。

“穷养儿富养女”，真的适合你吗？反正都这么说。

——生活中看到这种观点，你是否也照单全收？

如果你回答全部“是”，那么很抱歉，这可能说明你独立思考能力欠佳。

1. 独立思考为什么这么难

首先这是人的本性。

现代的脑科学研究发现，大脑可以控制人行为的有三部分：杏仁核、间脑和大脑皮层。

其中杏仁核是掌管人的本能反应的，间脑是情感中心，只有脑皮层是思维中心，大脑皮层又分左脑和右脑，左脑抽象思维，右脑形象思维。

脑行为科学的结论是：**人类不是有感情的思考动物，而是能思考的情感动物。人类的决策受由掌管本能的杏仁核掌管，受掌管情感的间脑影响，而几乎不会受到大脑皮层的直接影响**。

只有当你的思维能够牵动情感中心时候，才能影响最后的行为决策。

我们大部分人在乎的往往不是事实，而是观点，而是立场。

这跟大脑的另一个特性也有关，大脑是最喜欢偷懒的器官。人的大脑一般要消耗人体40%的能量，而且只能是葡萄糖转化的能量。

因为耗能高，所以大脑通常自动启动“节能”模式：当我们收集信息时候，通常喜欢记结论，而不去看论据，更不愿去思考得出这个结论的逻辑。

但对于独立思考的人来说，思考的过程，得出结论的过程，比结论本身要有意义的多。

不管是在外面培训，还是在公司内做培训，老苗往往都会强调一个事情：如果你的笔记只是记了我所讲的所谓重点内容，或者标出来的提纲，那这个培训对你来说就是无效的，甚至是有害的。

因为貌似读过不少书，经常有人让老苗给推荐书，尤其是营销方面的。在我傻兮兮给别人推荐了十几年的书之后，老苗发现，那些让我推荐书的人基本都没好好看过一本书，而身边擅长思考、读书、做事很专业的人，则很少让我推荐书，反倒经常向我推荐书。

说到底还是惰性，多数想看书却不知道该看哪些书的人，希望这个世界一定有什么独门秘籍，看了后得到一些结论，自己就能飞速提高，比如“把信送给加西亚”“穷爸爸富爸爸”“犹太人的财富圣经”。而实际上，几乎所有有营养的书，都是在讲述一套逻辑体系，科特勒永远讲不出“提高销量的十一个秘诀”。

那些有独立思考能力的人，根本不用去多想，就知道自己该去看什么书。

另外一个原因，可能跟我们受的教育有关了。

我们从小都被灌输了大量的价值观和结论，比如好人有好报，努力就有回报，内在比外表更重要，“大河有水小河满，大河没水小河干”等。

人在成长的时候，这些价值观和结论难免会受到冲击，这时候正确的姿势是**解构**和**重建**，说人话就是，想想过去的结论到底怎么来的，如果有问题，我们怎么调整它。

但这是一个痛苦的过程，偷懒的方法有两个。

一是继续坚持，在原有路上越走越远。这个非常容易，给自己固有观念不停找支撑点，总归是能找到很多的。

二是一棍子打死，彻底否定。生活中也见过不少人，凡是专家就是“砖家”，凡是我国的就是落后的，西方的就是一片极乐世界。非此即彼，非黑即白，思维上也容易走极端。

人很复杂，有时候自己都不清楚自己想要什么，老苗搞不清自己明天早上是想吃油条豆浆还是包子小米粥，结婚这么多年，我也不清楚我老婆是不是最合适我，反正就是她了。

但营销和管理恰恰是研究人的，因为太难，所以一些铁口直断的结论就会很有市场，飞得漫天都是。

2. 没关系，你还有机会改变

我们是人不是神仙，完全独立思考不可能，但我们只要知道人为啥很难独立思考，就能在思维上帮助我们很多。

第一，你知道了人是受情绪控制而不是思维控制，那当你的情绪被点燃的时候，一定要记得不要匆忙下结论和做决定，要调动你的大脑皮层去思考。

第二，所谓的独立思考意识，其实是批判性思维，“凡事多问为什么”，“要知其然还要知其所以然”，对于一个结论，其背后的逻辑和论据所在才是更本质的东西。

第三，看到一个结论要先想想，这个结论对自己是否有利（是否吻合过往的经验、价值观，能否批驳跟你相反的观点），越是对自己有利的结论，越是能够支撑自己的结论，越要打起十二分的精神去注意。因为它更容易让你丧失思考能力。

第四，面对不利于自己的结论，尤其是事实，先不要去抵触，看事实、看依据，看逻辑关系，而不是立场和结论。

第五，尤其要警惕豪言壮语、道德绑架、煽动性语言、排比重复等煽动性强烈的修辞方法。比如网上经常出现的“不转不是中国人”，“因为我不想冷漠”等。

独立思考太难，有人说，“人类分两种，愚蠢而自知和愚蠢而不自知”，如果一定是这样，我们还是尽量做到愚蠢而自知吧。

五、企业都要转型，营销人绝不能故步自封

作为世界上顶级的营销驱动型公司，可口可乐突然在2016年开始了大跨步地内部调整。先是停止使用了7年之久的slogan（口号）：“Open Happiness”，更是将可乐的首席营销官职位取消，换成了首席增长官，此番举动立即在国内引起轩然大波。

有些营销人惴惴不安，有些人故作镇定，有些人视而不见。

事实上，这样的趋势在前些年就已经很明显了：

国外一些公司把市场部改名叫作Communication Department，大概意思应该是“沟通部”。

2014年，宝洁取消营销部门，把营销部改为品牌管理部；而大部分国内企业无比重视的销售部，宝洁很早之前就叫作CBD，“客户生意发展部”，主要是协助分销商做工作的。

大概从那个时候，老苗见到传统做营销的人就说，要转型了，转型了，不转就来不及了。基本没人搭理，后来也就懒得说了。

2001年，叶茂中提“营销=传播”，大意是用传播思维来理解营销：产品、价格、渠道、促销这些要素，无一不是传播元素。它们不仅本身具有信息构成，而且也是一个传播渠道。

一切有效的营销行动都是基于对消费者行为的洞察和研究，而消费者行为的改变来自其接受的信息。我们的眼、口、耳、鼻、手甚至整个身体，所感受的信息，从根本上影响着我们的消费行为。不同的市场环境、不同的市场时期、不同的营销目的，

我们应该向消费者传递不同的营销信息。

因此从这个角度而言，营销就是设计不同的传播信息，并选择相应的传播渠道，用适合的方式进行信息传递和接受信息反馈，从而达到影响消费者行为的目的。

那时候更是没几个人听懂，完全的鸡同鸭讲，还有据此称叶茂中是“唯广告论”“忽悠客户投广告”等。

好良言难劝该死鬼，讲了一两年，老叶也放弃了。

经过了这么多年的看不见、看不懂以及假装看不见，现在营销组织变革的紧迫性已经从“秋毫之末”，变成了一大车柴火，再掩耳盗铃也不行了。

更让人有切肤之痛的是：现在固守传统的营销人不是在失业，就是在通往失业的路上；传统的营销组织，不是在转型，就是在转型的路上。

老苗一向讨厌动不动拿死吓唬人，该死的吓唬也没用，不该死的早就开始了新的探索。

以前，老苗曾提到过一个概念：营销人的隐形失业。

“中国的营销这些年就是这么做起来的，无数品牌的辉煌就是这样一个店一个店跑出来的，一个客户一个客户谈出来的。”

但现在的营销对信息的依赖将越来越强，对内容依赖越来越强，而销售渠道的价值在降低。传统的人海战术、终端维护成本越来越高，作用越来越小。很多企业对传统销售人员做大幅度裁员。

“这些营销人暂时还不会‘失业’，因为还有大量的‘渠道为王’思维的企业：以为有个经销商卖自己的货，自己搭上某个关系就能把货卖好…… 而近些年这样的模式几乎无一例外地失败了，最后的结局经常是企业与营销人互骂后一拍两散。”

“……随着这些思维落后企业的逐渐没落，这类曾为中国营销做出巨大贡献的营销人也将逐渐被淘汰（或转型）。2017 年的状态，算作一种隐形失业状态吧。”

这一切，目前正在发生。

1. 8000 万销售人员的转型

说转型，我们先回到一个常识：销售只发生在针对消费者层面。用“新经销”主编赵波的话来说，销售只在 C 端存在。我们通常称呼的销售部，其实叫错了，他们是管理营销渠道链的。

名不正则言不顺，所以宝洁才会把我们认为的“销售部”叫作“客户生意发展部”，科特勒管他们叫作“协助经理”。

而我们的品牌商一直以来把经销商当客户，把合作对象当成销售对象，把统战对象当成斗争对象，大量的渠道内博弈和内耗，就是这么产生的。

针对经销商甚至零售商都不能是“卖货思维”，必须是服务和价值提供的思维。你的卖货思维要去找消费者使劲，使错地方，力气越大，死得越难看。

因此，销售人员的转型看起来也就很顺理成章。

你擅长卖货并且是卖货思维的，转去做 2C，面对消费者打交道：线下的有导购及管理、培训，拉动活动执行，终端销售场景设计执行等；线上的有引流、活动转化、店铺运营等。

如果你觉得还是跟中间商、零售商打交道比较“高大上”，那就要转变为供应链思维——做供应链管理，也不是全供应链的管理，而是从品牌商到终端这一段的供应链：包含了品牌商、经销商、二批、零售商、终端门店、平台商、各种技术服务商，内容包括物流、信息流、资金流、仓储、时间周期、产品组合、技术服务等的管理，其根本宗旨还是降低渠道内博弈和内耗，提高渠道效率，降低渠道成本。

企业的组织转型还是从渠道顶层设计开始。

以前的格力、娃哈哈，目前的老干妈、达利，因为不把经销商当销售对象，而是当统一战线，当服务对象，因此现在渠道负担轻，人员少而高效。

VIVO、OPPO 这两年在三四线城市成功，表面看是深度分销导致消费者接触频次上升，从而带来业绩增长，而更深的原因则是步步高把“代理商做成分公司”的渠道顶层设计：在人员、房租、物流成本如此高昂的前提下，能够把深度分销做好，依赖的是渠道运作的高效和低内耗。

2. 传统市场部及职能人员的转型

传统市场部职能也在被弱化。

市场调研被大数据弱化了，同时现在通过电商试销的反馈机制又准又快，成本也相对低廉。

地推也因为人员成本的上升和线下客流的减少而效率降低，在企业营销中的权重也在降低。

而原来的广告、公关、媒介、宣传、活动部门，作为“首席花钱官”，则是本轮变化中最首当其冲的。

传统营销人一个很大的观念误区：试图将一切的市场目标都诉诸企业自身的营销活动。

所以才有“广告轰炸”“血拼终端”之类的概念，所以才有千人成本、毛评点、1 + 到达率等指标。

一个在市场上取得巨大成功的产品，受其直接营销行为影响的消费者是很少的。大多数的消费者是受市场整体氛围的影响：

身边人的购买、评价、议论，网络的热议、好评等。

以一个成功的互联网传播为例，通常一次成功的互联网传播分为启推、裂变、扩散和热搜四个阶段。

企业能够完全主导的仅仅在启推阶段，能够部分主导的是裂变阶段，到了扩散和热搜阶段，企业自己实际上是无法控制的，它是由整个互联网对这个内容的情绪氛围决定的。

所以营销投入最准确的姿势不是广告轰炸、宣传攻势、决战终端，这些手段放在信息相对较少的渠道为王时代还有些效果的话，那么放在信息海量化、碎片化和渠道商圈碎片化的今天是绝对的“钱多人傻”（有的是钱少人傻）。

以前奉行的是广告无限大原理，“投得多就是好广告”，高知名度带来高销量，高知名度带来渠道追捧。

而现在，如果你按不对市场的按钮，几千万、上亿甚至更多的宣传推广费用都会打水漂，恒大冰泉就是活证。

如果你能按对市场按钮，引爆市场情绪，较少的费用也能产生轰动性效果，明星企业家的各种公关，给本来就很有钱的他们省下无数宣传费用。

很多大公司开始大幅度减少传统媒体的投放，一些小公司则干脆放弃。

所以本轮冲击中，原来做宣传、推广、媒介、事件活动的部门及相关人员贬值最严重。这个部门的职能将会互联网化、自媒体化，做互联网内容传播。

貌似成为香饽饽的是 PM（产品经理），然而原来产品经理的职能是围绕 4P 来做的：制定产品策略、开发新品概念、管理产品生命周期、确定产品复合渠道的组合策略、确定推广策略、进行产供销协调等。

新的产品经理却是围绕“消费者沟通”构建职能，是 1P +

4C（1P 是产品，4C 即舒尔茨的顾客、成本、沟通和便利性），新的产品经理会更加重视来自消费者的反馈和建立与顾客的沟通渠道。

产品经理的开发目标将是能够自带流量的 IP 化的产品，以后渠道将依附内容，是水到渠成而不是挖渠引流。

3. 凡是不能杀死你的，都会让你更加强大

德鲁克大师说："企业的本质只有两个核心功能：创新与营销。"科特勒大师说："营销是创造和传递价值，是一种增长战略。"

两个真正的大师都这么说，看来营销的作用不是减弱了，而是远远还没发挥。我们营销人需要做的是面对新环境的调整。

近三十年来，我们的营销从计划经济的"销售科长"时代逐渐演化：从朝南坐当大爷，到出去跑业务，又从"酒量决定销量"到开始进行渠道终端建设，从发挥渠道推力到终端为王；宣传上，从酒好不怕巷子深到央视标王，从广告轰炸到媒体组合策略，从广告叫卖到"创意就是权力"；营销理论及工具上，从 USP、品牌形象理论，到定位、整合行销传播，也都在不停实践。

我们的营销已经过了好几轮的大浪淘沙，每次的转型都有无数人和企业被淘汰，又有无数人和企业浴火重生。也许这次的风浪，尤其猛烈，而营销人赖以依存的实体环境，也尤其不好。

不过，不就是转型吗？多大点事！

本章小结

1）人的行为模式是几十万年进化形成的结果，不会因近些年巨大环境变化就会给彻底颠覆。而现在年轻人的行为，恰恰是人类最本质的行为模式面对新环境的反应而已，这就更需要企业和品牌掌握消费行为模式，理解新的社会环境带给消费者的行为变化，放弃自我迷恋，用最真实的、年轻人认同的营销方式打动他们。

2）那些不变的往往更能反映事物的本质，而变化的通常仅仅是表面现象。“倡智”应该从掌握最本质的规律做起。

3）误把推销当营销，误把套路当法门，资源配置错误，越努力越不幸。

4）二三线品牌最缺的是跟消费者的沟通。营销的缺失无法通过销售的加强来弥补。一个没有进入消费者心里的品牌，即使仅仅放在消费者面前，其成本也是非常高的。

5）对于独立思考的人来说，思考的过程，得出结论的过程，比结论本身要有意义的多。

6）一部分销售人员要去面对消费者，另外一部分销售人员要从“卖货思维”转变为供应链思维，转型为从做品牌商到终端这一段的供应链管理人员。

7）新的产品经理要围绕“消费者沟通”构建职能，是1P +4C（1P 是产品，4C 即舒尔茨的顾客、成本、沟通和便利性），更加重视来自消费者的反馈和建立与顾客的沟通渠道。

后　记

营销 = 传播，这个时代就这么来了

先来思考两个例子。

第一个例子：本书中提到过，史玉柱做脑白金的时候，广告在公司是最具战略地位的，自己最关注的是广告，别的可以不过问；而等到做《征途》游戏的时候，产品是最重要的，自己就最关注产品。

第二个例子：九十年代的早些时候，大部分企业是没有市场部的，但有个类似的部门叫企划部，围在老板身边出主意，很受老板重视。第一代策划人何阳就是那个时间成名的，号称“点子大王”，春晚还有个相声叫《点子公司》，可见其深入人心。九十年代后期一直到前些年，市场部开始兴起，但大部分的市场部都混得灰头土脸，平时做做活动方案、做做物料、搞搞展会、对接下广告公司、媒体等，业绩做得好没功劳，做不好招来各种埋怨；稍微好些的市场部，能够跟老板一起参与到产品管理中来。近些年的互联网公司，有一个牛得一塌糊涂的岗位叫“产品经理”，从用户研究、体验、反馈，到产品研发、改进、推广规划，是个一手统筹的大 BOSS，还涌现出像张小龙、俞军等明星级产品经理。

这两个例子看官们先考虑着，下面我们聊聊本书最后一个主题“营销 = 传播”。

据老苗所知，国内第一个提“营销 = 传播”观点的是叶茂中，大概是在十五年前，叶大师的观念是：用传播思维来理解营销，产品、价格、渠道、促销这些要素，无一不是传播要素。它们不仅是信息构成，而且也是传播渠道。

那时候这样的观念是没几个人听懂的，还有人据此称叶茂中是“唯广告论”“忽悠客户投广告”等，好良言难劝该死鬼，讲了一两年，叶总把这事也就放弃了。

而近些年，以营销界大V刘春雄为代表，根据互联网时代下的营销改变，再次提出“4P皆传播”的观念，探讨上更加深入，还提出把企业“市场部改为传播部”的组织职能设想。

不管是叶大师的“营销 = 传播”还是刘教授的“4P皆传播”，其本质都是对舒尔茨的“整合营销传播”理论的解读。那我们首先有必要了解舒尔茨的“整合营销传播”到底在说什么，让众多大咖，都对它如此重视而大力提倡。

在所有的经典营销理论中，“整合营销传播（IMC）”出现得最晚，同时也是老苗觉得最具有前瞻性、实操性的理论。当前互联网环境下的营销，简直就是舒尔茨老先生在25年前预言的完全再现。

了解IMC，其实只需要几个关键词就能有个大概的认知轮廓。

第一个关键词叫“**所有接触点**”。

IMC认为，消费者与企业的所有接触点都可以作为信息传递的渠道，也就是说所有影响消费者购买行为的方式，都可以成为渠道，都可以成为IMC的一部分。

广告界都知道奥美的“360度品牌管家”，就是基于IMC的所有接触点理念提出的系统品牌管理工具。

所有接触点的实质是用户与产品（或品牌或企业）的关系，

包括用户如何接近产品，了解产品，使用经验、感受及态度等。

第二个关键词是“**信息流**”。

整合营销传播理念中，把影响消费者行为作为营销目标，而影响人的行为依赖信息，所以 IMC 认为，**运作信息是营销中最核心的工作**。

舒尔茨的原话是：“整合营销传播是一种看待事物整体的新方式，过去我们只看到其中的各个部分，比如广告、促销、人员沟通、售点广告等，而现在它是重新编排的信息传播，使它看起来更符合消费者看待信息传播的方式，像一股从无法辨别的源泉流出的**信息流**。”

营销的三元素：货物流、钱流和信息流，在之前的所有年代，人们更关注的都是钱货交易，俗称“卖货”。而从 IMC 开始，信息流的运营被当作比“卖货”更本质的工作重视起来。

第三个关键词是“**传播一元化**”，也叫“用一个声音说话”（Speak With One Voice）。

这里最容易遭到断章取义。不少人拿了一句广告语或者一个形象，用在包装上、电视广告上、终端上、户外广告上，觉得这就是“同一个声音说话”了。这是对整合营销传播的最大误解。

而 IMC 传播一元化的真正要求是：“**每一条信息都应使之整体化和相互呼应，以支持其他关于品牌的信息或印象**，如果这一过程成功，它将通过向消费者传达同样的品牌信息而建立起品牌资产。”

传播信息是经过规划的一个整体，而不是单调地传播同样的形象、同样的内容，传播不分语境，就像人说话不分场合，看上去不正常。

第四个也是最后一个关键词是**“互动”**。

这可能是最重要的关键词了，互动是 IMC 的精髓所在，也是它最领先的地方。

消费行为研究把购买分成了三个行为阶段，即“认知、情感、行为”（跟大脑三层结构非常吻合），基于这三个阶段总结出不少经典的消费者反应层级模型。

其中最为人熟知的就是 AIDA 模型，即**注意—兴趣—欲望—行动**，在传统的营销中使用很多。

而整合营销传播则创造了另一个模型——传播模型：**宣传、接受、认知反应、态度、意图和行为**。从这个模型中，我们看出，传播者和受众是互动的，品牌根据消费者的反应、态度再进行下一个传播。

这跟现在的互联网内容营销的底层逻辑是一样的：**受众参与到了传播之中，不但是传播的客体，也是传播的主体**。传统的灌输式传播已经失效或者效率极低，**当下唯一高效的传播手段是互动式传播**。老苗在本书中曾讲道：

> 品牌塑造过去是企业的事情，顶多再花钱买些媒体，做做广告和公关，而现在的品牌塑造需要的是企业、KOL（关键意见领袖）、吃瓜群众、媒体、销售商，五方合力，共唱一出大戏。

了解了这四个关键词，再去看舒尔茨的《整合营销传播》，你就会觉得非常通俗易懂，难易程度跟武侠小说差不多。因为这四个词是 IMC 的设定前提和底层逻辑，明白了它们，里面的 CRM、关系营销、精确区隔以及 IMC 理论认知中的品牌定位，看上去就顺理成章了。

说了这么多的整合营销传播，老苗当然不是来科普 IMC 理论的，而是在这人人喊转型，人人都焦头烂额的时代，向志在转型升级的老板和营销人提供一个路径的理论及方法依据，那就是舒尔茨的整合营销传播理论。我们可以在这个理论的体系框架下寻找我们的营销按钮。

IMC 之前的营销，营销的关键点是在“钱货”交易，是跑马圈地，是空间价值最大化。而在 IMC 中，营销的按钮则在信息流中，是内容的创造，情绪的点燃和责权利的分配。

作为最年轻的经典营销理论，IMC 在之前的营销中几乎完全没有应用，有的只是打着“整合营销传播”的旗帜，实际上只是在做“不同营销传播组合”的营销。

其原因有二：一是太超前，互动式传播作为 IMC 的精髓所在，在传统的传播渠道中无法实现或者实现成本太高；二是企业认知无法达到，大部分老板和营销人还沉浸在钱货交易的卖货逻辑中，而对卖货底层的信息运营重视程度不够或者根本没有认知。

任何营销理论及工具的使用都是有边界的，而舒尔茨大师对整合营销传播条件的设定，如精确区隔、互动传播、接触点即渠道、消费者态度，在十年前是不可想象的，而现在互联网营销环境，简直就是量身定制。

而企业和营销人的认知也跟之前的不可同日而语了。前几天跟一个企业家探讨，这位老兄比老苗还要年长十岁，是典型的传统企业老板，却设计出一套以人为主体，以信息流为主要经营目标，以货物流和现金流为承载的营销模式，实在是让人惊叹其创造力。

根据时代和市场环境来选择匹配的营销理论及工具，而不是营销理论、工具决定市场环境。十五前，叶茂中说“营销 = 传播”，绝大部分人听不懂、不理解，是很正常的，好像也不影响他们什么。

但如今在移动互联网和消费升级的大背景下，21 世纪将要进入第三个十年，IMC 从诞生算起也快到而立之年了 。

营销的底层逻辑在变化，“渠道为王”在瓦解，“内容为王”在彰显力量，“去中心化”“碎片化”与“社群中心”、KOL 相互作用，营销按钮的启动需要了解 IMC 环境下的营销逻辑，需要更多的创造力和洞察力。这个时代就这么降临，我们避无可避，掩耳盗铃固不足取，刻舟求剑也同样有害。以此作为本书的结束吧。

回到本文开头讲的两个例子，营销的按钮是在变化的，不同的企业，不同的市场环境，要解决的关键问题是不一样的。本书讲述了发现和启动营销按钮的方法及规律不下几十个，但可能还有更多的方法我们还没有发掘出来，而且随着市场的变化，还会诞生更多的营销按钮方法。

规律只能被发现，而不能被发明。本书的所有方法是老苗跟益合的同仁们长期以来对操作案例的总结，是对市场的观察分析提炼，是对传统经典书籍的思考，也是众多合作者操作经验的结晶，大量业内朋友的心得分享。未来，我们仍将继续探索，为营销的发展做些有意义的事情。

附录　粉丝推荐

Mr Sun

你知道导弹的威力，可你不知道控制它引爆的按钮才是力量的主导者，八千万营销人都需要的按钮，引爆你的力量，点燃你的市场！

老雷

营销是把产品变成现金的一个非常重要的环节，因为太重要了，所以很多人都在营销领域都发表了自己的见解，“公说公有理，婆说婆有理”，乍一看都感觉学习一下就能走上人生巅峰，但是营销环境千变万化，要找到适合自己的相当不易。老苗的文章关注了许久，许多看法都让人耳目一新，好的营销就是要有四两拨千斤的效果。

三月大猫

看懂《营销管理》，如开车用了导航一般，怎么走都有人指路。看懂老苗家的书，不用导航的时候，你也知道捷径在哪里。

庄淼鑫

成功如果是10%学习+90%练习，那么这10%里面必定要有老苗这本书！

兰策划

各位企业老板请准备好，老苗的营销按钮一触即发，有“卖货太难”困扰的，请自觉排队。

蓝惣

作为一个外行看客，我一直把老苗的文章当幽默小说看。营销有时很有趣，令人脑洞大开，从消费者乃至公司员工的角度都能得到一些启发。

李少辉

《营销按钮》，多年难得一见的好书，拨开云雾见青天，正所谓“千年暗室，一灯则明”，书中的观点，往往给人眼前一亮的感觉；老苗写得通俗易懂，拿过来就能用，大赞。

Light 百度张凌云

废话不多说，我觉得这本书应该可以打通我的任督二脉。

陆本源（红糟酸）

你从没提问，也没评教，但他总能像知道你需要什么答案一样。如果你读了此书有这般感觉，那恭喜你！一个没见过你的人却能知道你需要什么，这人不懂营销、不懂市场，那你看到的是谁懂？此书是我第三次给人推荐的书，愿你心想事成！

蒙健

本人到 2018 年，差 51 岁就一百岁啦，将近三十年没买过一本书，一直在凑钱，等老苗出书。好让我给别人炫耀一下。

杨磊

中小企业老板都要看一看，那些把营销当成忽悠的人可以提高一下，也可以防范被人忽悠。常年从事营销工作的人更要看一下，会让人有拨云见日的感觉。如果你离不开营销，就一定不能错过这本书。

徐会舟 – 沃顿营销

看大撕的分析文章，就像看一场多维变幻大师表演，先将一栋建筑拆得只剩地基和框架，然后还能再一点点的恢复原样。营销是一个学习 + 实践的过程，能领略到苗大撕这样的前辈既透彻又个性的营销思想剖析实属万幸！

Anya

看老苗的文章，就是给大脑装上子弹，动不动就想怼人。

– 小丑

独到的观点、透彻的分析、清晰的案例、严谨的逻辑、风趣的表达是老苗的特点，但这些都不足以体现该书的价值，其价值本质在于分享。物以稀为贵，谁又不愿意拥有“独家秘方”呢？分享有价值的东西不仅是一种自我展现，更是对他人、对社会的一种贡献。我很庆幸，能有机会品读这本书。

哈斯

在小众化和感性消费时代颠覆我们传统理念的今天，需要把准市场与消费者的脉象，用精确的行动打开企业的阳光大道，企业不一定最大也不一定最有钱，只要你触动了市场与消费者的某个需求点，就会带来一场席卷大地的暴风雨，力量强大，无法阻挡。苗老师凭着多年的市场了解和营销经验写出来的这本书，可以教会我们如何给自己把脉，如何寻找触发点，怎么样给市场与消费者把脉从而采取精准有效的行动，值得复读深究。

Simon

如果你正愁没有好的“营销书单”，买老苗这本书就有了；如果你正愁深陷传统营销的泥潭，买老苗这本书，你就能爬出来一半了。还有一半在泥潭里怎么办？买两本啊，亲！

何晓华

看老苗的文章，瞬间按住你的痒点，让你全身通透酸爽无比。

著名营销专家、《营销十年》作者王海宁

跟庆显兄是十多年的老朋友，在营销方面，他有实践、有观点、有干货。看到他坚持创作“老苗撕营销”，我早就建议庆显出书，支持他。

双喜

新闻传播本科硕士七年+电视台广告部工作两年，不及看老苗一个月。

一米机器人－杨叶东波

两年前在朋友圈无意中看到了苗老师写的文章，一发不可收拾。问题是边读边乐，文章诙谐幽默，但专业知识也是毋庸置疑的，苗老师的书一定全部购买。

宋咏生

据研究发现这本营销书，不光有理（论）有（案）例，能指导营销战略战术，还能触发关键按钮，以少胜多。

江东狼

团队人手一本，读完写读后感。

a Can

老苗的“撕”即是“师”，理论出发实战总结，从实用性开启卖“货”脑洞，值得营销人研习与参考，真的非常赞，值得推荐！

[MAN]

想干掉对手要先学会按按钮，营销我们是认真的。觉得不过瘾你就看一页撕一页。没撕够的继续买来撕。

全子

才创业的买一本仔细研读保证快速赶超各路大咖，初创当老板的备一本，少走很多弯路。

夏澂沐

就像开心消消乐，只给 20 次交换机会，有限操作下，我们可以更好地理解什么是“重要”和“关键”。如果每次盘面变化你都能找到“关键按钮”，你会看满盘流动的酷炫特效，最终你的剩余机会就越多，这个剩余机会在游戏逻辑里，就是你的奖励空间，对企业来说就是市场空间。硬记记不住，也不是记住就会用的，试着理解一下这枚“按钮”。祝新书大卖！

张昭丨大昭

这是一本扎根在实践的理论书，如果你是营销小白，一定要早读，助你走上营销的正路；如果你是营销中阶，一定要细读，把你的方法论放在老苗牌磨刀石中砥砺，快速成型；如果你是高手，现在一定捧着这书，先睹为快吧。

朱彧教工

营销即人生！老苗开启了我新的人生，新的视野，新的快乐！做一辈子“营销狗”是不是对“我爱你”的最好诠释？

微小

看了那么多的营销书仍不知怎么用，它不是一本书，而是一个可以直接拿来用，且用了就非常有效果的营销宝典。

么妹

关注老苗这个号这么久，总是担心会不会写着写着就没什么可写的了……可他从未让人失望过，现在还等到出书了~~？苗老师真的好厉害！

一九四九

苗老师出的书，就是向营销界投的原子弹！

慧明

做了47年营销（活了47岁，从出生啼哭要奶吃……都是营销行为），一直认为自己有两下子，直到遇见老苗！

卞正虹　江苏泰雅

老苗的文字直插营销本质，洞见厂商、渠道和客户的内在联系，给人以拨清迷雾、返璞归真之感，感谢认识老苗！

汪洪涛

老苗文章不多，篇篇观点独到老辣。猛人，支持你！！！

金

终于有一本书，把创业企业、中小企业拉到与业内头部企业同台竞技了，本书中系统实用的营销理论将是你叩开脑洞的金钥匙，这可能是你即将击碎“强者恒强”规律的有力工具，是非常值得品味的一本好书！

天天哥哥

老苗特有这样一种能力，他总是能通过事物的表面挖掘到问题本质。然后给它装上一个“按钮”，就可以快速启动解决问题的程序。

刀刀 daodao

听过很多道理，却依然过不好这一生，放在营销里就是：知道很多营销理论，却依然没有做出成功的案例。理论要为我所用，但不要拘泥于理论，依靠常识和洞见，找到最关键的那个“按钮”，才是成功营销的正确一步。鞭辟入里才能醍醐灌顶，一针见血才能药到病除，不卖道理，只讲问题，这是有节操的营销人的一份真经。各位，你不必再去揣摩理论并照搬套用了，老苗已经为你挖好了坑，你只需要对号入座就 OK 了，毕竟里面都已经指名道姓了。这样看来，没有朋友，也正常。

知海

认识“老苗撕营销”没多久，但那之后经常看他的文章，一个切身的体会就是思维的独到性。可以用德国战略学家威兹曼说过的一句话来表达：“问题的解决往往不在问题的发生层面上，而在与之相邻的更高层面！”而与之相关的解决问题的方式，追根溯源可以理解为最简单的开和关，听起来有点像简单的二元论，实际上这是化繁为简，解决问题的一个至简之道，尤其在被信息噪音淹没的当下。

我就是老胡

老苗的新书我准备买一打送员工。

人不中二枉少年

营销人月入 8000 与月入 8 万的区别，以此类推，针对受众，如果是老板，那就是自己家营销与“别人家营销”的区别。你找到了客户的痛点，寻到了消费的冲突，但知易行难，你还需要有效地执行。此书可为你在营销行动时提供有效且高效行动的思路和指南。

肖一刀丨战略大单品

自从读到苗老师的文章，头也不昏了，眼也不花了，思路也清晰了，一口气上七楼。书你送不送，咱都得买，也介绍朋友买，关键一个词：值得。

宋洪举

别人总说书就像知识的海洋，在老苗的书里你可以和他一起游泳，遨游营销知识的大海吧！

战嘎

终于等到新书了，恭喜苗兄，老苗的文章隔一段时间就重复看，有了新书，就可以系统地学习了。

凡人-Rong?

营销类书籍各式各样，百家齐鸣，你们评判，不管怎样，老苗的，我任性我就是要买。

《家具行业操盘手》作者王献永

不知何时在朋友圈看到了老苗的文章，一读就上瘾了。“老苗撕营销”撕得太好了，撕去了过时的权威营销理论，提出了解决问题的另类观点。对事情的解读总是入木三分，对趋势的洞察时常让人心服口服。读老苗的文章，可以获得重新认识自己的一个全新纬度。营销界需要更多的老苗！

翟志东

了解太多的营销理论之后，心里都会有万马奔腾却无从下手的空洞感。总想着找到一种能支撑自己落地的方式，老苗也许不是最好的，但一定是最接地气、最合适的导师，一针见血就是他的精髓。在被免费互联网知识充斥的时代，需要静下来细细体会老苗所打开的非主流营销之路。

李长龙

不管哪种营销模式，说得再天花乱坠，总归是要落地执行的，更多的所谓营销大师是概念性的，到了企业很难落地执行。而老苗的思路源于实践，很多都可以拿过来用，文章都是一个个点，整理成书就是一套理论，我会给公司销售人员每人一本，完不成销售任务就把书抄一遍！

谢超

如果你不懂营销，请仔细读；如果你真懂营销，请认真读；如果你是为了学习，读了不会后悔；如果你是为了挑刺，读了不会后悔。但如果你没有自我思维，建议不要读。

WINSHOW

求求你们，千万不要买这本老苗的书！否则徒弟学会了营销，苗师傅就饿死了！

芸娘　Π寿险管理规划师

自从关注了老苗的公众号，出门以后我就变成了“大咖”，然后现在出书了，大家不要买（不然我没法装大咖了）。

HRRF 怀仁日丰

心有多大，舞台有多大，苗总的营销策略涵盖面又广又大，值得阅读，受益匪浅！

陈恋～慕科咨询培训

我不管，只要你写的，我就买来看，都行。

商荐客❷遇荐 薛闽山

伤其十指不如断其一指，减法比加法更难做！“老苗撕营销”让创业之路去芜存菁一触即发！

李宁法

对于肚子里的“蛔虫”，一般有两种经验：小时候，肚子里有蛔虫时，宝塔糖定能见效；长大了，对于老苗这条能洞察秋毫的“蛔虫”，宝塔糖不能见效了，得银子才能见效。

话说回来，白花花的银子已经准备好了，就等你“上钩”了。

洛小洛

世界上没有什么事是老苗的书解决不了的。如果有，再买一本。

上次在咖啡店碰到一个人，不经意间闲聊起来。原来他是做保险业务的，聊到后来，谈起了怎么做销售、怎么营销。然后我突然问他：“你看‘老苗撕营销’吗？”他兴奋得满脸放光：“我都关注他好久了，每期必看！”然后各自打开微信公众号。最后，我被他营销了，买了一份保险。

靳义宾

一如既往地不分享、不宣传，坐等老苗新书，下半年的资本就到手了。

chi 吃 O_ o

市场营销类的书籍鱼龙混杂，国外科特勒等大师之作虽经典，但读完不完全适用于中国市场，且让人无从下手，老苗的书有专业的理论支持，有实际营销经验辅助，提出符合中国营销市场的佳作。老苗的书，不抄袭、不浮夸，经验加持，有理有据，真正的中国市场营销佳作。

大海

一本读了让人“毛骨悚然”的营销书，万万没想到，营销可以这样做！

大辉

作为同行，这几年关注了很多策划人，从一开始不挑不拣，到现在将老苗置顶。原因很简单，老苗是个真正的实战派，接地气、有逻辑、真性情。我相信老苗也是个真正能帮助企业的少有的策划人。老苗之所以写文章，也是因为能聊天的人越来越少了，越专业越孤独，很期待到老苗公司请教，用我的“吸星大法”吸走他的20年功力，顺便买一本他新出的武功秘籍。

黄永贤

苗老师，你在搞层圈经济，赠送签名版新书给粉丝有饥饿营销之嫌，以互动的方式在刺激小众（粉丝）强需求。以情绪宣泄为价值导向，下一步口碑裂变。能用三倍的价格买一本签名版吗？书架已经腾空两个位置，一本签名珍藏版，一本用来撕的。

JM·君

您推文，我就看；您出书，我就买；您是思维派，我是落地派。您的思维导向，确实让我们一线前段可以嫁接，比我们市场部、推广部那些纸上谈兵的方案管用。

七七

作为唯一置顶的公众号，向来只默默地关注和点赞，这回要大声说出我的欢喜。老苗营销吸引的是一群气味相投的人，爱他对营销的正向认知，爱他不哗众取宠，字里行间仿佛会看到一个带着情绪的人，在为你慢慢诉说着何为营销，最主要的是读完以后，会让人陷入思考，这太棒了。我们都知道学而不思则罔，一个作者通过文字能够让你静下心思考，这本身就是一件很棒的事情。

A亿童小续

看老苗的文章总有酣畅淋漓的感觉，就像跑步完后，大汗淋漓、全身舒服自在。

王柳柳

如果你是营销新人，面对五花八门不断更迭的新事物，你需要看这本书定住。为什么呢？答案在书里。

涛哥

一直关注老苗的公众号，一篇篇文章写得精彩纷呈、妙趣横生，看后让人回味无穷，受益匪浅。在营销理论满天飞的今天，老苗的思想守正却能出奇，万变不离其宗，很值得我们学习和探讨。读一本好书，让它陪伴自己成长，这就是最好的投资，机会来了，行动吧！

高彩友

老苗何许人也？他是个说实话的人，他是个人人都谈互联网、人人都说颠覆某某的年代的清醒的说实话的人。

丙哥

作为多年的行内门外汉，我是从老苗撕的“没有中间商赚差价”开始启蒙，逐步从方法走向方法论，从方法论走向认识论的。

推荐作者得新书!

博瑞森征稿启事

亲爱的读者朋友:

感谢您选择了博瑞森图书!希望您手中的这本书能给您带来实实在在的帮助!

博瑞森一直致力于发掘好作者、好内容,希望能把您最需要的思想、方法,一字一句地交到您手中,成为管理知识与管理实践的桥梁。

但是我们也知道,有很多深入企业一线、经验丰富、乐于分享的优秀专家,或者忙于实战没时间,或者缺少专业的写作指导和便捷的出版途径,只能茫然以待……

还有很多在竞争大潮中坚守的企业,有着异常宝贵的实践经验和独特的洞察,但缺少专业的记录和整理者,无法让企业的经验和故事被更多的人了解、学习……

对读者而言,这些都太遗憾了!

博瑞森非常希望能将这些埋藏的"宝藏"发掘出来,贡献给广大读者,让更多的人从中受益。

所以,我们真心地邀请您,我们的老读者,帮我们搜寻:

推荐作者

可以是您自己或您的朋友,只要对本土管理有实践、有思考;可以是您通过网络、杂志、书籍或其他途径了解的某位专家,不管名气大小,只要他的思想和方法曾让您深受启发。

可以是管理类作品,也可以超出管理,各类优秀的社科作品或学术作品。

推荐企业

可以是您自己所在的企业,或者是您熟悉的某家企业,其创业过程、运营经历、产品研发、机制创新,等等。无论企业大小,只要乐于分享、有值得借鉴书写之处。

总之,好内容就是一切!

博瑞森绝非"自费出书",出版费用完全由我们承担。您推荐的作者或企业案例一经采用,我们会立刻向您赠送书币 1000 元,可直接换取任何博瑞森图书的纸书或电子书。

感谢您对本土管理原创、博瑞森图书的支持!

推荐投稿邮箱:bookgood@126.com　　推荐手机:13611149991

1120 本土管理实践与创新论坛

这是由100多位本土管理专家联合创立的企业管理实践学术交流组织，旨在孵化本土管理思想、促进企业管理实践、加强专家间交流与协作。

论坛每年集中力量办好两件大事：第一，**“出一本书”**，汇聚一年的思考和实践，把最原创、最前沿、最实战的内容集结成册，贡献给读者；第二，**“办一次会”**，每年11月20日本土管理专家们汇聚一堂，碰撞思想、研讨案例、交流切磋、回馈社会。

余伟辉　李小勇　苗庆显　孙　巍　陈继展　全怀周　林延君
王清华　初勇钢　陈　锐　高继中　聂志新　黄　屹　沈　拓
徐伟泽　潦　寒　谭洪华　崔自三　王玉荣　蒋　军　侯军伟
黄润霖　朱伟杰　金国华　吴　之　葛新红　周　剑　崔海鹏
李治江　陈海超　柏　龑　唐道明　刘书生　朱志明　曲宗恺
杜　忠　黄渊明　王献永　范月明　吕　林　刘文新　赵晓萌
张　伟　韩　旭　韩友诚　熊亚柱　秦海林　孙彩军　刘　雷
贺小林　王庆云　黄　娜　俞士耀　田　军　丁　昀　张小峰
黄　磊　罗晓慧　赵海永　伏泓霖　任彭枞　梁小平　鄢圣安
马方旭　乐　涛　杨晓燕　欧阳莉华　陈　慧　张　璐

企业案例·老板传记			
	书名.作者	内容/特色	读者价值
企业案例·老板传记	**你不知道的加多宝:原市场部高管讲述** 曲宗恺　牛玮娜　著	前加多宝高管解读加多宝	全景式解读,原汁原味
	借力咨询:德邦成长背后的秘密 官同良　王祥伍　著	讲述德邦是如何借助咨询公司的力量进行自身与发展的	来自德邦内部的第一线资料,真实、珍贵,令人受益匪浅
	娃哈哈区域标杆:豫北市场营销实录 罗宏文　赵晓萌　等著	本书从区域的角度来写娃哈哈河南分公司豫北市场是怎么进行区域市场营销,成为娃哈哈全国第一大市场、全国增量第一高市场的一些操作方法	参考性、指导性,一线真实资料
	六个核桃凭什么:从0过100亿 张学军　著	首部全面揭秘养元六个核桃裂变式成长的巨著	学习优秀企业的成长路径,了解其背后的理论体系
	像六个核桃一样:打造畅销品的36个简明法则 王　超　范　萍　著	本书分上下两篇:包括"六个核桃"的营销战略历程和36条畅销法则	知名企业的战略历程极具参考价值,36条法则提供操作方法
	解决方案营销实战案例 刘祖轲　著	用10个真案例讲明白什么是工业品的解决方案式营销,实战、实用	有干货、真正操作过的才能写得出来
	招招见销量的营销常识 刘文新　著	如何让每一个营销动作都直指销量	适合中小企业,看了就能用
	我们的营销真案例 联纵智达研究院　著	五芳斋粽子从区域到全国/诺贝尔瓷砖门店销量提升/利豪家具出口转内销/汤臣倍健的营销模式	选择的案例都很有代表性,实在、实操!
	中国营销战实录:令人拍案叫绝的营销真案例 联纵智达　著	51个案例,42家企业,38万字,18年,累计2000余人次参与……	最真实的营销案例,全是一线记录,开阔眼界
	双剑破局:沈坤营销策划案例集 沈　坤　著	双剑公司多年来的精选案例解析集,阐述了项目策划中每一个营销策略的诞生过程,策划角度和方法	一线真实案例,与众不同的策划角度令人拍案叫绝、受益匪浅
	宗:一位制造业企业家的思考 杨　涛　著	1993年创业,引领企业平稳发展20多年,分享独到的心得体会	难得的一本老板分享经验的书
	简单思考:AMT咨询创始人自述 孔祥云　著	著名咨询公司(AMT)的CEO创业历程中点点滴滴的经验与思考	每一位咨询人,每一位创业者和管理经营者,都值得一读
	边干边学做老板 黄中强　著	创业20多年的老板,有经验、能写、又愿意分享,这样的书很少	处处共鸣,帮助中小企业老板少走弯路
	三四线城市超市如何快速成长:解密甘雨亭 IBMG国际商业管理集团　著	国内外标杆企业的经验+本土实践量化数据+操作步骤、方法	通俗易懂,行业经验丰富,宝贵的行业量化数据,关键思路和步骤
	中国首家未来超市:解密安徽乐城 IBMG国际商业管理集团　著	本书深入挖掘了安徽乐城超市的试验案例,为零售企业未来的发展提供了一条可借鉴之路	通俗易懂,行业经验丰富,宝贵的行业量化数据,关键思路和步骤

续表

互联网+			
书名．作者		内容/特色	读者价值
互联网+	**新营销** 刘春雄　著	新营销的新框架体系是场景是产品逻辑，IP是品牌逻辑，社群是连接逻辑，传播是营销逻辑	助力品牌商实现由传统营销到新营销的理念和行动的跨越，助力企业打赢升级转型之仗
	企业微信营销全指导 孙　巍　著	专门给企业看到的微信营销书，手把手教企业从小白到微信营销专家	企业想学微信营销现在还不晚，两眼一抹黑也不怕，有这本书就够
	企业网络营销这样做才对：B2B　大宗B2C 张　进　著	简单直白拿来就用，各种窍门信手拈来，企业网络营销不麻烦也不用再头疼，一般人不告诉他	B2B、大宗B2C企业有福了，看了就能学会网络营销
	互联网时代的银行转型 韩友诚　著	以大量案例形式为读者全面展示和分析了银行的互联网金融转型应对之道	结合本土银行转型发展案例的书籍
	正在发生的转型升级·实践 本土管理实践与创新论坛　著	企业在快速变革期所展现出的管理变革新成果、新方法、新案例	重点突出对于未来企业管理相关领域的趋势研判
	触发需求：互联网新营销样本·水产 何足奇　著	传统产业都在苦闷中挣扎前行，本书通过鲜活的案例告诉你如何以需求链整合供应链，从而把大家熟知的传统行业打碎了重构、重做一遍	全是干货，值得细读学习，并且作者的理论已经经过了他亲自操刀的实践检验，效果惊人，就在书中全景展示
	移动互联新玩法：未来商业的格局和趋势 史贤龙　著	传统商业、电商、移动互联，三个世界并存，这种新格局的玩法一定要懂	看清热点的本质，把握行业先机，一本书搞定移动互联网
	微商生意经：真实再现33个成功案例操作全程 伏泓霖　罗晓慧　著	本书为33个真实案例，分享案例主人公在做微商过程中的经验教训	案例真实，有借鉴意义
	阿里巴巴实战运营——14招玩转诚信通 聂志新　著	本书主要介绍阿里巴巴诚信通的十四个基本推广操作，从而帮助使用诚信通的用户及企业更好地提升业绩	基本操作，很多可以边学边用，简单易学
	互联网精准营销：创造爆发式的商业价值 蒋　军　著	怎么在互联网时代整体策划、包装品牌和产品，并在此基础上为企业设计商业模式，技术实现并运营落地	为有基础的小微企业（大企业的新项目）1年实现销售额过亿，2年对接资本，3年左右准IPO
	今后这样做品牌：移动互联时代的品牌营销策略 蒋　军　著	与移动互联紧密结合，告诉你老方法还能不能用，新方法怎么用	今后这样做品牌就对了
	互联网+"变"与"不变"：本土管理实践与创新论坛集萃·2016 本土管理实践与创新论坛　著	本土管理领域正在产生自己独特的理论和模式，尤其在移动互联时代，有很多新课题需要本土专家们一起研究	帮助读者拓宽眼界、突破思维

续表

互联网+	**创造增量市场：传统企业互联网转型之道** 刘红明　著	传统企业需要用互联网思维去创造增量，而不是用电子商务去转移传统业务的存量	教你怎么在"互联网+"的海洋中创造实实在在的增量
	重生战略：移动互联网和大数据时代的转型法则 沈　拓　著	在移动互联网和大数据时代，传统企业转型如同生命体打算与再造，称之为"重生战略"	帮助企业认清移动互联网环境下的变化和应对之道
	画出公司的互联网进化路线图：用互联网思维重塑产品、客户和价值 李　蓓　著	18 个问题帮助企业一步步梳理出互联网转型思路	思路清晰、案例丰富，非常有启发性
	7 个转变，让公司 3 年胜出 李　蓓　著	消费者主权时代，企业该怎么办	这就是互联网思维，老板有能这样想，肯定倒不了
	跳出同质思维，从跟随到领先 郭　剑　著	66 个精彩案例剖析，帮助老板突破行业长期思维惯性	做企业竟然有这么多玩法，开眼界
行业类：零售、白酒、食品/快消品、农业、医药、建材家居等			
书名．作者		内容/特色	读者价值
零售·超市·餐饮·服装	**总部有多强大，门店就能走多远** IBMG 国际商业管理集团　著	如何把总部做强，成为门店的坚实后盾	了解总部建设的方法与经验
	超市卖场定价策略与品类管理 IBMG 国际商业管理集团　著	超市定价策略与品类管理实操案例和方法	拿来就能用的理论和工具
	连锁零售企业招聘与培训破解之道 IBMG 国际商业管理集团　著	围绕零售企业组织架构、培训体系建设等内容进行深刻探讨	破解人才发现和培养瓶颈的关键点
	中国首家未来超市：解密安徽乐城 IBMG 国际商业管理集团　著	介绍了乐城作为中国首家未来超市从无到有的传奇经历	了解新型零售超市的运作方式及管理特色
	三四线城市超市如何快速成长：解密甘雨亭 IBMG 国际商业管理集团　著	揭秘一家三四线连锁超市的经验策略	不但可以欣赏它的优点，而且可以学会它成功的方法
	涨价也能卖到翻 村松达夫　【日】	提升客单价的 15 种实用、有效的方法	日本企业在这方面非常值得学习和借鉴
	移动互联下的超市升级 联商网专栏频道　著	深度解析超市转型升级重点	帮助零售企业把握全局、看清方向
	手把手教你做专业督导：专卖店、连锁店 熊亚柱　著	从督导的职能、作用，在工作中需要的专业技能、方法，都提供了详细的解读和训练办法，同时附有大量的表单工具	无论是店铺需要统一培训，还是个人想成为优秀的督导，有这一本就够了
	百货零售全渠道营销策略 陈继展　著	没有照本宣科、说教式的絮叨，只有笔者对行业的认知与理解，庖丁解牛式的逐项解析、展开	通俗易懂，花极少的时间快速掌握该领域的知识及趋势

续表

零售·超市·餐饮·服装	**零售:把客流变成购买力** 丁　昀　著	如何通过不断升级产品和体验式服务来经营客流	如何进行体验营销,国外的好经营,这方面有启发
	餐饮企业经营策略第一书 吴　坚　著	分别从产品、顾客、市场、盈利模式等几个方面,对现阶段餐饮企业的发展提出策略和思路	第一本专业的、高端的餐饮企业经营指导书
	电影院的下一个黄金十年:开发·差异化·案例 李保煜　著	对目前电影院市场存大的问题及如何解决进行了探讨与解读	多角度了解电影院运营方式及代表性案例
	赚不赚钱靠店长:从懂管理到会经营 孙彩军　著	通过生动的案例来进行剖析,注重门店管理细节方面的能力提升	帮助终端门店店长在管理门店的过程中实现经营思路的拓展与突破
耐消品	**商用车经销商运营实战** 杜建君　王朝阳　章晓青　等著	从管理到经营,从销售到服务,系统化运作全指导	为经销商经营开阔思路,掌握方法
	汽车配件这样卖:汽车后市场销售秘诀 100 条 俞士耀　著	汽配销售业务员必读,手把手教授最实用的方法,轻松得来好业绩	快速上岗,专业实效,业绩无忧
	跟行业老手学经销商开发与管理:家电、耐消品、建材家居 黄润霖　著	全部来源于经销商管理的一线问题,作者用丰富的经验将每一个问题落实到最便捷快速的操作方法上去	书中每一个问题都是普通营销人亲口提出的,这些问题你也会遇到,作者进行的解答则精彩实用
白酒	**酒水饮料快消品餐饮渠道营销手册** 朱伟杰　著	主要针对快消品(酒水、饮料)的餐饮渠道,提供了区域、商圈、不同业态的规划和促销安排等多种工具,并提出了经销商、批发商等相关人员的管理方法	一本酒水饮料如何在餐饮渠道销售的全能手册,内容深入翔实,可以直接照搬套用,这样的便利简直千金不换
	白酒到底如何卖 赵海永　著	以市场实战为主,多层次、全方位、多角度地阐释了白酒一线市场操作的最新模式和方法,接地气	实操性强,37 个方法、6 大案例帮你成功卖酒
	变局下的白酒企业重构 杨永华　著	帮助白酒企业从产业视角看清趋势,找准位置,实现弯道超车的书	行业内企业要减少 90%,自己在什么位置,怎么做,都清楚了
	1. 白酒营销的第一本书(升级版) **2. 白酒经销商的第一本书** 唐江华　著	华泽集团湖南开口笑公司品牌部长,擅长酒类新品推广、新市场拓展	扎根一线,实战
	区域型白酒企业营销必胜法则 朱志明　著	为区域型白酒企业提供 35 条必胜法则,在竞争中赢销的葵花宝典	丰富的一线经验和深厚积累,实操实用
	10 步成功运作白酒区域市场 朱志明　著	白酒区域操盘者必备,掌握区域市场运作的战略、战术、兵法	在区域市场的攻伐防守中运筹帷幄,立于不败之地
	酒业转型大时代:微酒精选 2014 – 2015 微酒　主编	本书分为五个部分:当年大事件、那些酒业营销工具、微酒独立策划、业内大调查和十大经典案例	了解行业新动态、新观点,学习营销方法

续表

快消品·食品	**中国快消品营销的这些年** 史贤龙　著	作者精华文章的合集，一本书浓缩了过去十五年，中国营销的实战历程与前沿思考	快消品营销行业的案例和方法都原汁原味呈现，在反映当时风貌的同时，展望与反思
	营销中国茶：2小时读懂茶叶营销 史贤龙　著	从不同视角对中国的茶营销进行了思考，内容涉及中国茶产业战略困境、茶企规模化、茶品牌崛起、茶文化、茶营销、茶消费、茶零售、茶道等	内容丰富扎实，文字流畅，浓缩的都是精华，让你2小时读懂茶叶营销
	这样打造快消品标杆市场 罗宏文　著	帮助你解决如何成功打造标杆市场和进行持续增量管理两大问题	一套系统的方法论，通俗易懂，可以直接套用
	5小时读懂快消品营销：中国快消品案例观察 陈海超　著	多年营销经验的一线老手把案例掰开了、揉碎了，从中得出的各种手段和方法给读者以帮助和启发	营销那些事儿的个中秘辛，求人还不一定告诉你，这本书里就有
	快消品招商的第一本书：从入门到精通 刘　雷　著	深入浅出，不说废话，有工具方法，通俗易懂	让零基础的招商新人快速学习书中最实用的招商技能，成长为骨干人才
	乳业营销第一书 侯军伟　著	对区域乳品企业生存发展关键性问题的梳理	唯一的区域乳业营销书，区域乳品企业一定要看
	食用油营销第一书 余　盛　著	10多年油脂企业工作经验，从行业到具体实操	食用油行业第一书，当之无愧
	中国茶叶营销第一书 柏　龑　著	如何跳出茶行业“大文化小产业”的困境，作者给出了自己的观察和思考	不是传统做茶的思路，而是现在商业做茶的思路
	调味品营销第一书 陈小龙　著	国内唯一一本调味品营销的书	唯一的调味品营销的书，调味品的从业者一定要看
	快消品营销人的第一本书：从入门到精通 刘　雷　伯建新　著	快消行业必读书，从入门到专业	深入细致，易学易懂
	变局下的快消品营销实战策略 杨永华　著	通胀了，成本增加，如何从被动应战变成主动的“系统战”	作者对快消品行业非常熟悉、非常实战
	快消品经销商如何快速做大 杨永华　著	本书完全从实战的角度，评述现象，解析误区，揭示原理，传授方法	为转型期的经销商提供了解决思路，指出了发展方向
	一位销售经理的工作心得 蒋　军　著	一线营销管理人员想提升业绩却无从下手时，可以看看这本书	一线的真实感悟
	快消品营销：一位销售经理的工作心得2 蒋　军　著	快消品、食品饮料营销的经验之谈，重点图书	来源与实战的精华总结
	快消品营销与渠道管理 谭长春　著	将快消品标杆企业渠道管理的经验和方法分享出来	可口可乐、华润的一些具体的渠道管理经验，实战
	成为优秀的快消品区域经理（升级版） 伯建新　著	用“怎么办”分析区域经理的工作关键点，增加30%全新内容，更贴近环境变化	可以作为区域经理的“速成催化器”

续表

快消品·食品	**销售轨迹：一位快消品营销总监的拼搏之路** 秦国伟　著	本书讲述了一个普通销售员打拼成为跨国企业营销总监的真实奋斗历程	激励人心，给广大销售员以力量和鼓舞
	快消老手都在这样做：区域经理操盘锦囊 方　刚　著	非常接地气，全是多年沉淀下来的干货，丰富的一线经验和实操方法不可多得	在市场摸爬滚打的"老油条"，那些独家绝招妙招一般你问都是问不来的
	动销四维：全程辅导与新品上市 高继中　著	从产品、渠道、促销和新品上市详细讲解提高动销的具体方法，总结作者18年的快消品行业经验，方法实操	内容全面系统，方法实操
农业	**新农资如何换道超车** 刘祖轲　等著	从农业产业化、互联网转型、行业营销与经营突破四个方面阐述如何让农资企业占领先机、提前布局	南方略专家告诉你如何应对资源浪费、生产效率低下、产能严重过剩、价格与价值严重扭曲等
	中国牧场管理实战：畜牧业、乳业必读 黄剑黎　著	本书不仅提供了来自一线的实际经验，还收入了丰富的工具文档与表单	填补空白的行业必读作品
	中小农业企业品牌战法 韩　旭　著	将中小农业企业品牌建设的方法，从理论讲到实践，具有指导性	全面把握品牌规划，传播推广，落地执行的具体措施
	农资营销实战全指导 张　博　著	农资如何向"深度营销"转型，从理论到实践进行系统剖析，经验资深	朴实、使用！不可多得的农资营销实战指导
	农产品营销第一书 胡浪球　著	从农业企业战略到市场开拓、营销、品牌、模式等	来源于实践中的思考，有启发
	变局下的农牧企业9大成长策略 彭志雄　著	食品安全、纵向延伸、横向联合、品牌建设……	唯一的农牧企业经营实操的书，农牧企业一定要看
医药	**在中国，医药营销这样做：时代方略精选文集** 段继东　主编	专注于医药营销咨询15年，将医药营销方法的精华文章合编，深入全面	可谓医药营销领域的顶尖著作，医药界读者的必读书
	医药新营销：制药企业、医药商业企业营销模式转型 史立臣　著	医药生产企业和商业企业在新环境下如何做营销？老方法还有没有用？如何寻找新方法？新方法怎么用？本书给你答案	内容非常现实接地气，踏实谈问题说方法
	医药企业转型升级战略 史立臣　著	药企转型升级有5大途径，并给出落地步骤及风险控制方法	实操性强，有作者个人经验总结及分析
	新医改下的医药营销与团队管理 史立臣　著	探讨新医改对医药行业的系列影响和医药团队管理	帮助理清思路，有一个框架
	医药营销与处方药学术推广 马宝琳　著	如何用医学策划把"平民产品"变成"明星产品"	有真货、讲真话的作者，堪称处方药营销的经典！
	医药行业大洗牌与药企创新 林延君　沈　斌　著	一方面，围绕着变革，多角度阐述药企的应对之道；另一方面，紧扣实践，介绍近百家医药企业创新实践案例	医改变革10年，医药企业如何应对大洗牌？重磅出击的药企人必读书
	新医改了，药店就要这样开 尚　锋　著	药店经营、管理、营销全攻略	有很强的实战性和可操作性

续表

医药	**电商来了，实体药店如何突围** 尚　锋　著	电商崛起，药店该如何突围？本书从促销、会员服务、专业性、客单价等多重角度给出了指导方向	实战攻略，拿来就能用
	OTC 医药代表药店销售 36 计 鄢圣安　著	以《三十六计》为线，写 OTC 医药代表向药店销售的一些技巧与策略	案例丰富，生动真实，实操性强
	OTC 医药代表药店开发与维护 鄢圣安　著	要做到一名专业的医药代表，需要做什么、准备什么、知识储备、操作技巧等	医药代表药店拜访的指导手册，手把手教你快速上手
	引爆药店成交率 1:店员导购实战 范月明　著	一本书解决药店导购所有难题	情景化、真实化、实战化
	引爆药店成交率 2:经营落地实战 范月明　著	最接地气的经营方法全指导	揭示了药店经营的几类关键问题
	引爆药店成交率:专业化销售解决方案 范月明　著	药品搭配分析与关联销售	为药店人专业化助力
	处方药零售这样做 田　军　著	阐述了处方药零售的重要性，以及做处方药零售市场的具体措施和方法	系统性了解和掌握处方药零售方法
建材家居	**成为最赚钱的家具建材经销商** 李治江　著	从销售模式、产品、门店等老板们最关注和最需要的方面解决问题、提供方法	只要你是建材、家具、家居用品的经销商老板，这就是一本必读的书
	家具行业操盘手 王献永　著	家具行业问题的终结者	解决了干家具还有没有前途？为什么同城多店的家具经销商很难做大做强等问题
	建材家居营销:除了促销还能做什么 孙嘉晖　著	一线老手的深度思考，告诉你在建材家居营销模式基本停滞的今天，除了促销，营销还能怎么做	给你的想法一场革命
	建材家居营销实务 程绍珊　杨鸿贵　主编	价值营销运用到建材家居，每一步都让客户增值	有自己的系统、实战
	家居建材门店 6 力爆破 贾同领　著	合盘道出一线品牌销量秘籍	6 力招招见血，既有招数，又有策略
	建材家居门店销量提升 贾同领　著	店面选址、广告投放、推广助销、空间布局、生动展示、店面运营等	门店销量提升是一个系统工程，非常系统、实战
	10 步成为最棒的建材家居门店店长 徐伟泽　著	实际方法易学易用，让员工能够迅速成长，成为独当一面的好店长	只要坚持这样干，一定能成为好店长
	手把手帮建材家居导购业绩倍增:成为顶尖的门店店员 熊亚柱　著	生动的表现形式，让普通人也能成为优秀的导购员，让门店业绩长红	读着有趣，用着简单，一本在手、业绩无忧
	建材家居经销商实战 42 章经 王庆云　著	告诉经销商:老板怎么当、团队怎么带、生意怎么做	忠言逆耳，看着不舒服就对了，实战总结，用一招半式就值了

续表

工业品	**销售是门专业活：B2B、工业品** 陆和平　著	销售流程就应该跟着客户的采购流程和关注点的变化向前推进，将一个完整的销售过程分成十个阶段，提供具体方法	销售不是请客吃饭拉关系，是个专业的活计！方法在手，走遍天下不愁
	解决方案营销实战案例 刘祖轲　著	用10个真案例讲明白什么是工业品的解决方案式营销，实战、实用	有干货、真正操作过的才能写得出来
	变局下的工业品企业7大机遇 叶敦明　著	产业链条的整合机会、盈利模式的复制机会、营销红利的机会、工业服务商转型机会……	工业品企业还可以这样做，思维大突破
	工业品市场部实战全指导 杜　忠　著	工业品市场部经理工作内容全指导	系统、全面、有理论、有方法，帮助工业品市场部经理更快提升专业能力
	工业品营销管理实务 李洪道　著	中国特色工业品营销体系的全面深化、工业品营销管理体系优化升级	工具更实战，案例更鲜活，内容更深化
	工业品企业如何做品牌 张东利　著	为工业品企业提供最全面的品牌建设思路	有策略、有方法、有思路、有工具
	丁兴良讲工业4.0 丁兴良　著	没有枯燥的理论和说教，用朴实直白的语言告诉你工业4.0的全貌	工业4.0是什么？本书告诉你答案
	资深大客户经理：策略准，执行狠 叶敦明　著	从业务开发、发起攻势、关系培育、职业成长四个方面，详述了大客户营销的精髓	满满的全是干货
	一切为了订单：订单驱动下的工业品营销实战 唐道明　著	其实，所有的企业都在围绕着两个字在开展全部的经营和管理工作，那就是“订单”	开发订单、满足订单、扩大订单。本书全是实操方法，字字珠玑、句句干货，教你获得营销的胜利
金融	**交易心理分析** （美）马克·道格拉斯　著 刘真如　译	作者一语道破赢家的思考方式，并提供了具体的训练方法	不愧是投资心理的第一书，绝对经典
	精品银行管理之道 崔海鹏　何　屹　主编	中小银行转型的实战经验总结	中小银行的教材很多，实战类的书很少，可以看看
	支付战争 Eric M. Jackson　著 徐　彬　王　晓　译	PayPal创业期营销官，亲身讲述PayPal从诞生到壮大到成功出售的整个历史	激烈、有趣的内幕商战故事！了解美国支付市场的风云巨变
	中外并购名著专业阅读指南 叶兴平　等著	在5000多本并购类图书中精选的200著作，在阅读的基础上写的读书评价	精挑细选200本并一一评介，省去读者挑选的烦恼，快捷、高效
	互联网时代的银行转型 韩友诚　著	以大量案例形式为读者全面展示和分析了银行的互联网金融转型应对之道	结合本土银行转型发展案例的书籍

续表

房地产	**产业园区/产业地产规划、招商、运营实战** 阎立忠　著	目前中国第一本系统解读产业园区和产业地产建设运营的实战宝典	从认知、策划、招商到运营全面了解地产策划
	人文商业地产策划 戴欣明　著	城市与商业地产战略定位的关键是不可复制性，要发现独一无二的“味道”	突破千城一面的策划困局
	电影院的下一个黄金十年：开发·差异化·案例 李保煜　著	对目前电影院市场存大的问题及如何解决进行了探讨与解读	多角度了解电影院运营方式及代表性案例
能源	**全能型班组：城市能源互联网与电力班组升级** 国网天津市电力公司　编著	借鉴国内外优秀企业的转型升级思路，通过对于新型班组组织模式和运行机制的大胆设想，力图构建充分适应内外环境变化的全能型班组	看看庞大的国企在新环境下是如何顺应时代的
	国网天津电力全能型班组建设实务 国网天津市电力公司　编著	本书聚焦于天津电力公司在探索全能型班组转型升级时的优秀实践	电力行业的班组实践，具体、可操作性强

经营类：企业如何赚钱，如何抓机会，如何突破，如何“开源”

	书名．作者	内容/特色	读者价值
抓方向	**让经营回归简单．升级版** 宋新宇　著	化繁为简抓住经营本质：战略、客户、产品、员工、成长	经典，做企业就这几个关键点！
	混沌与秩序Ⅰ：变革时代企业领先之道 **混沌与秩序Ⅱ：变革时代管理新思维** 彭剑锋　尚艳玲　主编	汇集华夏基石专家团队10年来研究成果，集中选择了其中的精华文章编纂成册	作者都是既有深厚理论积淀又有实践经验的重磅专家，为中国企业和企业家的未来提出了高屋建瓴的观点
	活系统：跟任正非学当老板 孙行健　尹　贤　著	以任正非的独到视角，教企业老板如何经营公司	看透公司经营本质，激活企业活力
	重构：快消品企业重生之道 杨永华　著	从7个角度，帮助企业实现系统性的改造	提供转型思想与方法，值得参考
	公司由小到大要过哪些坎 卢　强　著	老板手里的一张“企业成长路线图”	现在我在哪儿，未来还要走哪些路，都清楚了
	企业二次创业成功路线图 夏惊鸣　著	企业曾经抓住机会成功了，但下一步该怎么办？	企业怎样获得第二次成功，心里有个大框架了
	老板经理人双赢之道 陈　明　著	经理人怎养选平台、怎么开局，老板怎样选/育/用/留	老板生闷气，经理人牢骚大，这次知道该怎么办了
	简单思考：AMT咨询创始人自述 孔祥云　著	著名咨询公司（AMT）的CEO创业历程中点点滴滴的经验与思考	每一位咨询人，每一位创业者和管理经营者，都值得一读
	企业文化的逻辑 王祥伍　黄健江　著	为什么企业绩效如此不同，解开绩效背后的文化密码	少有的深刻，有品质，读起来很流畅
	使命驱动企业成长 高可为　著	钱能让一个人今天努力，使命能让一群人长期努力	对于想做事业的人，‘使命’是绕不过去的

续表

思维突破	**盈利原本就这么简单** 高可为　著	从财务的角度揭示企业盈利的秘密	多方面解读商业模式与盈利的关系，通俗易懂，受益匪浅
	移动互联新玩法：未来商业的格局和趋势 史贤龙　著	传统商业、电商、移动互联，三个世界并存，这种新格局的玩法一定要懂	看清热点的本质，把握行业先机，一本书搞定移动互联网
	画出公司的互联网进化路线图：用互联网思维重塑产品、客户和价值 李　蓓　著	18个问题帮助企业一步步梳理出互联网转型思路	思路清晰、案例丰富，非常有启发性
	重生战略：移动互联网和大数据时代的转型法则 沈　拓　著	在移动互联网和大数据时代，传统企业转型如同生命体打算与再造，称之为"重生战略"	帮助企业认清移动互联网环境下的变化和应对之道
	创造增量市场：传统企业互联网转型之道 刘红明　著	传统企业需要用互联网思维去创造增量，而不是用电子商务去转移传统业务的存量	教你怎么在"互联网＋"的海洋中创造实实在在的增量
	7个转变，让公司3年胜出 李　蓓　著	消费者主权时代，企业该怎么办	这就是互联网思维，老板有能这样想，肯定倒不了
	跳出同质思维，从跟随到领先 郭　剑　著	66个精彩案例剖析，帮助老板突破行业长期思维惯性	做企业竟然有这么多玩法，开眼界
	麻烦就是需求　难题就是商机 卢根鑫　著	如何借助客户的眼睛发现商机	什么是真商机，怎么判断、怎么抓，有借鉴
	互联网＋"变"与"不变"：本土管理实践与创新论坛集萃·2016 本土管理实践与创新论坛　著	加速本土管理思想的孕育诞生，促进本土管理创新成果更好地服务企业、贡献社会	各个作者本年度最新思想，帮助读者拓宽眼界、突破思维
	消费升级：实践　研究（文集） 本土管理实践与创新论坛　著	38位管理专家及7位学者的精华思想，从经营、管理、行业及思想研究四个方面阐述中国企业在消费升级下的实践与研究	思想启发，行业借鉴
财务	**写给企业家的公司与家庭财务规划——从创业成功到富足退休** 周荣辉　著	本书以企业的发展周期为主线，写各阶段企业与企业主家庭的财务规划	为读者处理人生各阶段企业与家庭的财务问题提供建议及方法，让家庭成员真正享受财富带来的益处
	互联网时代的成本观 程　翔　著	本书结合互联网时代提出了成本的多维观，揭示了多维组合成本的互联网精神和大数据特征，论述了其产生背景、实现思路和应用价值	在传统成本观下为盈利的业务，在新环境下也许就成为亏损业务。帮助管理者从新的角度来看待成本，进一步做好精益管理
	财报背后的投资机会 蒋　豹　著	以具体的公司案例分析，教你迅速看出财务报表与企业经营的关系、所反映的企业经营现状，从而找到投资机会	前四大会计所员工为读者解密财报，发现投资机会

续表

管理类:效率如何提升,如何实现经营目标,如何"节流"			
书名.作者		内容/特色	读者价值
通用管理	**让管理回归简单·升级版** 宋新宇　著	从目标、组织、决策、授权、人才和老板自己层面教你怎样做管理	帮助管理抓住管理的要害,让管理变得简单
	让经营回归简单·升级版 宋新宇　著	从战略、客户、产品、员工、成长、经营者自身等七个方面,归纳总结出简单有效的经营法则	总结出的真正优秀企业的成功之道:简单
	让用人回归简单 宋新宇　著	从用人的原则、用人的难题与误区、用人的方法和用人者的修炼四大方面,总结出适合中小企业做好人才管理工作的法则	帮助管理者抓住用人的要害,让用人变得简单
	历史深处的管理智慧1:组织建设与用人之道 刘文瑞　著	对历史之典故、政事、人事、政制进行管理解析,鉴照企业人才的选用育留	推动理论与实践的对接,实现理性与情感的渗透,用中国话语说明管理智慧
	历史深处的管理智慧2:战略决策与经营运作 刘文瑞 著	对历史之典故、政事、人事、政制进行管理解析,鉴照企业战略设计与经营实践	推动理论与实践的对接,实现理性与情感的渗透,用中国话语说明管理智慧
	历史深处的管理智慧3:领导修炼与文化素养 刘文瑞　著	对历史之典故、政事、人事、政制进行管理解析,鉴照企业领导职业能力提升与文化修养	推动理论与实践的对接,实现理性与情感的渗透,用中国话语说明管理智慧
	管理的尺度 刘文瑞　著	对管理中的种种普遍性问题进行了批评	提高把握管理尺度的能力
	管理学在中国 刘文瑞　著	系统性介绍了管理学在中国的发展和演变	了解管理学在中国的发展脉络,更清晰理解管理学的本质
	看电影,懂管理 刘文瑞　著	16部经典电影,带你感悟管理智慧	能够帮助读者放松身心,驰骋想象,在不知不觉中增长智慧
	管理:以规则驾驭人性 王春强　著	详细解读企业规则的制定方法	从人与人博弈角度提升管理的有效性
	员工心理学超级漫画版 邢　雷　著	以漫画的形式深度剖析员工心理	帮助管理者更了解员工,从而更轻松地管理员工
	老板有想法,高层有干法:企业中的将帅之道 王清华　著	深入剖析老板与高管的异同	各司其职,各行其是,相辅相成
	分股合心:股权激励这样做 段磊　周剑　著	通过丰富的案例,详细介绍了股权激励的知识和实行方法	内容丰富全面、易读易懂,了解股权激励,有这一本就够了
	边干边学做老板 黄中强　著	创业20多年的老板,有经验、能写、又愿意分享,这样的书很少	处处共鸣,帮助中小企业老板少走弯路

续表

通用管理	**成为敏感而体贴的公司** 王 涛 著	本书为作者对企业的观察和冥想的随笔记录。从生活中的一个现象入手,进而探索现象背后的本质	从全新角度认识公司
	中国企业的觉醒:正直 善良 成长 王 涛 著	围绕着企业人如何发生转化展开,对中国人、中国文化及由此导致的企业现状的观察和思考	企业除了要利润,还需要道德
	有意识的思考:轻松化解问题的7个思考习惯 王 涛 著	本书是对思想、思考过程、思考方式进行的细致观察	养成好的思考习惯,更深刻地看问题
	中国式阿米巴落地实践之从交付到交易 胡八一 著	本书主要讲述阿米巴经营会计,"从交付到交易",这是成功实施了阿米巴的标志	阿米巴经营会计的工作是有逻辑关联的,一本书就能搞定
	中国式阿米巴落地实践之激活组织 胡八一 著	重点讲解如何科学划分阿米巴单元,阐述划分的实操要领、思路、方法、技术与工具	最大限度减少"推行风险"和"摸索成本",利于公司成功搭建适合自身的个性化阿米巴经营体系
	中国式阿米巴落地实践之持续盈利 胡八一 著	把企业做成平台,企业才能做大(格局);把平台做成阿米巴,企业才能做强(专业);把阿米巴做成合伙制,企业才能做久(机制)	中国式阿米巴落地实践三部曲的最后一部,告诉你企业如何做大做强做久
	集团化企业阿米巴实战案例 初勇钢 著	一家集团化企业阿米巴实施案例	指导集团化企业系统实施阿米巴
	阿米巴经营的中国模式 李志华 著	让员工从"要我干"到"我要干",价值量化出来	阿米巴在企业如何落地,明白思路了
	欧博心法:好管理靠修行 曾 伟 著	用佛家的智慧,深刻剖析管理问题,见解独到	如果真的有'中国式管理',曾老师是其中标志性人物
	领导这样点燃你的下属 孟广桥 著	领导者如何才能让员工积极主动地工作?如何让你的员工和下属保持工作的热情,自动自发?看了这本书就知道	只要你希望手下的"兵将"永远充满工作的斗志,这本书将使你获益良多
流程管理	**1. 用流程解放管理者** **2. 用流程解放管理者2** 张国祥 著	中小企业阅读的流程管理、企业规范化的书	通俗易懂,理论和实践的结合恰到好处
	跟我们学建流程体系 陈立云 著	畅销书《跟我们学做流程管理》系列,更实操,更细致,更深入	更多地分享实践,分享感悟,从实践总结出来的方法论
	人人都要懂流程 金国华 余雅丽 著	当前各企业流程管理方面最为典型的痛点现象及问题案例	通俗易懂,适合企业全员阅读

续表

质量管理	IATF16949 质量管理体系详解与案例文件汇编：TS16949 转版 IATF16949：2016 谭洪华　著	针对 IATF 的新标准做了详细的解说，同时指出了一些推行中容易犯的错误，提供了大量的表单、案例	案例、表单丰富，拿来就用
	五大质量工具详解及运用案例：APQP/FMEA/PPAP/MSA/SPC 谭洪华　著	对制造业必备的五大质量工具中每个文件的制作要求、注意事项、制作流程、成功案例等进行了解读	通俗易懂、简便易行，能真正实现学以致用
	ISO9001：2015 新版质量管理体系详解与案例文件汇编 谭洪华　著	紧密围绕 2015 年新版质量管理体系文件逐条详细解读，并提供可以直接套用的案例工具，易学易上手	企业质量管理认证、内审必备
	ISO14001：2015 新版环境管理体系详解与案例文件汇编 谭洪华　著	紧密围绕 2015 年新版环境管理体系文件逐条详细解读，并提供可以直接套用的案例工具，易学易上手	企业环境管理认证、内审必备
	SA8000：2014 社会责任管理体系认证实战 吕　林　著	作者根据自己的操作经验，按认证的流程，以相关案例进行说明 SA8000 认证体系	简单，实操性强，拿来就能用
	精益质量管理实战工具 贺小林　著	制造类企业日常工作中所需要的精益管理工具的归纳整理，并进行案例操作的细致分析	可以直接参考，实际解决生产中的具体问题
战略落地	重生——中国企业的战略转型 施　炜　著	从前瞻和适用的角度，对中国企业战略转型的方向、路径及策略性举措提出了一些概要性的建议和意见	对企业有战略指导意义
	公司大了怎么管：从靠英雄到靠组织 AMT 金国华　著	第一次详尽阐释中国快速成长型企业的特点、问题及解决之道	帮助快速成长型企业领导及管理团队理清思路，突破瓶颈
	低效会议怎么改：每年节省一半会议成本的秘密 AMT 王玉荣　著	教你如何系统规划公司的各级会议，一本工具书	教会你科学管理会议的办法
	年初订计划，年尾有结果：战略落地七步成诗 AMT 郭晓　著	7 个步骤教会你怎么让公司制定的战略转变为行动	系统规划，有效指导计划实现
人力资源	HRBP 是这样炼成的之“菜鸟起飞” 新　海　著	以小说的形式，具体解析 HRBP 的职责，应该如何操作，如何为业务服务	实践者的经验分享，内容实务具体，形式有趣
	HRBP 是这样炼成的之中级修炼 新　海　著	本书以案例故事的方式，介绍了 HRBP 在实际工作中碰到的问题和挑战	书中的 HR 解决方案讲究因时因地制宜、简单有效的原则，重在启发读者思路，可供各类企业 HRBP 借鉴
	HRBP 是这样炼成的之高级修炼 新　海　著	以故事的形式，展现了 HRBP 工作者在职业发展路上的层层深入和递进	为读者提供 HRBP 在实际工作中遇到种种问题的解决方案

续表

人力资源	**把面试做到极致：首席面试官的人才甄选法** 孟广桥　著	作者用自己几十年的人力资源经验总结出的一套实用的确定岗位招聘标准、提升面试官技能素质的简便方法	面试官必备，没有空泛理论，只有巧妙的实操技能
	人力资源体系与e－HR信息化建设 刘书生　陈　莹　王美佳　著	将作者经历的人力资源管理变革、人力资源管理信息化咨询项目方法论、工具和成果全面展现给读者，使大家能够将其快速应用到管理实践中	系统性非常强，没有废话，全部是浓缩的干货
	回归本源看绩效 孙　波　著	让绩效回顾“改进工具”的本源，真正为企业所用	确实是来源于实践的思考，有共鸣
	世界500强资深培训经理人教你做培训管理 陈　锐　著	从7大角度具体细致地讲解了培训管理的核心内容	专业、实用、接地气
	曹子祥教你做激励性薪酬设计 曹子祥　著	以激励性为指导，系统性地介绍了薪酬体系及关键岗位的薪酬设计模式	深入浅出，一本书学会薪酬设计
	曹子祥教你做绩效管理 曹子祥　著	复杂的理论通俗化，专业的知识简单化，企业绩效管理共性问题的解决方案	轻松掌握绩效管理
	把招聘做到极致 远　鸣　著	作为世界500强高级招聘经理，作者数十年招聘经验的总结分享	带来职场思考境界的提升和具体招聘方法的学习
	人才评价中心．超级漫画版 邢　雷　著	专业的主题，漫画的形式，只此一本	没想到一本专业的书，能写成这效果
	走出薪酬管理误区 全怀周　著	剖析薪酬管理的8大误区，真正发挥好枢纽作用	值得企业深读的实用教案
	集团化人力资源管理实践 李小勇　著	对搭建集团化的企业很有帮助，务实，实用	最大的亮点不是理论，而是结合实际的深入剖析
	我的人力资源咨询笔记 张　伟　著	管理咨询师的视角，思考企业的HR管理	通过咨询师的眼睛对比很多企业，有启发
	本土化人力资源管理8大思维 周　剑　著	成熟HR理论，在本土中小企业实践中的探索和思考	对企业的现实困境有真切体会，有启发
企业文化	**36个拿来就用的企业文化建设工具** 海融心胜　主编	数十个工具，为了方便拿来就用，每一个工具都严格按照工具属性、操作方法、案例解读划分，实用、好用	企业文化工作者的案头必备书，方法都在里面，简单易操作
	企业文化建设超级漫画版 邢　雷　著	以漫画的形式系统教你企业文化建设方法	轻松易懂好操作

续表

企业文化	**华夏基石方法：企业文化落地本土实践** 王祥伍　谭俊峰　著	十年积累、原创方法、一线资料，和盘托出	在文化落地方面真正有洞察，有实操价值的书
	企业文化的逻辑 王祥伍　著	为什么企业之间如此不同，解开绩效背后的文化密码	少有的深刻，有品质，读起来很流畅
	企业文化激活沟通 宋杼宸　安　琪　著	透过新任 HR 总经理的眼睛，揭示出沟通与企业文化的关系	有实际指导作用的文化落地读本
	在组织中绽放自我：从专业化到职业化 朱仁健　王祥伍　著	个人如何融入组织，组织如何助力个人成长	帮助企业员工快速认同并投入到组织中去，为企业发展贡献力量
	企业文化定位·落地一本通 王明胤　著	把高深枯燥的专业理论创建成一套系统化、实操化、简单化的企业文化缔造方法	对企业文化不了解，不会做？有这一本从概念到实操，就够了
生产管理	**精益思维：中国精益如何落地** 刘承元　著	笔者二十余年企业经营和咨询管理的经验总结	中国企业需要灵活运用精益思维，推动经营要素与管理机制的有机结合，推动企业管理向前发展
	300 张现场图看懂精益 5S 管理 乐　涛　编著	5S 现场实操详解	案例图解，易懂易学
	高员工流失率下的精益生产 余伟辉　著	中国的精益生产必须面对和解决高员工流失率问题	确实来源于本土的工厂车间，很务实
	车间人员管理那些事儿 岑立聪　著	车间人员管理中处理各种“疑难杂症”的经验和方法	基层车间管理者最闹心、头疼的事，‘打包’解决
	1. 欧博心法：好管理靠修行 **2. 欧博心法：好工厂这样管** 曾　伟　著	他是本土最大的制造业管理咨询机构创始人，他从 400 多个项目、上万家企业实践中锤炼出的欧博心法	中小制造型企业，一定会有很强的共鸣
	欧博工厂案例 1：生产计划管控对话录 **欧博工厂案例 2：品质技术改善对话录** **欧博工厂案例 3：员工执行力提升对话录** 曾　伟　著	最典型的问题、最详尽的解析，工厂管理 9 大问题 27 个经典案例	没想到说得这么细，超出想象，案例很典型，照搬都可以了
	工厂管理实战工具 欧博企管　编著	以传统文化为核心的管理工具	适合中国工厂
	苦中得乐：管理者的第一堂必修课 曾　伟　编著	曾伟与师傅大愿法师的对话，佛学与管理实践的碰撞，管理禅的修行之道	用佛学最高智慧看透管理
	比日本工厂更高效 1：管理提升无极限 刘承元　著	指出制造型企业管理的六大积弊；颠覆流行的错误认知；掌握精益管理的精髓	每一个企业都有自己不同的问题，管理没有一剑封喉的秘笈，要从现场、现物、现实出发
	比日本工厂更高效 2：超强经营力 刘承元　著	企业要获得持续盈利，就要开源和节流，即实现销售最大化，费用最小化	掌握提升工厂效率的全新方法

续表

生产管理	**比日本工厂更高效3:精益改善力的成功实践** 刘承元　著	工厂全面改善系统有其独特的目的取向特征,着眼于企业经营体质(持续竞争力)的建设与提升	用持续改善力来飞速提升工厂的效率,高效率能够带来意想不到的高效益
	3A顾问精益实践1:IE与效率提升 党新民　苏迎斌　蓝旭日　著	系统的阐述了IE技术的来龙去脉以及操作方法	使员工与企业持续获利
	3A顾问精益实践2:JIT与精益改善 肖志军　党新民　著	只在需要的时候,按需要的量,生产所需的产品	提升工厂效率
	手把手教你做专业的生产经理 黄　娜　著	物流、信息流、资金流,让生产经理管理有抓手	从菜鸟到能把控全局
员工素质提升	**TTT培训师精进三部曲(上):深度改善现场培训效果** 廖信琳　著	现场把控不用慌,这里有妙招一用就灵	课程现场无论遇到什么样的情况都能游刃有余
	TTT培训师精进三部曲(中):构建最有价值的课程内容 廖信琳　著	这样做课程内容,学员有收获 培训师也有收获	优质的课程内容是树立个人品牌的保证
	TTT培训师精进三部曲(下):职业功力沉淀与修为提升 廖信琳　著	从内而外提升自己,职业的道路一帆风顺	走上职业TTT内训师的康庄大道
	培训师,如何让你的事业长青:自我管理的10项法则 廖信琳　著	建立了一套完整的培训师自我管理体系,为培训师的职业成长与发展提供有益的指引	培训师如何在自己的职业道路上越走越高,事业长青,一直有所收获与成长?本书将给你答案
	管理咨询师的第一本书:百万年薪 千万身价 熊亚柱　著	从问题出发,发现问题、分析问题、解决问题,让两眼一抹黑的新人快速成长	管理咨询师初入职场,让这本书开启百万年薪之路
	手把手教你做专业督导:专卖店、连锁店 熊亚柱　著	从督导的职能、作用,在工作中需要的专业技能、方法,都提供了详细的解读和训练办法,同时附有大量的表单工具	无论是店铺需要统一培训,还是个人想成为优秀的督导,有这一本就够了
	跟老板"偷师"学创业 吴江萍　余晓雷　著	边学边干,边观察边成长,你也可以当老板	不同于其他类型的创业书,让你在工作中积累创业经验,一举成功
	销售轨迹:一位快消品营销总监的拼搏之路 秦国伟　著	本书讲述了一个普通销售员打拼成为跨国企业营销总监的真实奋斗历程	激励人心,给广大销售员以力量和鼓舞
	在组织中绽放自我:从专业化到职业化 朱仁健　王祥伍　著	个人如何融入组织,组织如何助力个人成长	帮助企业员工快速认同并投入到组织中去,为企业发展贡献力量
	企业员工弟子规:用心做小事,成就大事业 贾同领　著	从传统文化《弟子规》中学习企业中为人处事的办法,从自身做起	点滴小事,修养自身,从自身的改善得到事业的提升

续表

员工素质提升	**手把手教你做顶尖企业内训师:TTT 培训师宝典** 熊亚柱　著	从课程研发到现场把控、个人提升都有涉及,易读易懂,内容丰富全面	想要做企业内训师的员工有福了,本书教你如何抓住关键,从入门到精通
	客诉处理金手指:客户投诉的应对与管理 孟广桥　著	立足于投诉处理的实践,剖析了不同投诉者投诉的特点和应对措施,并提供各种技巧方法、赢得客户信赖所需培养的品质修炼、处理投诉应掌握的法律法规等工具	是投诉处理人员适应岗位职能需要、提升工作技能的良师益友,是企业变诉为金、培养业务骨干的法宝

营销类:把客户需求融入企业各环节,提供"客户认为"有价值的东西

	书名．作者	内容/特色	读者价值
营销模式	**精品营销战略** 杜建君　著	以精品理念为核心的精益战略和营销策略	用精品思维赢得高端市场
	变局下的营销模式升级 程绍珊　叶　宁　著	客户驱动模式、技术驱动模式、资源驱动模式	很多行业的营销模式被颠覆,调整的思路有了!
	卖轮子 科克斯【美】	小说版的营销学!营销理念巧妙贯穿其中,贵在既有趣,又有深度	经典、有趣!一个故事读懂营销精髓
	动销操盘:节奏掌控与社群时代新战法 朱志明　著	在社群时代把握好产品生产销售的节奏,解析动销的症结,寻找动销的规律与方法	都是易读易懂的干货!对动销方法的全面解析和操盘
	弱势品牌如何做营销 李政权　著	中小企业虽有品牌但没名气,营销照样能做的有声有色	没有丰富的实操经验,写不出这么具体、详实的案例和步骤,很有启发
	老板如何管营销 史贤龙　著	高段位营销 16 招,好学好用	老板能看,营销人也能看
	洞察人性的营销战术:沈坤教你 28 式 沈　坤　著	28 个匪夷所思的营销怪招令人拍案叫绝,涉及商业竞争的方方面面,大部分战术可以直接应用到企业营销中	各种谋略得益于作者的横向思维方式,将其操作过的案例结合其中,提供的战术对读者有参考价值
	动销:产品是如何畅销起来的 吴江萍　余晓雷　著	真真切切告诉你,产品究竟怎么才能卖出去	击中痛点,提供方法,你值得拥有
	1000 铁杆女粉丝 张兵武　著	连接是女性与生俱来的特质。能善用连接的营销人员,就像拿到打开女性荷包的钥匙	重新认识女性的传播力量
	360°谈营销:一位营销咨询师 20 年实战洞察 王清华　古怀亮　著	各个角度,全方位,多视点剥营销	思路单一,此书帮你破
	营销按钮:扣动一触即发的力量 老　苗　著	提供各种奇形怪状的营销武器	一定会带给你不一样的思维震撼

续表

销售	**资深大客户经理:策略准,执行狠** 叶敦明　著	从业务开发、发起攻势、关系培育、职业成长四个方面,详述了大客户营销的精髓	满满的全是干货
	成为资深的销售经理:B2B、工业品 陆和平　著	围绕“销售管理的六个关键控制点”一一展开,提供销售管理的专业、高效方法	方法和技术接地气,拿来就用,从销售员成长为经理不再犯难
	销售是门专业活:B2B、工业品 陆和平　著	销售流程就应该跟着客户的采购流程和关注点的变化向前推进,将一个完整的销售过程分成十个阶段,提供具体方法	销售不是请客吃饭拉关系,是个专业的活计!方法在手,走遍天下不愁
	向高层销售:与决策者有效打交道 贺兵一　著	一套完整有效的销售策略	有工具,有方法,有案例,通俗易懂
	卖轮子 科克斯　【美】	小说版的营销学!营销理念巧妙贯穿其中,贵在既有趣,又有深度	经典、有趣!一个故事读懂营销精髓
	学话术　卖产品 张小虎　著	分析常见的顾客异议,将优秀的话术模块化	让普通导购员也能成为销售精英
组织和团队	**升级你的营销组织** 程绍珊　吴越舟　著	用“有机性”的营销组织替代“营销能人”,营销团队变成“铁营盘”	营销队伍最难管,程老师不愧是营销第1操盘手,步骤方法都很成熟
	用数字解放营销人 黄润霖　著	通过量化帮助营销人员提高工作效率	作者很用心,很好的常备工具书
	成为优秀的快消品区域经理(升级版) 伯建新　著	用“怎么办”分析区域经理的工作关键点,增加30%全新内容,更贴近环境变化	可以作为区域经理的“速成催化器”
	成为资深的销售经理:B2B、工业品 陆和平　著	围绕“销售管理的六个关键控制点”一一展开,提供销售管理的专业、高效方法	方法和技术接地气,拿来就用,从销售员成长为经理不再犯难
	一位销售经理的工作心得 蒋　军　著	一线营销管理人员想提升业绩却无从下手时,可以看看这本书	一线的真实感悟
	快消品营销:一位销售经理的工作心得2 蒋　军　著	快消品、食品饮料营销的经验之谈,重点突出	来源于实战的精华总结
	销售轨迹:一位快消品营销总监的拼搏之路 秦国伟　著	本书讲述了一个普通销售员打拼成为跨国企业营销总监的真实奋斗历程	激励人心,给广大销售员以力量和鼓舞
	用营销计划锁定胜局:用数字解放营销人2 黄润霖　著	全方位教你怎么做好营销计划,好学好用真简单	照搬套用就行,做营销计划再也不头痛
	快消品营销人的第一本书:从入门到精通 刘　雷　伯建新　著	快消行业必读书,从入门到专业	深入细致,易学易懂
产品	**产品开发管理方法·流程·工具:从作坊式到规范化** 任彭枞　著	产品研发管理体系全指导	既有工具,又能开拓思路
	新产品开发管理,就用IPD(升级版) 郭富才　著	10年IPD研发管理咨询总结,国内首部IPD专业著作	一本书掌握IPD管理精髓

续表

产品	**这样打造大单品：案例　策略　方法** 迪智成咨询团队　著	囊括十三个不同行业、企业的实际案例，从不同角度详细剖析、总结了这些品牌厂家打造大单品的成功经验或者失败教训	厘清大单品打造的策划与路径，得出持续经营的思路与方法
	资深项目经理这样做新产品开发管理 秦海林　著	以 IPD 为思想，系统讲解新产品开管理的细节	提供管理思路和实用工具
	产品炼金术Ⅰ：如何打造畅销产品 史贤龙　著	满足不同阶段、不同体量、不同行业企业对产品的完整需求	必须具备的思维和方法，避免在产品问题上走弯路
	产品炼金术Ⅱ：如何用产品驱动企业成长 史贤龙　著	做好产品、关注产品的品质，就是企业成功的第一步	必须具备的思维和方法，避免在产品问题上走弯路
品牌	**中小企业如何建品牌** 梁小平　著	中小企业建品牌的入门读本，通俗、易懂	对建品牌有了一个整体框架
	采纳方法：破解本土营销8大难题 朱玉童　编著	全面、系统、案例丰富、图文并茂	希望在品牌营销方面有所突破的人，应该看看
	中国品牌营销十三战法 朱玉童　编著	采纳20年来的品牌策划方法，同时配有大量的案例	众包方式写作，丰富案例给人启发，极具价值
	今后这样做品牌：移动互联时代的品牌营销策略 蒋　军　著	与移动互联紧密结合，告诉你老方法还能不能用，新方法怎么用	今后这样做品牌就对了
	中小企业如何打造区域强势品牌 吴　之　著	帮助区域的中小企业打造自身品牌，如何在强壮自身的基础上往外拓展	梳理误区，系统思考品牌问题，切实符合中小区域品牌的自身特点进行阐述
渠道通路	**深度分销：掌控渠道价值链** 施　炜　著	制造商通过掌控渠道价值链，将管理触角延伸至零售层面及顾客现场，对市场根部精耕细作，从而挖掘需求，构筑区域市场尤其是三四级市场的竞争壁垒	深度分销是中国企业对世界营销的独特贡献。实践证明，互联网时代深度分销仍有生命力
	快消品营销与渠道管理 谭长春　著	将快消品标杆企业渠道管理的经验和方法分享出来	可口可乐、华润的一些具体的渠道管理经验，实战
	传统行业如何用网络拿订单 张　进　著	给老板看的第一本网络营销书	适合不懂网络技术的经营决策者看
	采纳方法：化解渠道冲突 朱玉童　编著	系统剖析渠道冲突，21个渠道冲突案例、情景式讲解，37篇讲义	系统、全面
	学话术　卖产品 张小虎　著	分析常见的顾客异议，将优秀的话术模块化	让普通导购员也能成为销售精英
	向高层销售：与决策者有效打交道 贺兵一　著	一套完整有效的销售策略	有工具，有方法，有案例，通俗易懂
	通路精耕操作全解：快消品20年实战精华 周　俊　陈小龙　著	通路精耕的详细全解，每一步的具体操作方法和表单全部无保留提供	康师傅二十年的经验和精华，实践证明的最有效方法，教你如何主宰通路

续表

管理者读的文史哲·生活			
书名．作者		内容/特色	读者价值
思想·文化	**德鲁克管理思想解读** 罗　珉　著	用独特视角和研究方法，对德鲁克的管理理论进行了深度解读与剖析	不仅是摘引和粗浅分析，还是作者多年深入研究的成果，非常可贵
	德鲁克与他的论敌们：马斯洛、戴明、彼得斯 罗　珉　著	几位大师之间的论战和思想碰撞令人受益匪浅	对大师们的观点和著作进行了大量的理论加工，去伪存真、去粗存精，同时有自己独特的体系深度
	德鲁克管理学 张远凤　著	本书以德鲁克管理思想的发展为线索，从一个侧面展示了20世纪管理学的发展历程	通俗易懂，脉络清晰
	王阳明“万物一体”论：从“身－体”的立场看(修订版) 陈立胜　著	以身体哲学分析王阳明思想中的“仁”与“乐”	进一步了解传统文化，了解王阳明的思想
	自我与世界：以问题为中心的现象学运动研究 陈立胜　著	以问题为中心，对现象学运动中的“意向性”“自我”“他人”“身体”及“世界”各核心议题之思想史背景与内在发展理路进行深入细致的分析	深入了解现象学中的几个主要问题
	作为身体哲学的中国古代哲学 张再林　著	上篇为中国古代身体哲学理论体系奠基性部分，下篇对由“上篇”所开出的中国身体哲学理论体系的进一步的阐发和拓展	了解什么是真正原生态意义上的中国哲学，把中国传统哲学与西方传统哲学加以严格区别
	中西哲学的歧异与会通 张再林　著	本书以一种现代解释学的方法，对中国传统哲学内在本质尝试一种全新的和全方位的解读	发掘出掩埋在古老传统形式下的现代特质和活的生命，在此基础上揭示中西哲学“你中有我，我中有你”之旨
	治论：中国古代管理思想 张再林　著	本书主要从儒、法墨三家阐述中国古代管理思想	看人本主义的管理理论如何不留斧痕地克服似乎无法调解的存在于人类社会行为与社会组织中的种种两难和对立
	车过麻城 再晤李贽 张再林　著	系统全面而又简明扼要地展示了李贽独到的学术眼力和超拔的理论建树	帮助读者重新认识李贽的思想
	中国古代政治制度(修订版)上：皇帝制度与中央政府 刘文瑞　著	全面论证了古代皇帝制度的形成和演变的历程	有助于读者从政治制度角度了解中国国情的历史渊源
	中国古代政治制度(修订版)下：地方体制与官僚制度 刘文瑞　著	全面论证了古代地方政府的发展演变过程	有助于读者从政治制度角度了解中国国情的历史渊源
	中国思想文化十八讲(修订版) 张茂泽　著	中国古代的宗教思想文化，如对祖先崇拜、儒家天命观、中国古代关于“神”的讨论等	宗教文化和人生信仰或信念紧密相联，在文化转型时期学习和研究中国宗教文化就有特别的现实意义
	史幼波《大学》讲记 史幼波　著	用儒释道的观点阐释大学的深刻思想	一本书读懂传统文化经典

续表

思想·文化	**史幼波《周子通书》《太极图说》讲记** 史幼波　著	把形而上的宇宙、天地,与形而下的社会、人生、经济、文化等融合在一起	将儒家的一整套学修系统融合起来
	史幼波《中庸》讲记(上下册) 史幼波　著	全面、深入浅出地揭示儒家中庸文化的真谛	儒释道三家思想融会贯通
	梁涛讲《孟子》之万章篇 梁　涛　著	《万章》主要记录孟子与万章的对话,涉及孝道、亲情、友情、出仕为官等	作者的解读能帮助读者更好地理解孟子及儒学
	两晋南北朝十二讲(修订版) 李文才　著	作为一本普及性读物,作者尊重史实,运用"历史心理学"的叙事方法,分12个专题对两晋南北朝的历史进行阐述	让读者轻松了解两晋南北朝的历史
	每个中国人身上的春秋基因 史贤龙　著	春秋368年(公元前770－公元前403年),每一个中国人都可以在这段时期的历史中找到自己的祖先,看到真实发生的事件,同时也看到自己	长情商、识人心
	与《老子》一起思考:德篇 史贤龙　著	打通文史,回归哲慧,纵贯古今,放眼中外,妙语迭出,在当今的老子读本中别具一格	深读有深读的回味,浅尝有浅尝的机敏,可给读者不同的启发
	说服天下:《鬼谷子》的中国沟通术 翟玉忠　著	由内圣而外王,从心力的培育到具体的说服理论,再到生动的说服案例	从商业到军事再到日常生活,沟通说服已经变得越来越重要
	读《管子》,知天下财富:轻重术与中国古典经济思想 翟玉忠　著	中国农业社会规模庞大的市场产生了复杂发展的经济理论——以《管子》轻重十六篇为核心的轻重术	本书分为道、术两大部分,有思想、有谋略,相信你会从中有所收获
	中国商道:从古典商书说开去翟玉忠　著	对中国先秦和明清两个商品经济大发展时期商业典籍的第一次系统整理和诠释	中华商道一脉相承,造就了无数商业奇迹,成就了无数商业巨子。今人读之,必能获益
	跟陈忠建学写名家书法Ⅰ **跟陈忠建学写名家书法Ⅱ** 陈忠建　著	中国台湾著名书法教育家,用视频手把手教你摹写历代名家笔触	用拟古千字文的形式,学习名家的技巧
	像美国人一样讲话:教你记住800句最地道的美语 马方旭　著	本书基本囊括了在美国最常用最地道的800习惯用语表达,包含中英双语翻译,以及清晰明了的注解帮助增强记忆,加入视频等流行的记忆方法	易读易懂,趣味十足
	郑子太极拳理拳法 杨竣雄　著	走进郑子太极拳完整训练体系的大门,随着书中另一主角——师父的课程安排与每日功课的练习	当您学完这套书后,在掌握拳架的同时具备诸多正确的太极理念与系统知识
	内功太极拳训练教程 王铁仁　编著	杨式(内功)太极拳(俗称老六路)的详细介绍及具体修炼方法,身心的一次升华	书中含有大量图解并有相关视频供读者同步学习
	中医治心脏病 马宝琳　著	引用众多真实案例,客观真实地讲述了中西医对于心脏病的认识及治疗方法	看完这本书,能为您节约10万元医药费